FX
マーケット
プロファイル

市場の心理と動きを読み取る

柏木 淳二【著】

Pan Rolling

【おことわり】
※本書に関する最新情報は、下記のウエブサイトをご利用ください。

http://www.panrolling.com/books/gr/gr97.html

【免責事項】
※マーケットプロファイル®は、シカゴ・ボード・オブ・トレード(現シカゴ・マーカンタイル取引所グループ)によって商標登録されており、グラフなどの著作権は同社が保有しています。
※本書におけるマーケットプロファイルのデータは、CQGに基づくものを使用しています。
※本書に記載されているURLなどは予告なく変更される場合があります。
※本書に記載されている会社名、製品名は、それぞれ各社の商標および登録商標です。

はじめに

　近年、FX（外国為替証拠金取引）が一般的になってきました。
　相場関連雑誌を開けば、どこかに必ずFXの記事があり、"カリスマ"と呼ばれる人が指南をしています。そういった記事のお決まりのセリフは「ラクして儲けられる」「コツコツ儲けられる」といったものです。
　たしかに2008年のリーマンショック以前、いえ、日本銀行がゼロ金利政策を実施していた期間には、FXでコツコツと儲けられる場面がありました。当時、筆者の知り合いのFX会社の方からも「ウチの顧客のとある主婦が何億円儲けた」という話を聞いたことがあります。
　しかし、こういう「分かりやすい」相場があるのは、FXに限ったことではありません。株式にも、先物にも、債券にもあります。FXもまた、こうした「相場商品」のひとつでしかないのです。
　そして、こうした相場は長く続きません。つまり永久にラクして儲けられるものではないのです。
　FXをトレードされているのであれば、まずはこうした「先入観」の排除をお勧めします。FXは株式や先物、債券と同じ相場商品です。FXだけが特別で、ラクで分かりやすい市場ということはないのです。

ファンダメンタルズでは一筋縄でいかない

　むしろFXは、その「ダイナミズム（動態）」が複雑といえます。株式や大半の先物では、一国のファンダメンタルズと参加者が中心になるのに比べて、通貨交換という性質上、二地域以上のファンダメンタルズが絡み合うからです。
　また、さまざまな国の多種多様な参加者がいるため「市場規模」は、ほかとは比較しようもないくらいに巨大です。
　例えば、2009年の上海証券取引所の"年間"売買高が5兆100億ドルになり、東京証券取引所の4兆700億ドルを抜いてアジア1位になったことが話題になりました。
　しかし、FXは国際決済銀行（BIS）の2010年9月の発表によると"1日"の取引高がおよそ4兆ドルにもなる巨大市場なのです。FXの世界では、ある銀行の1人のディーラーが1日に何兆円もの取引をすることは当たり前です。
　この結果、何が起こるか。FXはその市場規模の巨大さゆえ、市場観測、噂、さらには通貨当局者の発言、各国の有力政治家の発言などに、過剰なまでに反応します。これは長年、筆者が常々実感していることです。
　筆者は1996年から、主に金利市場を対象とした「アナリスト」をしています。具体的には、日米の国債市場、そしてその派生商品類（先物やオプションなど）が専門です。それは当然、各国の金融政策、財政政策、ひいては通貨政策も分析対象となります。
　例えば、日銀幹部の発言や、財務相の発言など、円債市場ではす

でに「織り込み済み」とされているような材料にも、FX市場は過敏に反応するのです。こうした場面を、筆者は数えきれないくらい見てきました。

これは米債市場でも同様です。米債市場が十二分に織り込んでいた「金融政策の変更」で、FX市場は過敏に反応するのです。「え？これにドル円相場が反応したの？」というケースが多々あります。

一方、各国の通貨政策どおりに相場が動くわけでもありません。通貨の場合は、相手（国）あっての「相場」ですから、緩やかな政策にならざるを得ないのが実情といえます。

例えば、日本政府が「自国通貨安政策を実施します」と高らかに宣言したとして、米国や欧州は「はい、そうですか」と、すんなり許容するでしょうか？

通貨とは、その国の象徴でもあり、その国の貿易政策とも絡みます。お金が関わる部分では国家のエゴが前面に出てくるため、表面的には相手国との「闘争」に近いものになったりもします。しかし自国の通貨を安く誘導する政策を叫んでみたところで、それが果たしてどこまで実現し得るのかというと、なかなか思惑どおりにはいかないというのが現実です。

単純に日米の金利差のみを見ておけばドル円相場の方向性が分かるかというと、これもそううまくはいきません。

例えば、FXの分析で「米債が売られて、利回りが上昇したことを好感してドルが買われた」などというコメントがたまに聞こえま

す。他方「基軸通貨としてのドルの信認が低下してきたことで、米債、米株、そしてドルが売られた」という場合もあります。

ニワトリと卵のように、まったく逆の反応です。つまり、FXの値動きに定型化できるものはない、というのが実情といえます。FX市場では、ファンダメンタルズのメインポイントが、その時々によって変わっていくのです。

市場参加者の多さゆえ、規模の巨大さゆえ、常に何かに敏感に、いや過敏に反応する一方で、鈍感で無反応なところがある——。だからこそ「FXは面白い」のではないでしょうか。

そして、こうした面白い相場のダイナミズムを分析するツールが、今回ご紹介する「マーケットプロファイル®」なのです。

マーケットプロファイルでFXの出来高をつかむ

マーケットプロファイルはよく「出来高分析」といわれます。

「出来高」とは、売買が成立したときの数量です。例えば、相手が1ドル＝85円60銭で1万ドルを買いたいという提示を出していたとき、自分がその条件で1万ドルを売ると同意すれば、そこで出来高1万ドルの売買が成立したことになります。

出来高が多いということは、取引で成立した数量が多いということです。そして成立した数量が多いのですから、売買が活況であったと考えられます。

このとき売買をした大多数の人は、その価格帯が売買に適正だと感じたからこそ参加したはずです。多くの人がその価格帯を意識し

て動いていると予測されます。

　したがって、出来高の多い価格帯は値動きの「節目」となりやすいといえるのです。相場の転換点、上値抵抗、下値抵抗を読み取ることができます。

　株式や先物の取引所では、価格だけでなく、この出来高も情報として提供されるのが普通です。しかし、先ほど述べたように、FXは株式や先物と比べ物にならないほど巨大な市場であり、取引の主流はOTC（Over The Counter）つまり相対取引です。

　取引所を介さずに、当事者同士（FX会社と個人トレーダー、大手銀行同士など）で価格、量、方法を決めて取引します。したがって、正確な出来高は誰にも分かりません。先ほどの4兆ドルも、あくまで推測です。

　ところが、マーケットプロファイルなら、このFX市場の出来高を推測できるのです。その形状を見れば「もっともたくさん取引された価格帯はどこなのか」がひと目で分かります。

　本書は、なかなか聞き慣れないであろう「マーケットプロファイル分析」を使って、FXを分析するためのノウハウ本です。これまでの経験から、FXの分析という点で、新鮮なものを読書の方に提供するべくまとめたつもりです。本書が皆さんのトレードの一助となれば幸いです。

2010年10月

柏木　淳二

目次

はじめに ——————————————————— 1
ファンダメンタルズでは一筋縄でいかない……2
マーケットプロファイルでFXの出来高をつかむ……4

第1章　マーケットプロファイルとは

1-1　基本概念 ——————————————— 12
マーケットプロファイルの起源……12
基本的な考え方……13
価格は正規分布するという前提……14

1-2　描画方法 ——————————————— 20
マーケットプロファイルの原型……20

1-3　基本用語 ——————————————— 23
モード……23
バリューエリア……28
イニシャルレンジ……29
テール……30
TPO（タイム・プライス・オポチュニティ）……31
RF（ローテーションファクター）……33

1-4　形状パターン ————————————— 40
形状パターンの種類……40
ノーマルデー形状……41
トレンドデー形状……42
DD型……44
OD型……45
OTD型……47

レンジエクステンション……48
イニシャティブ……51
レスポンシブ……52
前日のバリューエリアの重要性……53
復習……54

第2章　FXマーケットプロファイルの基本分析

2-1　FXマーケットプロファイルの構成 ──────── 70
日本時間9時が起点……70
30分足のデータを入手する……72
表計算ソフトにアルファベットを記入する……76

2-2　FX分析の注意点 ──────────────── 82
FXディーラーがマーケットプロファイルを好む理由……82
見るべきは1週間の流れ……85
FXの時間帯……85
東京市場の例外……88
ノイズの存在……89
ノーマルデーが少なくてDD型が多い……89

2-3　流れを読み取る ──────────────── 93
基本サイクル……93
流れ分析でのレンジエクステンション……97

2-4　トレンドの考え方　102
趨勢的なトレンドを追う……102
3種類の市場参加者……103
24時間取引のトレンド……104

目次

   長期投資家も多様……105

 2-5　レンジエクステンションの考え方 ──────── **107**
   巻き込まれて評価損が出てしまったら……107
   自分に有利に動いたら……110
   ドテンのタイミング……112

 2-6　バリューエリアを通じて見えること ──────── **116**

第3章　FXマーケットプロファイル分析の実践

 3-1　ドル円 ──────────────── **124**
   トレンドの出所……124
   2010年3月のドル円マーケットプロファイル……128

 3-2　ユーロドル ──────────────── **141**
   Q1　FXマーケットプロファイルでまず見るべきは？……142
   Q2　次に何を見るか？……142
   Q3　具体的なエントリーポイントは？……143
   Q4　具体的なエグジットポイントは？……151

 3-3　クロス円 ──────────────── **160**
   流動性……162
   ユーロ円の事例研究……165
   トレンドを読む……168

第4章　応用分析

 4-1　ドルインデックス ──────────── **182**
   ドルの尺度……182
   ドルインデックスとドル円の相関性……184

CONTENTS

　　　ドルインデックスの特徴……186
　　　マーケットプロファイルの比較……187
　　　ドルインデックスとの対比による短期売買……193
　　　為替介入時のドルインデックス対比……196

　4-2　さまざまな通貨を見る必要性 ────── 206
　　　ユーロショック……206
　　　短期売買……217

　4-3　長期分析 ───────────────── 223
　　　長期マーケットプロファイル分析……223
　　　長期分析の事例……224
　　　3月のプロファイル……228

第5章　資源国通貨のマーケットプロファイル分析

　5-1　オーストラリアドル ─────────── 234
　　　オージー円……235
　　　レンジエクステンションの例……236
　　　趨勢的トレンドの例……240

　5-2　南アフリカランド ──────────── 244
　　　悪いニュースが出たら売れ……244
　　　ランド円……246
　　　ランド円の特徴……252

さいごに ──────────────────── 271

目次

コラム

正規分布と合格率 …… 16
標準偏差とベルカーブ …… 66
金利アナリストから見たFX …… 120
為替介入① 金融政策の差 …… 137
ローソク足の陽線と陰線 …… 155
ドルインデックスとキャリートレード …… 202
為替介入② スイスフランに学ぶこと …… 219
ドル崩壊という戯言 …… 230
資源国通貨に潜むリスク …… 242
インフレについての考察 …… 262

第 1 章

マーケットプロファイルとは

Market Profile® Analysis for FOREX

1−1　基本概念

　まずはマーケットプロファイルの起源と基本概念である「正規分布」について紹介します。

マーケットプロファイルの起源

　マーケットプロファイルは、米シカゴの先物取引所、シカゴ・ボード・オブ・トレード（CBOT、現CMEグループ）の立会場で自己勘定のトレードをしていたピーター・スタイドルマイヤー（J. Peter Steidlmayer）氏によって開発されました。

　氏は1981年にCBOTの理事となり、市場情報提供の責任者になると、立会場のトレーダー向けにマーケットプロファイル情報の提供を始めます。そして、その独特の概念と利用のしやすさから、一気に世界中のトレーダーに知られるようになりました。

　このような成り立ちから、マーケットプロファイルは先物取引所に上場する金融商品（株式先物、債券先物、通貨先物、商品先物など）で日計り商い（デイトレード）をしているトレーダー向けに開発されたテクニカル分析手法といえます。寄り付き直後に仕掛けて午前中には早々に利食う、といったトレードスタイルを持つ人のための分析ツールといっても過言ではありません。

図 1.1　マーケットプロファイル

```
                              I   H      E
                          I H H H G      D D D
                        I H G G G F G E C C C C
                      I G G F F F E E D B B B B B B B
                I I I I I I I G F F E E E A A A A A A A A A A
          · · · / · · · · * · · · / · · · · * · · · / · · · · * · · · / · · · · * · · · / · · · · * · · · /
              10000     10050     10100     10150     10200     10250
```

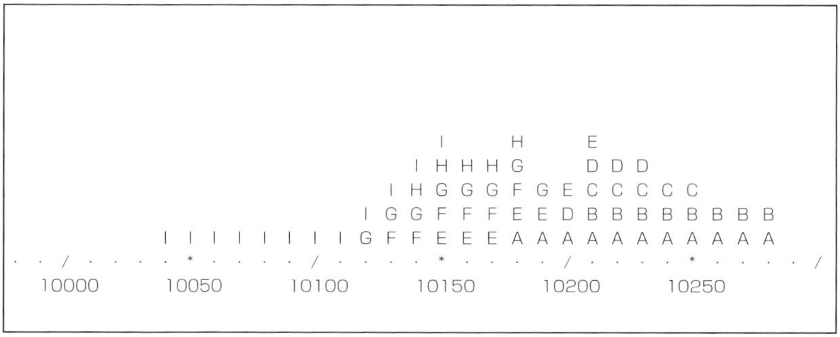

基本的な考え方

　相場では、当然ながら、売り方と買い方が合意した価格で売買が成立します。この「合意」があるたびに、該当する価格に印をつけて、集計していったらどうなるでしょうか。

　つまり売買が成立したひとつひとつの価格をデータとして考えます。そのデータが1日にどのように分布しているか、価格ごとのヒストグラム（棒グラフ）をつくってみるのです。

　もっとも、合意価格は刻々と変化しますから、すべてをつけていくのは非常に大変です。そこで「30分単位」にして簡単に表示したのがマーケットプロファイルというわけです（**図1.1**）。

　具体的な作り方については後ほど紹介しましょう。

　マーケットプロファイル分析では、つけた価格のバラツキと、その形状からボリューム（出来高）を推定します。そして、その形状を読み取ることで、これからの相場展開を予測していくのです。

13

価格は正規分布するという前提

　マーケットプロファイルの形状分析は、統計学に用いられる「正規分布」の考えをもとにしています。

　正規分布とは、データの分布状態を表す言葉です。正規分布ではデータ群の大半が「平均値」に集積し、平均値から離れたデータほど発生数が少なくなります。そのため、そのヒストグラムのグラフ全体の形状を見ると**図1.2**のように釣鐘状の曲線になります。

　平均値から「一定の範囲」内にあるデータは、発生数が多いことから「予見できる頻度で発生する」と考えられます。この一定の範囲を表すのが「標準偏差（σ シグマ）」です。

　第一標準偏差（±1σ）にはデータの68.3％が、第二標準偏差（±2σ）には95.4％、第三標準偏差（±3σ）には99.7％が分布します。

　この考え方を価格データの整理に応用するのです。

　1日に成立した価格データを分布すると、取引が頻繁に成立した価格が平均値となり、曲線はそこを中心にして、ふくらみます。逆に平均値から離れた価格は、取引の成立が少なく、そのふくらみは小さくなるわけです。

　このようにマーケットプロファイルでは「通常は1日に成立した価格は正規分布する」という前提に立って分析をします。そして、プロファイルの中央部を「適正価格水準」とし、その適正価格水準から離れるほど「不適正」と考えるのです。

　世の中には数多くのテクニカル手法が存在します。しかし、このように正規分布をもとにしたアプローチは、とても珍しいといえる

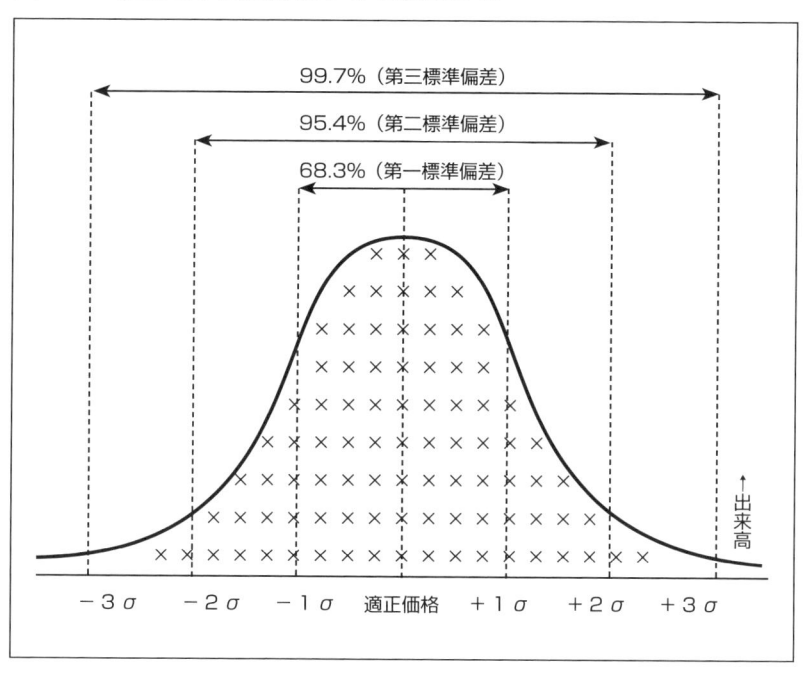

図1.2　値動きが正規分布すると仮定する

99.7%（第三標準偏差）
95.4%（第二標準偏差）
68.3%（第一標準偏差）

−3σ　−2σ　−1σ　適正価格　+1σ　+2σ　+3σ

↑出来高

でしょう。

　例えば、ボリンジャーバンドは「標準偏差」をもとにしたテクニカル指標です。ボリンジャーバンドでは、過去何日かの高値安値から標準偏差（例えば±2σ）を算出し、それを移動平均に加除して図示します。しかし、マーケットプロファイルでは標準偏差だけでなく、正規分布を前提としているところで、切り口が異なるのです。また、ボリンジャーのように連続的ではなく、1日単位で完結して分析できるのも魅力といえます。

■正規分布と合格率

　試験の合格率に対して、3％とか、6％とか、さらに1％だから「難関だ」と言うことがあります。世間では往々にして、この低合格率をもって「難しい」と評価する傾向が強いようです。
　100人が受験したうち、3人から6人しか通らない……。たしかに一見すると、とても難しいように思えます。
　しかし私は、こうした評価を間違いだと考えています。合格率の高い低いは、難しさと関係ありません。
　例えば、問題が100問出題されるうち、それを80問解けるか、79問しか解けないかで合格者が決まるとすれば、80問解けるように努力するだけです。
　資格試験の場合、制度として毎年の合格者数を何人出すかという取り決めがあり、その合格者数と、その年の得点状況とを照らし合わせた結果、その年の合格ラインを決めます。
　去年の合格ラインは82点だったのが、今年は81点にボーダーラインを低める調整がされることもあります。こうした点を考慮すると、そこには合格率何％という議論は、差し挟まれる余地はないのです。
　そもそも合格者数を総受験者数で割って合格率を算出することに、大いなる過ちがあります。
　受験者のなかには"記念で受験する人""とりあえず受験する人"

なども多く含まれています。もちろん、真剣に全身全霊を注いで受験する人もいます。

このように学力に差のある人たちが積み上がる形で、総受験者という母集団が形成されています。その受験に対する取り組み度、真剣度によって、学力に雲泥の差が発生するのです。

これらの受験生の得点をヒストグラムにすると、その傾向が顕著に現れます。

残念ながら、多くの資格試験で合格者数、受験者数、合格率などは公表されるものの、こうした得点ヒストグラムまでは公表されません。ですから、ここからの議論は、あくまでも憶測の域を越えることはありませんが、その母集団は明らかに正規分布をしていないでしょう（**図A**）。

図A　受験者の得点分布イメージ

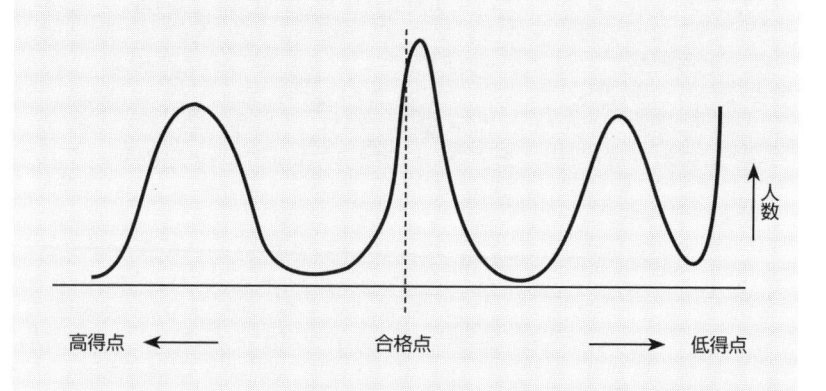

ただ、合格圏近辺だけでみた場合の得点ヒストグラムは別です。
　毎年の合格点圏には、多くの合格狙い組がまさにひしめき合う形で存在しているはずで、そのし烈さゆえ、合格点１点の上下で、何百人という受験者が涙を飲み、その一方で歓喜することになります。まさに「受験者過密地帯」と言えるでしょう。
　この合格点圏の形成過程で、正規分布として言えることは、上位第三偏差水準がすなわち合格ラインということです（ただし、あくまでもそれは概念的なものでしかありません）。
　つまり合格を狙うということは、受験者層のなかで「上位第三偏差水準をいかに狙えるか」ということなのです。
　繰り返します。合格率何％というのは、誤解のないようにいうとこれは確率ではないということです。100人が受けて３人が通るというのは、偶然ではありません。
　得点率がコンスタントに80％を超える人の確率でもないし、得点率がコンスタントに60％の人の合格確率ではないのです。得点別に受験者数を見れば、一目瞭然です。
　その比率を見れば、合格率の高い低いによって、その合格者層の厚さは変わってくるでしょう。その場合、正規分布上でいう、高得点の第三偏差部分に位置しているということです。
　いわゆる正規部分の頂点に立つのは、合格者枠から若干、もしくはかなり下ブレした得点域に位置していると言えます。次なる数の多さでは、０点近辺と推測されます。

これはつまり、欠席者です。欠席の理由はさまざまでしょうが、とにかく「試験を受けるために申請し、お金を払ったが、結局受けなかった」という層です。

　これらを一括して受験者数として算出する「合格率」には、本質的な意味をなさないということは、このように考えると分かっていただけるでしょうか。

　もし、もっと正確な合格率を算出するのであれば、まずは欠席者を除外し、さらに「得点分布」の下位層の第三偏差の分布を却下して、計算しなおす必要があります。

1−2　描画方法

　マーケットプロファイルは、価格帯別の出来高を推測してマーケットを分析しようとする画期的なテクニカル手法です。本節では実際に一般的なマーケットプロファイルの構成を見ることで、他のテクニカル分析との違いを理解していただきたいと思います。

マーケットプロファイルの原型

　まずは基本的なマーケットプロファイルの描画法について、ある日の日経225指数の日中の値動きを例に紹介しましょう。
　株式や先物など取引所取引では、取引の開始時間を基点、終了時間を終点とし、30分ごとの時間帯に区切ります。そして順番にアルファベットを割り振り、各時間帯につけた高値と安値を確認します。例では、日中取引の始まる9時を起点にアルファベットを割り振りました（**図1.3**）。
　次に、各時間帯ごとに、高値と安値のレンジ幅を、割り振ったアルファベットで記録します。例えば、時間帯A（9時～9時30分）の高値は10280円、安値は10180円でした。この間の枠を「A」という文字で埋めていくわけです（**図1.4**）。
　そして、空白を埋めるように、このアルファベットを横軸に落と

第1章 マーケットプロファイルとは

図1.3 30分ごとにアルファベットを振る（取引所取引の場合）

時間帯		安値	高値
9：00 〜 9：30	A	10180	10280
9：30 〜 10：00	B	10210	10280
10：00 〜 10：30	C	10210	10250
10：30 〜 11：00	D	10200	10230
12：30 〜 13：00	E	10150	10210
13：00 〜 13：30	F	10130	10180
13：30 〜 14：00	G	10120	10190
14：00 〜 14：30	H	10140	10180
14：30 〜 15：00	I	10040	10150

図1.4 値幅をプロットする

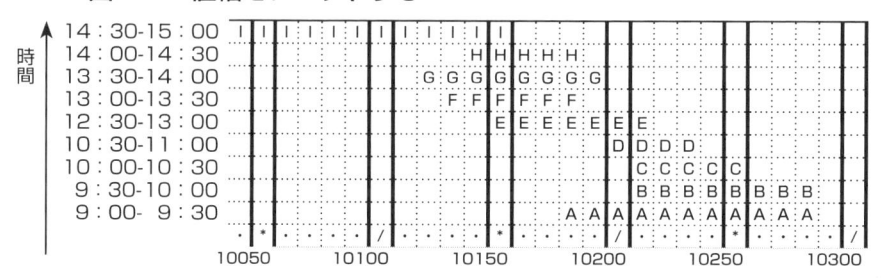

```
時   14：30-15：00  I I I I I  I I I I I
間   14：00-14：30              H H H H H
     13：30-14：00          G G G G G G G
     13：00-13：30          F F F F F F
     12：30-13：00          E E E E E E E
     10：30-11：00                  D D D
     10：00-10：30                  C C C C
     9：30-10：00                     B B B B B B B
     9：00- 9：30              A A A A A A A A A A
              10050   10100   10150   10200   10250   10300
```

図1.5 マーケットプロファイルの原型

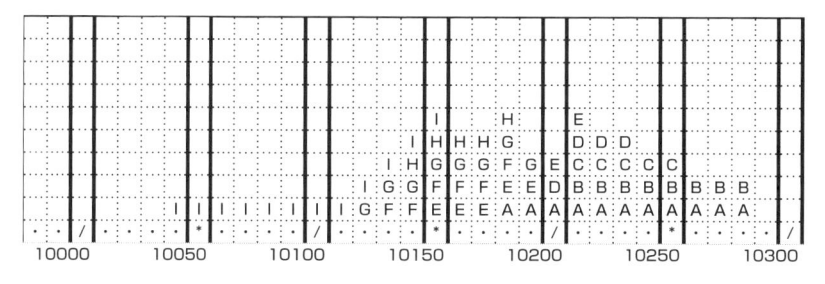

```
                                       I       H       E
                                     I H H H G   D D D
                                     I H G G G F G E   C C C C
                                     I G G F F F E E D B B B B   B B B
              I I I I I I I I I G F F E E E A A A A A A A A A A
       10000   10050   10100   10150   10200   10250   10300
```

21

して、積み上げていきます。これがマーケットプロファイルの原型です（**図1.5**）。

　この形状から、相場展開を予測していきます。

　通常、過去の日足のチャートは、4本値（始値、安値、高値、終値）を基に作ります。しかし、マーケットプロファイルは30分単位の高値と安値データを基に「形状を作成する」のです。

　24時間48文字のアルファベット（30分につき1文字）を使って、1日の値動きを「形状」という形で納め込みます。その形状パターンから、1日の値動きの「ストーリー」を読む取ることができるのです。

　マーケットプロファイルで現される形状は、読み込んでいけばいくほど、その形状が示唆することを発見できるようになります。とにかく、経験を積むことです。

　ですから、経験の少ないうちは難しいと感じるかもしれません。しかし、読み込んでいくうちに「あのときはこうだった。しかし、今回の形状はこう……」と理解が進んでいくでしょう。奥の深い、飽きがこない分析手法といえます。

　繰り返しになりますが、FXは取引所取引ではありませんので、終日トレードが可能です（土日を除く）。そのため、この項で紹介した方法とは、作り方が少し異なります。

　少しだけ先に説明しておきますと、FXマーケットプロファイルでは「東京市場の9時」を基点とし、「翌日のシドニー市場まで」を終点として、24時間のデータをプロットしていくのです。

1−3　基本用語

　一般的にマーケットプロファイル分析をするうえで理解しておきたい基本用語は次の6つです。

> モード
> バリューエリア
> イニシャルレンジ
> テール
> TPO（タイム・プライス・オポチュニティ）
> RF（ローテーションファクター）

　このなかで、FX分析で重要となるのは「モード」と「バリューエリア」です。しかし、本章ではひととおり、すべてを紹介しておきましょう。なお、マーケットプロファイルの形状パターンを示す用語については、のちほど詳しく紹介しますので、ここでは簡単な説明にとどめておきます。

モード

　モードとは「形状で一番積み上がった価格帯」、つまり「1日の

図1.6 マーケットプロファイルの用語

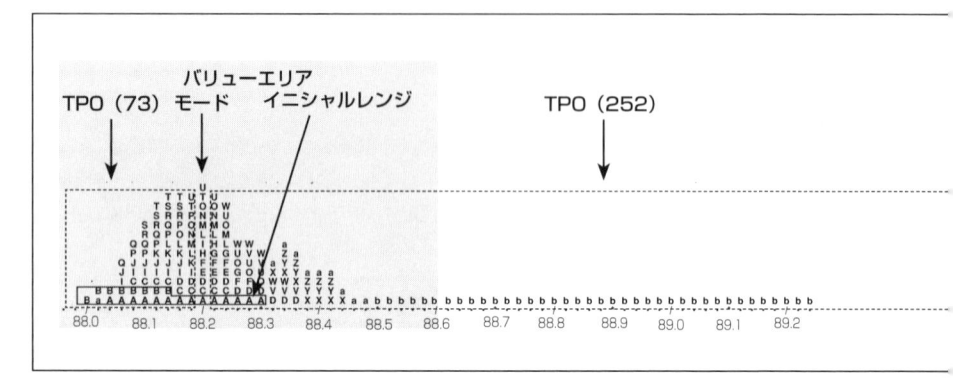

取引のなかでもっとも頻繁に成立した価格帯＝出来高が一番多かった価格帯」です（**図1.6**）。

　出来高が一番多いということは、その日のうちで、より多くの市場参加者が、好むと好まざるとに関係なく取引をした価格帯ということです。

　さて「出来高」と聞いて、不思議に思う方もいるでしょう。

「これまでの話を聞いているかぎりでは、FXマーケットプロファイルでは各時間帯の高安レンジしかデータとして使っていない。それなのに、なぜ出来高が多いといえるのか？」

　そうです。絶対的に「出来高が多い」とは断言できません。しかし「近似」する値を出すことはできるのです。

　実際、先物では出来高の分布とマーケットプロファイルの形状は「近似」します（**図1.7**）。

　もちろん「近似」であって、必ずしも「一致」しているわけでは

第1章 マーケットプロファイルとは

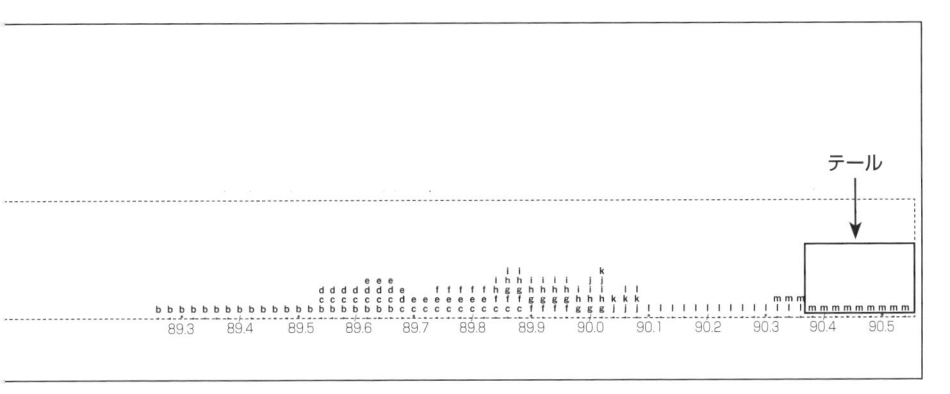

```
                                                                    テール
                                                                      ↓
                              i  l
                              i  l
                         e e  h h i i i i    k
                   d d d d d  g g h h h j j
                   c c c c c  e e e e f f  g g h h k k
         b b b b b b b b b b  c c c c c c  f f g g j j  l l l l l l l l    m m m m m m m m
  b b b b b b b b b b b b b b c c c c c c c c c c c c f f f f g g j j j l l l l l l l l l m m m m m m m m m
  89.3   89.4   89.5   89.6   89.7   89.8   89.9   90.0   90.1   90.2   90.3   90.4   90.5
```

図 1.7　出来高とマーケットプロファイルの近似

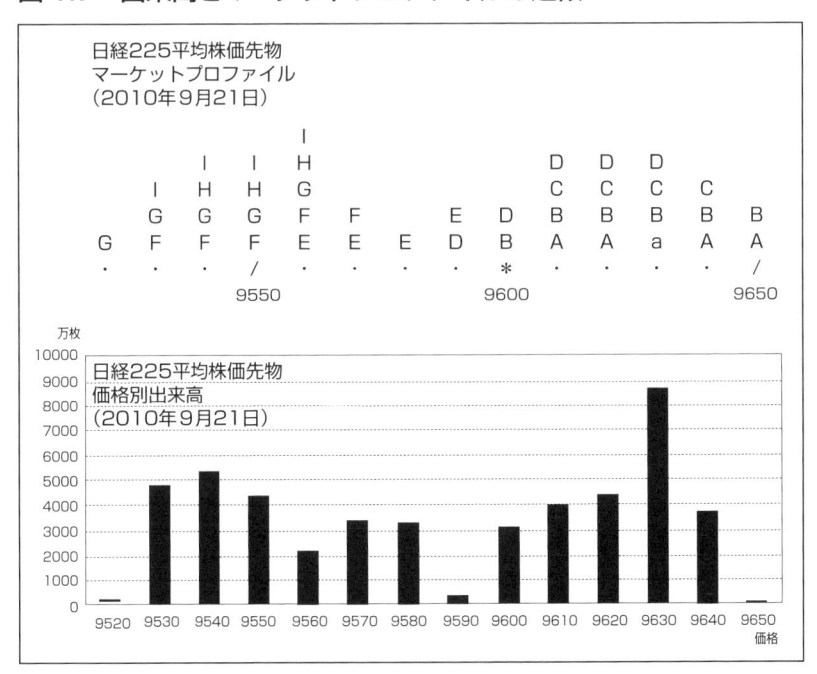

```
日経225平均株価先物
マーケットプロファイル
(2010年9月21日)
                       l
            l    l    H
            l    H    H    G                          D    D    D
     l      H    H    G    F    F              E      C    C    C    C
     G      G    G    F    F    E    E    E    D      B    B    B    B
     G      F    F    F    E    E    E    D    B      A    A    A    A
     ・     ・   ・   /    ・   ・   ・   ・   *      ・   ・   a    ・   /
                     9550                     9600                   9650
```

```
万枚
10000   日経225平均株価先物
 9000   価格別出来高
 8000   (2010年9月21日)
 7000
 6000
 5000
 4000
 3000
 2000
 1000
    0
      9520 9530 9540 9550 9560 9570 9580 9590 9600 9610 9620 9630 9640 9650
                                                                          価格
```

ありません。日経225先物のような株価指数先物や、日本国債（JGB）先物のような債券先物では、寄り付き時点、大引け時点に注文が集中することがたびたび見られるからです。

このため、出来高分布を作成すると、場合によっては、始値と終値の出来高だけが異常なまでに積み上がってしまい、日中の取引で成立した価格帯の出来高は、それにまったく及ばないというケースもあります。

ところが、FXでは、このことがむしろ有効に作用するのです。FXの場合、24時間のOTC取引であり、取引所取引は主流でありません。ですから、寄り付きや大引けというものはありません。

そのため、寄り付きや大引けの出来高が異常に高いということもないわけです。つまりFXのマーケットプロファイルには、取引所取引以上に出来高分布の「近似」ができることになるのです。

この点は、マーケットプロファイルがFX分析で重要な意味を持つことを示しています。マーケットプロファイルは、本来出来高という概念のないFX市場においても、実勢に近い形で出来高分布分析ができるということなのです。

先ほどの正規分布の説明（**図1.2**）でも触れたとおり、モードが結果的に、その日につけた価格帯のなかで、いちばん出来高のある価格であることが多く、さらにその日に取引された価格データは、モードを中心に集まる傾向があります。そのため、マーケットプロファイル全体の形状は、モードを頂点に釣鐘形の曲線を描きます。この曲線を「ベルカーブ」「正規分布曲線」と呼びます。

さて、マーケットプロファイルのなかで、一番高く積み上がり、

図1.8 モードを規定する①

```
                         v
                    v  v v s v       ←── モード
             u u v    u v t t r s
             t t u    t u s s q r s s s s
     u    u r r t v s t r r p q r r p p
     t u u t q q r u r s q q m p p p o o p
     u j t t r k k q t q r p p l m m m n n o p
     t i j j j j j k r p q l l l k l l l m m n o
  t i h i i i i i j q l p k k S S S S l l l n o o o
h h h U U U U U U i k k l S S R R R R R R l n n o
f f f T T T T T T j j k R R Q Q Q Q Q Q Q Q Q n n          P P P l
U U U U   S S S S S S S S P P P P P P P P P P P P P P P P O O O (
  91.50      91.75      92.00      92.25      92.50      92.75      93.00
```

図1.9 モードを規定する②

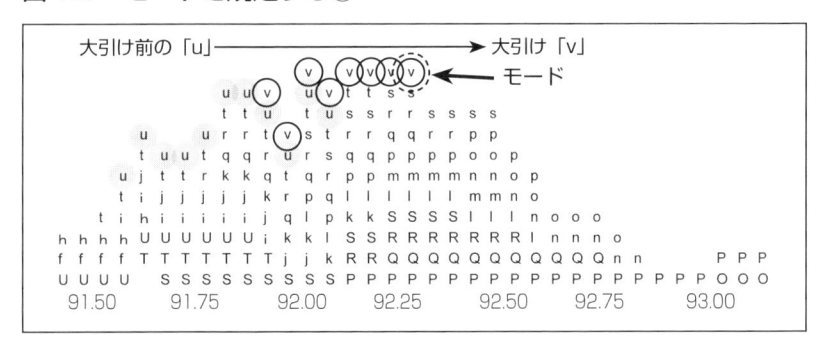

```
       大引け前の「u」─────────→ 大引け「v」
                    (v)  (v)(v)(v)(v)   ←── モード
             u u (v)   u v t t s s
             t t u    t u s s r r s s s s
     u    u r r t (v) s t r r q q r r p p
     t u u t q q r u r s q q p p p p o o p
     u j t t r k k q t q r p p m m m n n o p
     t i j j j j j k r p q l l l l l l l m m n o
  t i h i i i i i j q l p k k S S S S l l l n o o o
h h h U U U U U U i k k l S S R R R R R R l n n o
f f f T T T T T T j j k R R Q Q Q Q Q Q Q Q Q n n          P P P
U U U U   S S S S S S S S P P P P P P P P P P P P P P P P O O O
  91.50      91.75      92.00      92.25      92.50      92.75      93.00
```

かつ最終値(大引け)に近いところを「モード」と規定すると紹介しました(**図1.8**)。

では、もし最終値と違う価格で同じ高さの積み上がりが複数あればどうしたらよいでしょうか。この場合「どちらから展開してきたか」で判断します。そして最終値に近いところをモードと判断するわけです(**図1.9**)。

バリューエリア

バリューエリアとは、マーケットプロファイルの「出来高」の70%が集中する、モードを中心とした価格帯のことを指します（**図1.6**）。

言い換えると、バリューエリアは、モードを中心とした「第一標準偏差」です（**図1.2**）。

J・ピーター・スタイドルマイヤー著『相場展開の読み方──マーケット・プロファイルの解釈と活用法』（HBJ出版局刊）に、次のような記述があります。

> "通常の日の出来高の70%を対象にした第一標準偏差は、価格と時間の関係の中に収まっていました（価格＋時間＝価値）。
> 〜中略〜
> 今や誰でも、ある期間にわたる一定の価格を価値に関連づけることができるようになりました。それゆえ相場が過大評価されていたり過小評価されている場合、相場を上下させている要因を探ることができます。そして、その要因の変動によって、人々が売ろうとしているのか買おうとしているのかが分かるのです。"

つまり、バリューエリアとは、この日の取引がなされた主な価格帯ということです。

バリューエリアは、翌日の相場に大きな影響を与えます。言い換えれば、相場は常に前日のバリューエリアを意識して動きます。な

ぜなら、市場参加者の大半がこの価格帯で売買をしているわけで、その上限と下限でポジションを建てたトレーダーは、そのポジションを落とすか否かの判断が求められるからです。

　もし、前日バリューエリアから大きくかい離して、新しい価格帯にバリューエリアが移れば、それはまさに「新しい価格帯にレンジが移る」ということを意味します。つまり、新しいトレンド、もしくは継続的なトレンド形成を意味しているのです。

　バリューエリア分析は、本書で紹介するFXマーケットプロファイルでも重要な意味を持ちます。

イニシャルレンジ

　イニシャルレンジ（IR）とは、寄り付きから30分の時間帯である「A」と、その次の30分の時間帯である「B」の分布をあわせたものをいいます（**図1.6**）。

　イニシャルレンジは、株式や先物のデイトレーダーのためにあるようなものです。寄り付きからの展開で、その日の「流れ」をつかむことができます。

　この根底にあるのは「最初の1時間で、前日の大引け後から当日の寄り付きまでの間に発生した材料や需給要因をすべて織り込もうとする結果、ひとつの相場を形成する」という考え方です。そしてこれまでたまっていたものを織り込んだ結果、新しい相場展開を始めていきます。

　そのため、ある時間までにイニシャルレンジを超える値動き（こ

れをイニシャルレンジブレイクアウト＝IRブレイクという）があれば、そこに方向性を見いだし、ポジションを作っていきます。

　またイニシャルレンジと、前日のバリューエリアの位置とを計りながら、どんな相場展開になるか見極めていくトレーダーもいます。後ほど形状パターンであるOD型とOTD型について述べるときに、もう少し詳しく紹介しましょう。

　ただし、FXに関していえば、イニシャルレンジは"使えない"のが実情です。その理由は、FXが24時間取引であり、起点と呼べる時間がないからです。

　本書では、FXマーケットプロファイルのイニシャルレンジを東京時間9～10時に設定しています。しかし、後述の理由から、東京市場はFXの"主戦場"ではないため、そこからはその後の重要な示唆となるものは見いだせません。

テール

　テールは「しっぽ」という意味です。マーケットプロファイル分析での「テール」も、まさに同じ意味で用いられます。

　1日にレートが10％も動くケースというのは、非常にまれですが、この場合、プロファイルにしっぽがくっついたような形状になります。このベルカーブから逸脱した価格帯が「テール」です**（図1.6）**。

　通常、統計学では母集団（データ群）が大きくなればなるほど、あるいはデータのばらつきが極端化しなければしないほど、きれい

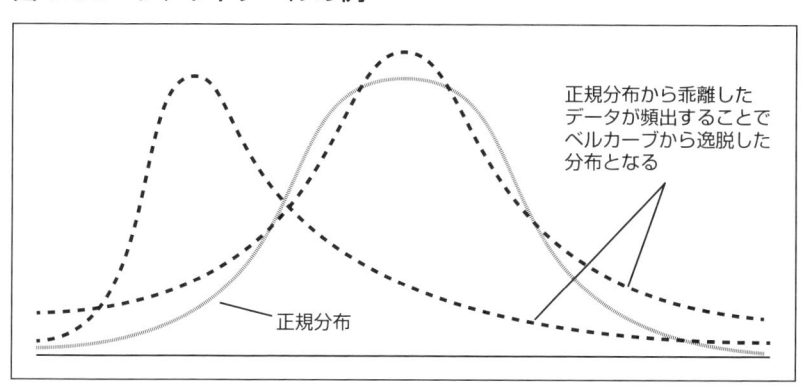

図1.10　ファットテールの例

正規分布から乖離した
データが頻出することで
ベルカーブから逸脱した
分布となる

正規分布

な正規分布を描きます。

　ところが、そのなかに"イレギュラー"なデータが混じっていたことで、明らかにベルカーブから逸脱した値が分布上示されることがあります。この逸脱したデータと正規分布との乖離を統計学では「ファットテール」といいます（**図1.10**）。

　テールとは相場の行きすぎを表すものであり、中・長期的にテールが出現して結果的に直近高値（もしくは安値）をつけた場合、そのテールが目先の天井（もしくは底）になるとも考えられます。そのテールと適正価格のギャップを埋めると仮定して、逆張りに使うことも可能です。

TPO（タイム・プライス・オポチュニティ）

　TPO（Time Price Opportunity）はモードを超える価格帯とモー

図 1.11　TPO

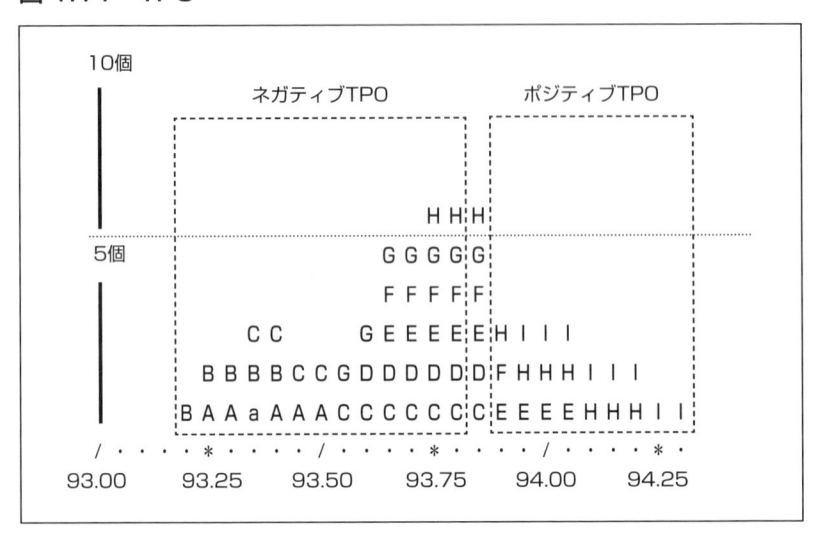

```
10個|
    |                ネガティブTPO          ポジティブTPO
    |          ┌──────────────────────┐ ┌──────────────────┐
    |          │                      │ │                  │
    |          │              H H H   │ │                  │
 5個 |          │            G G G G G │ │                  │
    |          │            F F F F F │ │                  │
    |          │    C C     G E E E E E H I I I            │
    |          │  B B B B C G D D D D D F H H H I I I      │
    |          │  B A A a A A A C C C C C E E E H H H I I  │
      /  ・ ・ ・ ・ ＊ ・ ・ ・ ・ / ・ ・ ・ ・ ＊ ・ ・ ・ ・ / ・ ・ ・ ・ ＊
      93.00      93.25      93.50      93.75      94.00      94.25
```

ド未満の価格帯で、それぞれ積み上がったアルファベットの数をかぞえたものです**（図1.6）**。

　モードに積み上がったアルファベットの数は数えません。ご注意ください。

　モードを超える価格帯のTPOを「ポジティブTPO」、モード未満の価格帯のTPOを「ネガティブTPO」と呼びます。その両サイドの数値（つまり出来高）の大小で、相場の強弱を計るわけです。したがって、形状分析をする場合、テール部分を数えずにTPOを計算することがあります。

　図1.11にもうひとつ例を挙げましたのでご参照ください。

　当然ながら、TPOの多いほうが、少ないほうよりも、出来高が

あるわけですから、価格帯として多くの人に意識されていたと考えられます。

　例えば、1日のマーケットプロファイルを形成している過程で、モードを切り上げながら、ネガティブTPOが常に大きく増えていれば、買い優勢の展開が続いていると考えられるでしょう。

　また、TPOの大きいほうがポジティブからネガティブに転換した場合、相場の勢力が売り優勢から買い優勢に転換した可能性が考えられます。

RF（ローテーションファクター）

　RFとは、30分間の高安レンジと、前回30分間の高安レンジの差に着目したものです。

　例えば、C時間帯の安値がB時間帯の安値よりも低ければ、C時間帯の「ボトムRF」は「－1」となります。逆に、C時間帯の安値がBの安値よりも高ければ、C時間帯の「ボトムRF」は「＋1」です。

　また、C時間帯の高値がB時間帯の高値よりも低ければ、C時間帯の「トップRF」は「－1」となります。逆に、C時間帯の高値がB時間帯の高値よりも高ければ、C時間帯の「トップRF」は「＋1」です。

　そして、各時間帯のボトムRF、トップRFをそれぞれ加算して「トータルRF」を算出します。これで相場の強弱を計って「短期的な方向性を判断するツール」として使うことが可能です。

図 1.12　RFケース1

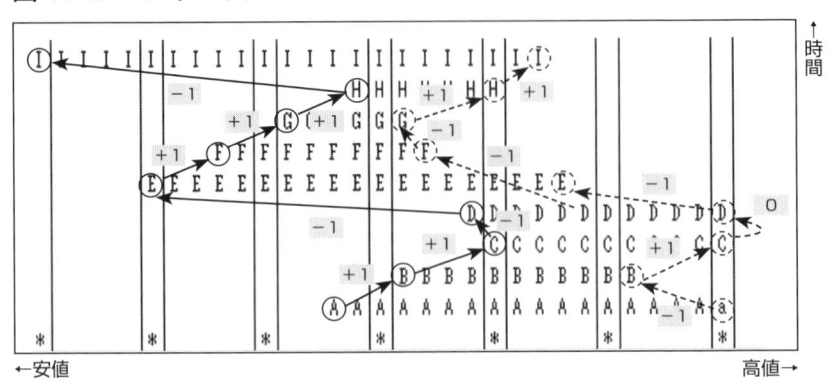

時間帯	ボトムRF	トップRF	トータルRF
HI	−1	+1	0
GH	+1	+1	+2
FG	+1	−1	0
EF	+1	−1	0
DE	−1	−1	−2
CD	−1	0	−1
BC	+1	+1	+2
AB	+1	−1	0

　では、具体例を見てみましょう。分かりやすいように、ここでは極端なケースを紹介しています。

ケース1

　図1.12は、一般的によく見られます。

　これは、ノーマルデー形状によく見られるパターンです。気迷い相場を表しているといえます。ノーマルデーについては後ほど詳しく紹介しましょう。

図1.13　RFケース2

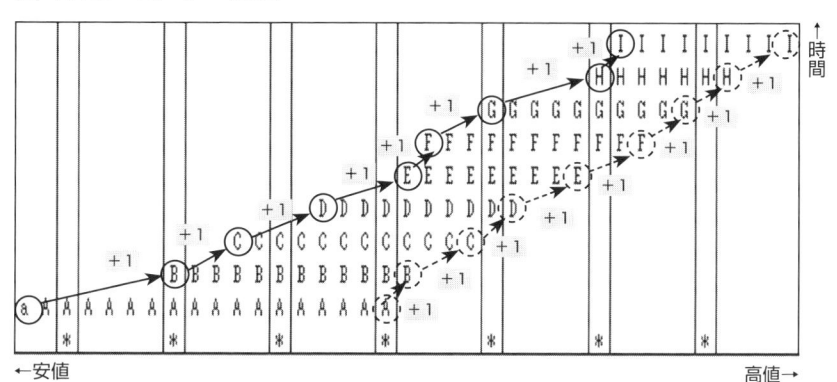

時間帯	ボトムRF	トップRF	トータルRF
HI	+1	+1	+2
GH	+1	+1	+2
FG	+1	+1	+2
EF	+1	+1	+2
DE	+1	+1	+2
CD	+1	+1	+2
BC	+1	+1	+2
AB	+1	+1	+2

ケース2

　図1.13は、まさにトレンドデー（これも後述します）展開時に発生するケースです（ただし、これほどきれいにRFが整うことはめったにありませんが）。

　この場合、トータルRFが常に「＋2」です。各時間ごとに着実にレンジを切り上げ、かつ各時間帯の下値が前時間帯の下値を上回って位置しています。つまり、相場の方向性（トレンド）が強く出ているわけです。

図1.14 RFケース3

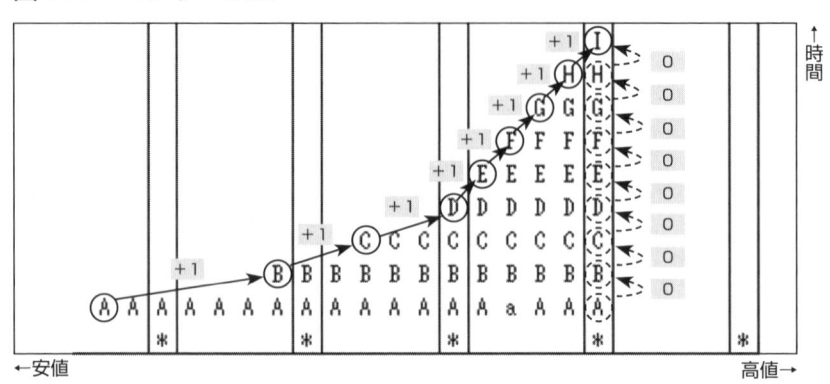

時間帯	ボトムRF	トップRF	トータルRF
HI	+1	0	+1
GH	+1	0	+1
FG	+1	0	+1
EF	+1	0	+1
DE	+1	0	+1
CD	+1	0	+1
BC	+1	0	+1
AB	+1	0	+1

ケース3

　図1.14は、トップRFが常に「0」となり、各時間帯の上値が前時間帯の上値を超えなかったことが示されています。

　このように「上値が重い」状況は、相場転換点になるケースが多いです。ですから、方向性をとらえる場合は、反転の可能性を意識します。ただし、こうした「上値が重い」という形状パターンが何日も続けば、反転せずに、むしろ「上値を突き抜ける」ことも考慮しなければなりません。

図 1.15　RFケース4

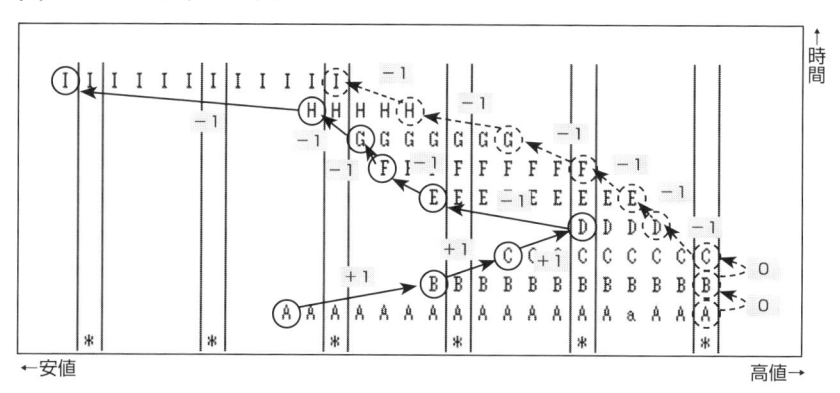

時間帯	ボトムRF	トップRF	トータルRF
H I	− 1	− 1	− 2
G H	− 1	− 1	− 2
F G	− 1	− 1	− 2
E F	− 1	− 1	− 2
D E	− 1	− 1	− 2
C D	+ 1	− 1	0
B C	+ 1	0	+ 1
A B	+ 1	0	+ 1

ケース4

図1.15のパターンも散見されます。

例えば、この日につけた上値が前日バリューエリア下限であった場合、それが上値抵抗として認識されます。この上値抵抗を試して失敗した結果、引けにかけてレンジを切り下げていくわけです。これはケース3よりも出現回数が多いと思われます。

ここでのポイントはトータルRFの変遷です。C時間帯までトータルRFは「＋1」で推移していました。しかし、D時間帯で「0」

図 1.16 RFケース5

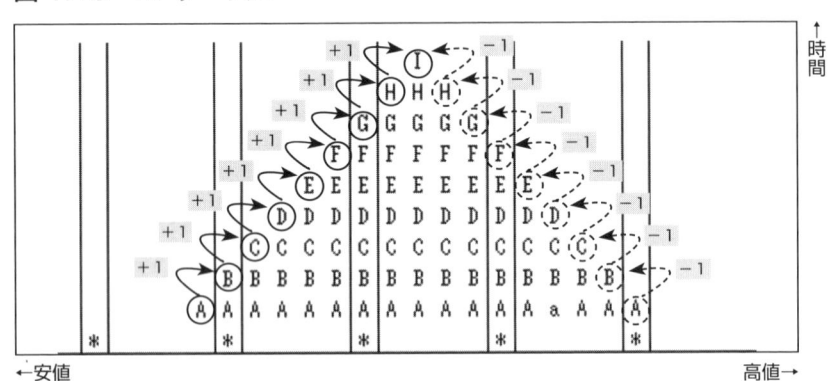

←安値　　　　　　　　　　　　　　　　　　高値→

時間帯	ボトム RF	トップ RF	トータル RF
H I	+1	−1	0
G H	+1	−1	0
F G	+1	−1	0
E F	+1	−1	0
D E	+1	−1	0
C D	+1	−1	0
B C	+1	−1	0
A B	+1	−1	0

に転じ、そしてE時間帯では、さらに「−2」に転じています。

この場合「0」に転じた時点で、相場転換を示唆していたと考えられます。

ケース5

　図1.16は、トータルRFが終日「0」となっています。この日の相場は、閑散な展開となっていました。

　トータルRFが終日「0」となるのは、月曜日とか、FX市場では

東京時間に、たまに出現します。

　結果的に、マーケットプロファイルはケース1を積み上げた場合と同じ形状、つまり典型的なノーマルデー形状といえます。

　ただし、こうした「ボトムRFが常にプラスで、トップRFが常にマイナス」になるようなことは非常にまれです。完全にこう着状態に陥り、そのこう着さゆえに取引が急速にしぼんでいった場合に、体現されるケースといえます。

　例えば、重要な指標の発表前だとか、相場が完全に「待ち状態」となってしまった場合に出現します。

1-4　形状パターン

　本節では、マーケットプロファイルの形状パターンについて詳しく解説していきたいと思います。また、形状パターンではありませんが、相場が急激に動いたときの「レンジエクステンション」など形状展開についても紹介しましょう。

形状パターンの種類

　一般的なマーケットプロファイル分析で押さえておきたい形状パターンは次の5つです。

```
ノーマルデー形状（OA型(タイプ)）
トレンドデー形状
DD型(タイプ)（ダブルディストリビューションデー）
OD型(タイプ)（オープンドライブ）
OTD型(タイプ)（オープンテストドライブ）
```

　ただし、FXではノーマルデー形状、トレンドデー形状、DD型に注目します。OD型とOTD型は、起点となるA時間帯が重要な意味を持つため、24時間市場であるFXで、筆者はこれらの分析を使い

ません。しかし、株式や先物など取引所市場の分析では参考になりますので、簡単に触れておきたいと思います。

ノーマルデー形状

マーケットプロファイルが、きれいな正規分布のベルカーブを描いたときを「ノーマルデー形状」または「OA（オープンオークション）型」と呼びます（**図1.17**）。

本書では、ノーマルデー形状で統一しましょう。

この形状が出現するのは、需給面（市場参加者の勢力関係）に特に大きな変化がなかったときです。

ノーマルデー形状は、統計学的には出現頻度が高いといえます。ところが、FXのマーケットプロファイルでは、それほど頻繁に出るものではありません。

図1.17　ノーマルデー形状の例

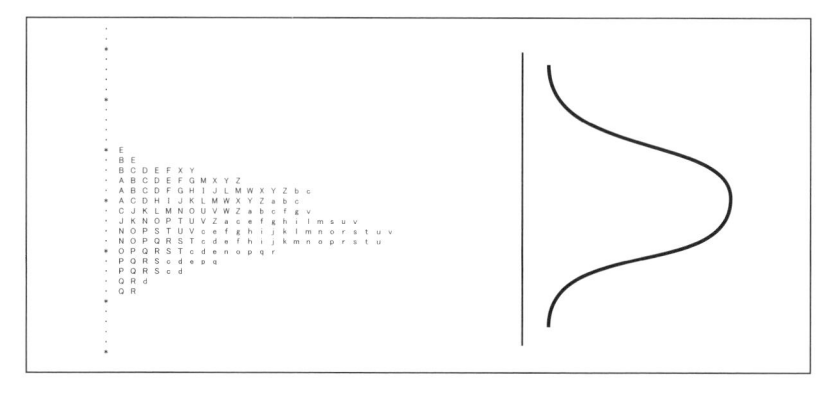

これはFXが、ある意味"参加者の限定された"取引所市場とは異なり、24時間世界のどこかで取引があるOTC市場であり、"事件"が何もない日はまれだからです。そのため、株式や先物と比較するとノーマルデーの発生頻度があまり高くないといえます。

　株式や先物では、ノーマルデーが何日も続くことが往々にしてあります。対して、FXではノーマルデーが2〜3日連続で出現することは、あまりありません。

　ノーマルデーが発生しやすいのは、ひとつのトレンドが収束して転換局面に入ったときです。ただし、多く発生するとしても、1日明けてからだったり、後述のトレンドデー形状が連続して発生したあとなどに発生する傾向が強いといえます。

　そのときの相場レベルや過去のバリューエリアの分布状況によって、ノーマルデー形状が発生確率は変わってきます。したがって、過去のバリューエリアを考慮しながら、出現の意味を探るのです。

トレンドデー形状

　マーケットプロファイルが、きれいなベルカーブにならず、崩れた形状を「トレンドデー」と呼びます（**図1.18**）。

　ベルカーブが一方向にテールをつけた形です。需給面に大きな変化があった場合に出現します。

　デイトレーダーからすると、その日にトレンドデーが出現するかは、かなり重要です。なぜなら、トレンドデー出現と判断すれば、日中を通じてポジションを維持することで、収益を生むことができ

図1.18 トレンドデー形状

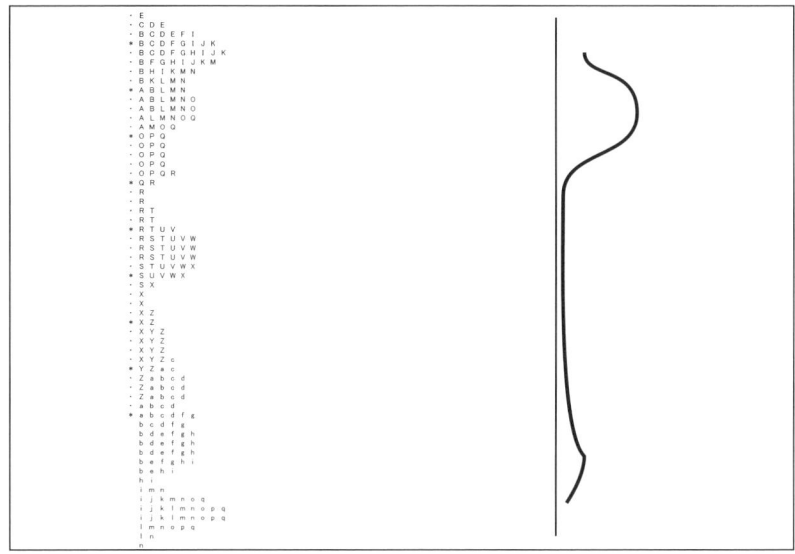

```
. E
. C D E
. B C D E F I
* B C D F G I J K
. B C D F G H I J K
. B F G H I J K M
. B H I K M N
. B K L M N
* A B L M N
. A B L M N O
. A B L M N O
. A L M N O Q
. A M O Q
* O P Q
. O P Q
. O P Q
. O P Q
. O P Q R
* Q R
. R
. R T
. R T
. R T U V
* R S T U V W
. R S T U V W
. R S T U V W
. S T U V W X
* S U V W X
. S X
. X
. X
. X Y Z
* X Z
. X Y Z
. X Y Z
. X Y Z c
. Y Z a c d
. Z a b c d
. Z a b c d
. Z a b c d
. a b c d
* a b c d f g
. b c d f g
. b d e f g h
. b d e f g h
. b e f g h i
. b e h i
. h i
. i m n
. i j k m n o q
. i j k l m n o p q
. i j k l m n o p q
. l m n p q
. l n
. n
```

るからです。

　しかし、24時間市場であるFXでは、材料が織り込まれやすく、また、世界中の多種多様な参加者が、好きな時間に入り、好きな時間に出ます。さらにデイトレーダーは、ポジションを数時間で調整するので、1日を通じて一方向に進むような「きれいな」トレンドデー形状は、めったに発生しません。

　そこでFXでは、トレンドデー的な形状、あるいはトレンドデーにかぎりなく近い形状が出現しているとき、前日までのプロファイルの展開と形状と見比べて、「これまでのトレンドを継続する方向か」、それとも「これまでのトレンドが反転してのトレンドデーか」

という判断が必要になります。

　ただし、この判断は月曜日にはアテになりません。週末をまたぐと、勢いを失い、前週と違った形状となることが多々あるからです。

DD型

　DD（ダブルディストリビューション）型とは、ノーマルデーでもなく、トレンドデーにもなりきれない形状です。

　図1.19を見てください。正規分布の山が２つ形成されています。これがもっとも分かりやすい形のDD型です。

　先ほど述べたように、FXでは厳密な意味でのノーマルデーやトレンドデーはそれほど多くありません。代わりに多いのが「ノーマ

図1.19　DD型形状

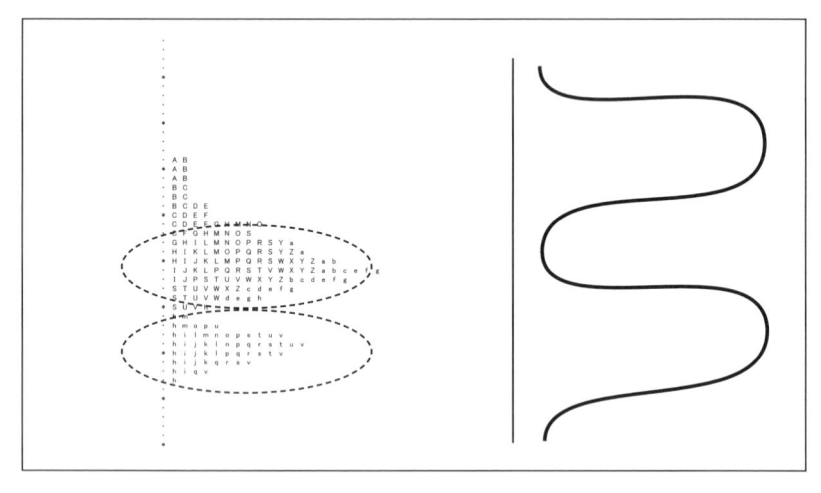

ルデー的なDD型」「トレンドデー的なDD型」です。

この区別は前日の形状との比較で判断します。後ほど具体的に紹介しましょう。

OD型

OD型とOTD型はA時間帯での形状パターンです。「始値」とA時間帯のレンジとの位置関係、さらに前日バリューエリアとの関係で見ていきます。

株式や先物のマーケットプロファイルでは、始値だけを「a」と小文字にして、例えば「AaAAA」のように記録します。

このときA時間帯のプロファイルが「aAAAAAAA」あるいは「AAAAAAAa」と、立会開始後に一貫して同じ方向に動いた場合を「OD（オープンドライブ）型」といいます。

図1.20のパターン①のように、前日のバリューエリアに向かう場合は、強いトレンド性があり、強烈な力として発揮します。

この場合、前日バリューから離れて「始値」が付いたことになります。このように前日バリューから離れて始値が付くのには、なんらかの理由（ファンダメンタルズ的要因）があると考えられます。

OD型かOTD型かというのは、その後の方向性を探るために見るものです。こうしてなんらかの理由によって前日バリューから「始値」が離れて始まり、OD型となって、かつ前日バリューに向かって動く場合、この「力」は強いと考えられます。これは次に述べるOTD型の場合とは雲泥の差です。

図1.20 OD展開

パターン①

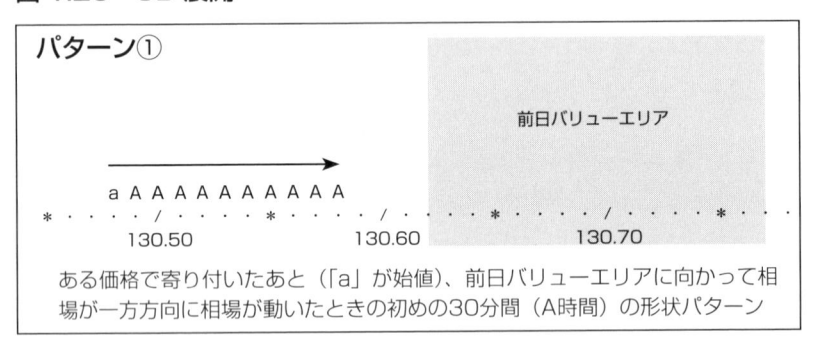

```
                →
          a A A A A A A A A A A
* · · · / · · · · * · · · / · · · · * · · · / · · · · * · · · ·
      130.50           130.60           130.70
```
前日バリューエリア

ある価格で寄り付いたあと（「a」が始値）、前日バリューエリアに向かって相場が一方方向に相場が動いたときの初めの30分間（A時間）の形状パターン

パターン②

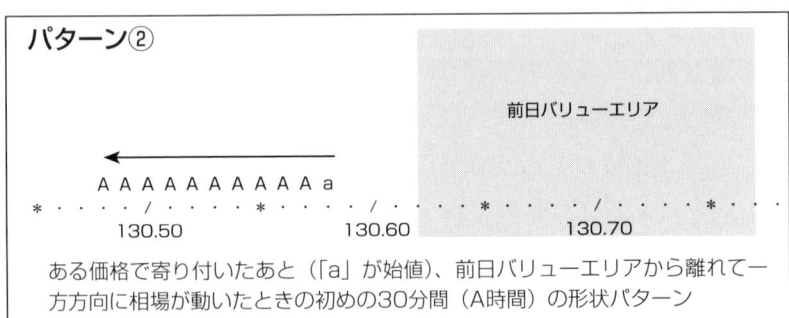

```
                ←
            A A A A A A A A A a
* · · · / · · · · * · · · / · · · · * · · · / · · · · * · · · ·
      130.50           130.60           130.70
```
前日バリューエリア

ある価格で寄り付いたあと（「a」が始値）、前日バリューエリアから離れて一方方向に相場が動いたときの初めの30分間（A時間）の形状パターン

　なんらかの理由があり、前日バリューエリア外で始まったものの、その修正が一気に入ろうとするのが、この前日バリューへ向かう場合のOD型です。一気に前日バリュー内にレンジを移すことが予測されます。

　逆に、パターン②のように前日バリューエリアから離れる場合も、オープニング後になんらかの「ニュース」など、ファンダメンタルズ的材料に反応したことによる上昇トレンドの始まりと考えられます。

OTD型

一方「OTD(オープンテストドライブ)型」とは、A時間帯のプロファイルが「AAAAAaAAAA」のように、始値を挟むような形で上下のレンジが決まるパターンです。これは気迷いながら取引が始まった状態といえます(**図1.21**)。

特に、前日バリューエリアで頭打ち(底入れ)となり、逆側に

図1.21　OTD展開

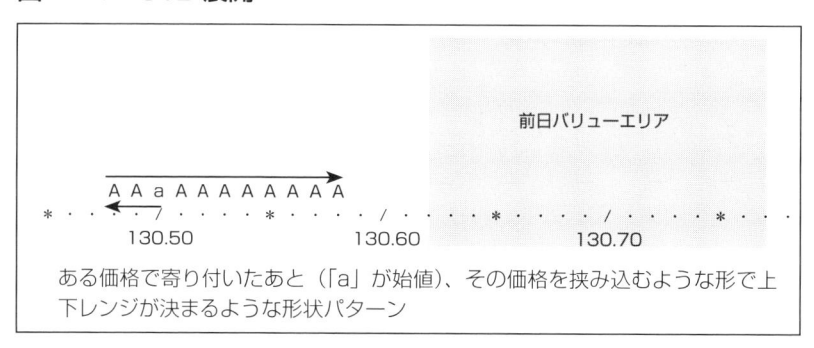

```
              A A a A A A A A A A            前日バリューエリア
       * . . . . . . . * . . . . . . / . . . * . . . . . . / . . . * . . . .
                   130.50         130.60         130.70
```

ある価格で寄り付いたあと(「a」が始値)、その価格を挟み込むような形で上下レンジが決まるような形状パターン

図1.22　オープンリジェクションリバース

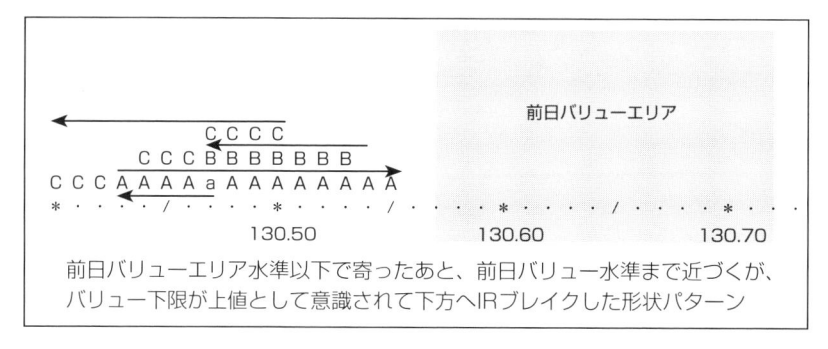

```
                     C C C C                      前日バリューエリア
              C C C B B B B B B B
       C C C A A A A a A A A A A A A
       * . . . . . . . * . . . . . . / . . . * . . . . . . / . . . * . . . .
                   130.50         130.60         130.70
```

前日バリューエリア水準以下で寄ったあと、前日バリュー水準まで近づくが、バリュー下限が上値として意識されて下方へIRブレイクした形状パターン

IRブレイクが見られるケースを「オープンリジェクションリバース」と呼びます（**図1.22**）。

　ちなみに、そのまま気迷いながら方向感なく積み上げていけば「オープンオークション」つまりノーマルデー形状となります。

　確率論的にいえば、出現するのは大半がOTD型です。ただ、出現がまれなぶん、OD型が出現した場合は、セオリーどおりに動くケースが多く、参考になります。ただし、あくまでも株式や先物の場合であって、FXではないことに注意してください。

レンジエクステンション

　「レンジエクステンション」とは、直近のレンジと比較して、1文字が急激に一方向に伸びて、レンジを移動させた展開を指します。つまり、30分間に大きな値動きが発生した場合です。

　図1.23を見てください。b時間帯にa時間帯と比べて激しい値動きがありました。

　本節は形状パターンの解説ですが、レンジエクステンションは形状パターンではありません。あくまでも、形状形成過程での事象です。例えば「ノーマルデー形状になりそうな状況だったのに、レンジエクステンションが発生したためにDD型になった」などと言います。

　テクニカル的には、市場参加者から意識されていた価格帯をブレイクした場合を指します。なんらかの材料が出た場合、もしくは需給面でなんらかのアクションが誘発された場合に起きる現象です。

FXでは、東京市場の夕方、つまりロンドン市場の早朝に、レンジエクステンションが発生する場面がかなりあります。

そのきっかけはさまざまで、例えば経済指標データの公表、要人の発言、さらに副次的な要素として「リーブオーダー」の自動執行などもあります。

リーブオーダーとは、FXトレーダーが仕込んでいる条件注文を総称したものです。

FXでは週末を除いて24時間取引が可能なこともあって、FXトレーダーは1日中相場を張ることを余儀なくされます。しかし、トレーダーといえども人間ですから、休まなければなりません。そうした場合、リーブオーダーを置いてお

図1.23　レンジエクステンション

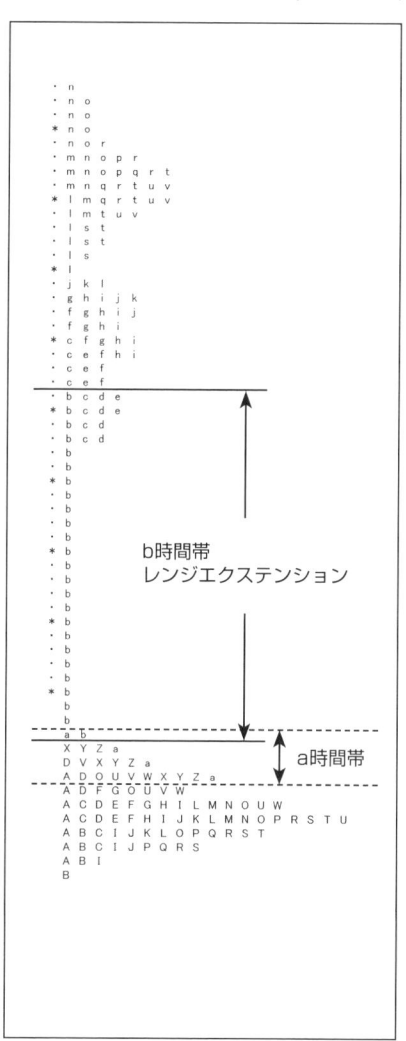

```
.    n
.    n o
.    n o
*    n o
.    n o r
.    m n o   p r
.    m n o p q r t
.    m n q r t u v
*  l m q r t u v
.  l m t u v
.  l s t
.  l s t
.  l s
*  l
.  j k l
.  g h i j k
.  f g h i j
.  f g h i
* c f g h i
. c e f h
. c e f
. c e f
. b c d e
* b c d e
. b c d
. b c d
. b
* b
. b
. b
. b
* b
. b
. b
. b
. b
* b
. b
. b
. b
. b
* b
. b
. b
. b
. b
  a
  X Y Z a
  D V X Y Z a
  A D O U V W X Y Z a
  A D F G O U V W
  A C D E F G H I L M N O U W
  A C D E F H I J K L M N O P R S T U
  A B C I J K L O P Q R S T
  A B C I J P Q R S
  A B I
  B
```

b時間帯
レンジエクステンション

a時間帯

くわけです。

　例えば、大半のトレーダーは、相場が不利に動いたときに損失が許容範囲以上に拡大するのを防ぐため「ストップロスオーダー(損切り目的のストップ注文)」を置いておきます。

　そうした注文がたまった価格帯があれば、それを突こうとする輩（やから）も当然出てくるわけです。実際、為替筋と話をしていると、事前に「ストップレベルは……」といった話も聞こえてきます。

　ストップロスオーダー以外にも、利益確保のための指値やトレイリングストップ、相場が有利に動いたときのポジション積み増しのオーダー、為替オプションや仕組債のヘッジなど、トレーダーは自身の状況に応じて、こうした条件注文を置くのが一般的です。

　FX市場の場合は、これらを総称して「リーブオーダー」といいます。「リーブオーダー」と総称したほうが角が立たないというのも理由なのかもしれません。

　こうした「機械的」なオーダーが"あるレンジ"を突かれると、自動実行されます。つまり、自動執行オーダーが溜まれば溜まるほど、そこを突かれたときに「レンジエクステンション」は大きくなるわけです。

　こうしたリーブオーダーの誘発によるレンジエクステンションか、ファンダメンタルズに基づいたレンジエクステンションかによって、その後の対応はまったく違ったものになるでしょう。

　なぜなら、リーブオーダーの誘発であれば、それは一過性の「無意味」な値動きであり、誘発が完了すれば、もとに戻る可能性が高いからです。一方、ファンダメンタルズに基づくものであれば、そ

のトレンドを維持する可能性があります。

イニシャティブ

　ある"参照点"から離れてマーケットプロファイルが形成されるような展開を「イニシャティブ系の動き」と言います。ほとんどの場合、参照点は「前日バリューエリア」を指します（**図1.24**）。

　マーケットプロファイルは、こうした参照点からの移動に伴う意味をとらえようとするものです。イニシャティブ系の動きは、明らかに外部環境に変化が発生した結果、起きると解釈できます。

　それが経済情勢によるものか、需給面によるものか、テクニカル

図1.24　イニシャティブ

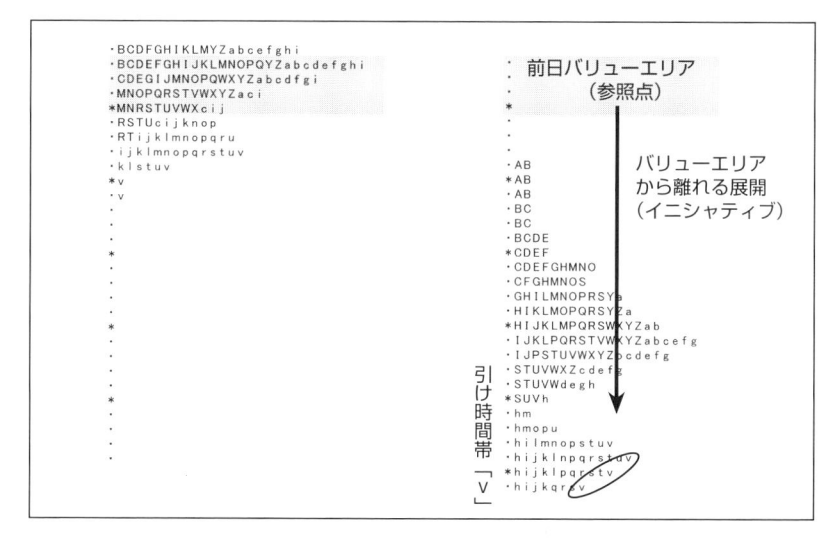

によるものか、その時々によって違うものの、何らかの変化があったからこそ、イニシャティブ系の動きが発生したのです。そのためこの形状出現のときは、外部要因にも耳を傾けてみましょう。

レスポンシブ

　イニシャティブの逆が「レスポンシブ」です。つまり、参照点に向かって近づくような展開を指します（**図1.25**）。
　例えば、前日バリューエリアよりも安く始まり、その後はこう着し、揉み合いながらも、しばらくたつと前日バリューエリアに吸い寄せられることになった場合、これは前日バリューエリアへのレス

図1.25　レスポンシブ

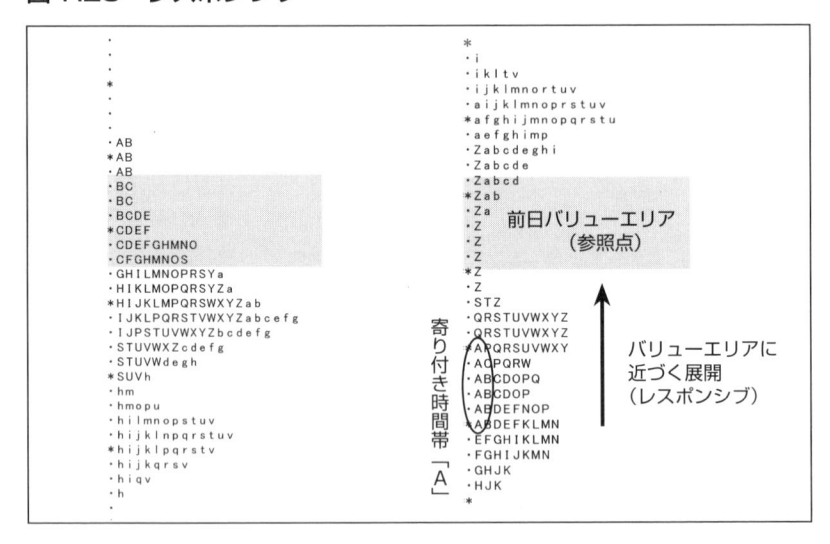

ポンシブ系の動きといえます。

同様に、前日バリューエリアよりも高く寄り付いたあと、いったん上値を目指す場面があったものの、その後反転し、前日バリューエリアに引き戻されたりすると、これもいわゆるレスポンシブ系の動きとなります。

前日のバリューエリアの重要性

このように「前日のバリューエリア」は、目に見えない何かを引きつける力を持っているといえます。つまり、基本にレスポンシブ系の動きがあるわけです。それが否定されるかどうかが、イニシャティブ系の動きが発展するかしないかにつながります。

言い換えれば、前日バリューエリアの水準からスルスルとイニシャティブ系に発展するケースはまれであり、それだけ勢いのある相場展開では、トレンドデーを形成する可能性が高いといえます。

復習

図1.26と図1.27はある日の日経225先物、図1.28はある日の日本国債先物のマーケットプロファイルです。

ここまでの知識の復習の意味も込めて、図1.26ではTPO、図1.27では前日のバリューエリア、図1.28では過去のバリューエリアを中心に、どのような思考で分析をしているか参考にしてください。

図1.26　復習①　TPO

A時間帯

	安値	高値
I	0	0
H	0	0
G	0	0
F	0	0
E	0	0
D	0	0
C	0	0
B	0	0
A	11570	11650
レンジ	11570	11650
モード	11650	
バリューエリア	11620	11670
TPO	8	0
R.F	−1	−1

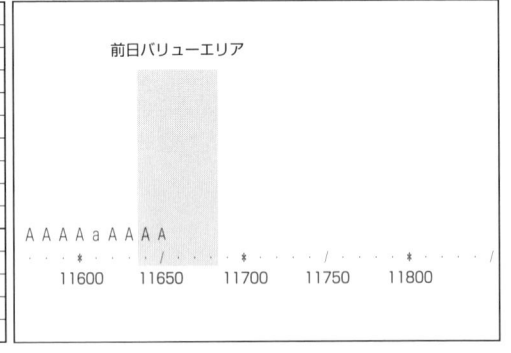

```
              前日バリューエリア

         A A A a A A A A
・・・*・・・・/・・・・*・・・・/・・・・*・・・・/
    11600   11650   11700   11750   11800
```

前日バリューエリアよりも下回っているものの、TPOがプラスサイドに振れており、前日バリューへの明らかなレスポンシブ系の動きが見られる。

B時間帯

	安値	高値
I	0	0
H	0	0
G	0	0
F	0	0
E	0	0
D	0	0
C	0	0
B	11620	11660
A	11570	11650
レンジ	11570	11660
モード	11640	
バリューエリア	11620	11660
TPO	9	3
R.F	0	0

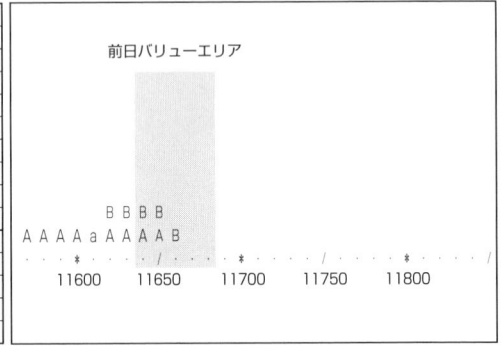

```
              前日バリューエリア

             B B B B
         A A A a A A A A B
・・・*・・・・/・・・・*・・・・/・・・・*・・・・/
    11600   11650   11700   11750   11800
```

前日バリューへのレスポンシブ系の動きが続いているものの、依然としてTPOがプラスサイドに傾いていることから、ポジティブサイドのIRブレイクの可能性はそのまま残されている。

C時間帯

	安値	高値
I	0	0
H	0	0
G	0	0
F	0	0
E	0	0
D	0	0
C	11630	11690
B	11620	11660
A	11570	11650
レンジ	11570	11690
モード	11650	
バリューエリア	11630	11670
TPO	13	5
R.F	1	1

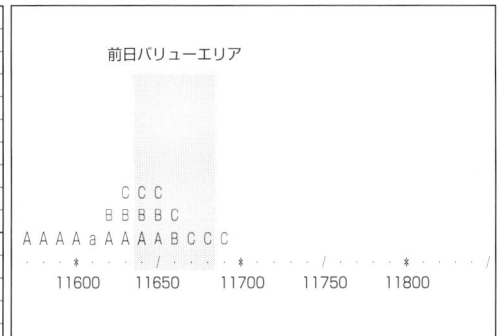

```
                     前日バリューエリア


                      C C C
                    B B B B C
      A A A A a A A A A B C C C
   ・・・・*・・・・/・・・・*・・・・/・・・・*・・・・/
       11600    11650    11700    11750    11800
```

ポジティブサイドにIRブレイクが発生。短期的ターゲットの前日バリュー上限11690に到達。この場合、いったんこのバリュー上限が上値として意識されることが多いものの以前TPOがプラスサイドに振れており、一段のレンジ切り上げの可能性は十分に想定される状況。

D時間帯

	安値	高値
I	0	0
H	0	0
G	0	0
F	0	0
E	0	0
D	11680	11740
C	11630	11690
B	11620	11660
A	11570	11650
レンジ	11570	11740
モード	11650	
バリューエリア	11630	11670
TPO	13	12
R.F	2	2

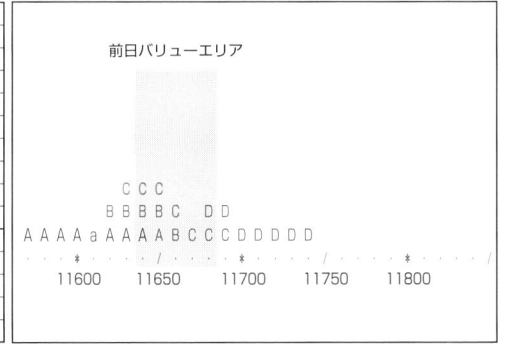

```
                     前日バリューエリア


                      C C C
                    B B B C   D D
      A A A A a A A A A B C C C D D D D D
   ・・・・*・・・・/・・・・*・・・・/・・・・*・・・・/
       11600    11650    11700    11750    11800
```

Rブレイク後、いったん前日バリュー上限が意識されたが、これをブレイクしたことで前日バリューをさらに越える展開に発展。だがモードが「C」時間帯と同じ11650だったことから、TPOもこれまでポジティブサイド優勢から拮抗する状況になってきて、高値警戒感が出てきていることがうかがえる。

55

E時間帯

	安値	高値
I	0	0
H	0	0
G	0	0
F	0	0
E	11720	11750
D	11680	11740
C	11630	11690
B	11620	11660
A	11570	11650
レンジ	11570	11750
モード	11650	
バリューエリア	11620	11670
TPO	13	16
R.F	3	3

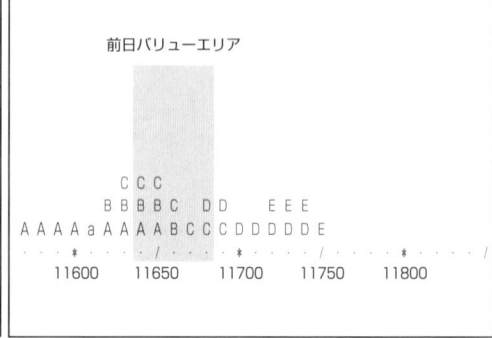

```
                        前日バリューエリア

                          C C C
                        B B B C    D D      E E E
                    A A A A a A A A B C C C D D D D D E
                    ・・・*・・・/・・・*・・・/・・・*・・・/
                    11600    11650    11700    11750    11800
```

前日バリューを上抜け、ポジティブサイドにイニシャティブな展開に発展してきた。ただ、この時点でのTPOは、明らかにネガティブサイドに転換しており、高値警戒感が一段と高まってきていることがうかがえる。この時点で明らかにIRブレイクした直後のロングポジションを一部手仕舞うことが求められる局面を迎えている。

F時間帯

	安値	高値
I	0	0
H	0	0
G	0	0
F	11730	11780
E	11720	11750
D	11680	11740
C	11630	11690
B	11620	11660
A	11570	11650
レンジ	11570	11780
モード	11740	
バリューエリア	11700	11770
TPO	30	5
R.F	4	4

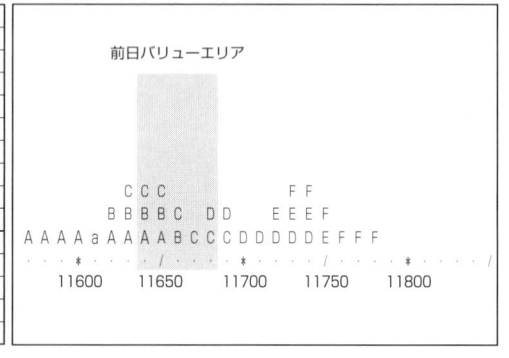

```
                        前日バリューエリア

                          C C C              F F
                        B B B C    D D    E E E F
                    A A A A a A A A B C C C D D D D D E F F F
                    ・・・*・・・/・・・*・・・/・・・*・・・/
                    11600    11650    11700    11750    11800
```

ベア転したTPOが再度ブル転した。これはモードがこれまでの「11650」から「11740」に切りあがったことによるもの。この時点で、これまでの気迷いムードは払拭された感もあり、トレンドデー展開の様相を呈してきていることを、これまでの形状で示唆したもの。

G時間帯

	安値	高値
I	0	0
H	0	0
G	11760	11820
F	11730	11780
E	11720	11750
D	11680	11740
C	11630	11690
B	11620	11660
A	11570	11650
レンジ	11570	11820
モード	11740	
バリューエリア	11700	11770
TPO	30	12
R.F	3	5

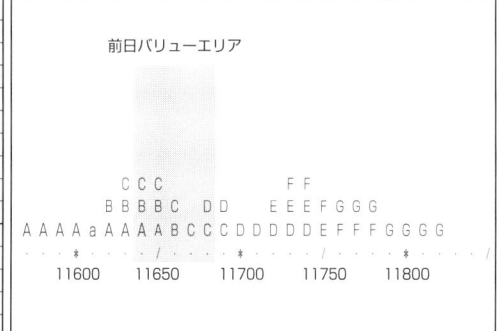

```
            前日バリューエリア



          C C C            F F
        B B B B C  D D    E E E F G G G
      A A A A a A A A A B C C C D D D D D E F F F G G G G
      · · · * · · · · / · · · · * · · · · / · · · · * · · · /
      11600    11650    11700    11750    11800
```

これまでの気迷いが晴れて、一段のポジティブサイドのレンジエクステンシブな展開に発展。引けにかけてさらなるレンジエクステンションの動きが期待できる状況になりつつある。ただし、引け近くになることから、いったん調整場面も念頭においておくことが必要な形状。

H時間帯

	安値	高値
I	0	0
H	11760	11820
G	11760	11820
F	11730	11780
E	11720	11750
D	11680	11740
C	11630	11690
B	11620	11660
A	11570	11650
レンジ	11570	11820
モード	11760	
バリューエリア	11720	11790
TPO	35	14
R.F	5	5

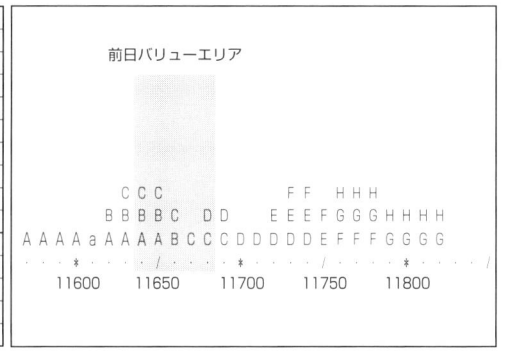

```
            前日バリューエリア



          C C C            F F   H H H
        B B B B C  D D    E E E F G G G H H H H
      A A A A a A A A A B C C C D D D D D E F F F G G G G
      · · · * · · · · / · · · · * · · · · / · · · · * · · · /
      11600    11650    11700    11750    11800
```

「H」時間に入ってからは、高値トライに失敗した格好。この場合、前日バリュー上限付近までの調整は視野に入れておく必要がある。

I 時間帯

	安値	高値
I	11730	11790
H	11760	11820
G	11760	11820
F	11730	11780
E	11720	11750
D	11680	11740
C	11630	11690
B	11620	11660
A	11570	11650
レンジ	11570	11820
モード	11760	
バリューエリア	11720	11790
TPO	38	17
R.F	5	5

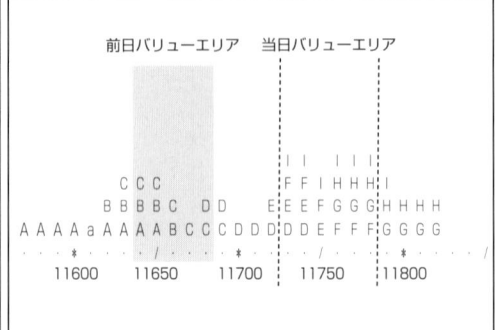

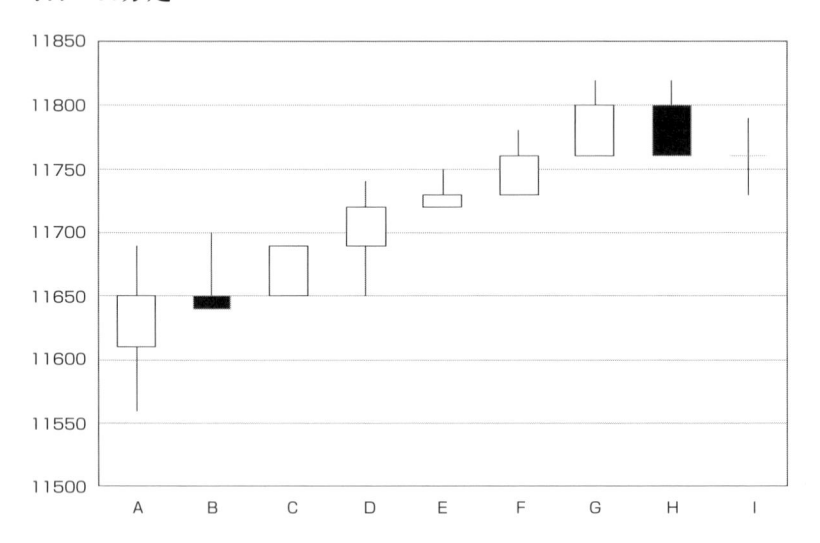

```
                     前日バリューエリア    当日バリューエリア

                                            I I   I I I
                     C C C                 F F I H H H I
                   B B B B C   D D       E E E F G G G H H H H
                 A A A A a A A A B C C D D D  D E F F F G G G G
                 ・ ・ ・ * ・ ・ ・ / ・ ・ * ・ ・ ・ ・ / ・ ・ ・ * ・ ・ /
                 11600      11650      11700    11750     11800
```

最終的に「11820」は上値として「壁」が形成された格好となっており、いったん上値が確認されたと判断できなくもない。ただ、最終形状においてTPOはポジティブスタンスを維持した。

当日の30分足

図1.27 復習② 前日のバリューエリア
A時間帯

	安値	高値
I	0	0
H	0	0
G	0	0
F	0	0
E	0	0
D	0	0
C	0	0
B	0	0
A	11690	11810
レンジ	11690	11810
モード	11650	
バリューエリア	11620	11670
TPO	8	0
R.F	-1	-1

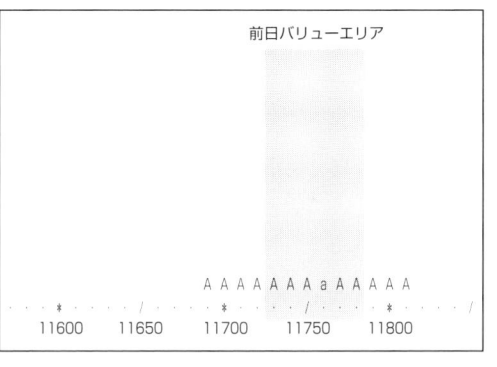

```
                              前日バリューエリア


                                  A A A A A A a A A A A A
     ・・・*・・・/・・・*・・・/・・・*・・・/
      11600    11650    11700    11750    11800
```

前日バリュー内のOTD型展開であることから、今後の方向感のない展開を示唆する状況。

B時間帯

	安値	高値
I	0	0
H	0	0
G	0	0
F	0	0
E	0	0
D	0	0
C	0	0
B	11660	11740
A	11690	11810
レンジ	11660	11810
モード	11690	
バリューエリア	11660	11720
TPO	3	17
R.F	-2	-2

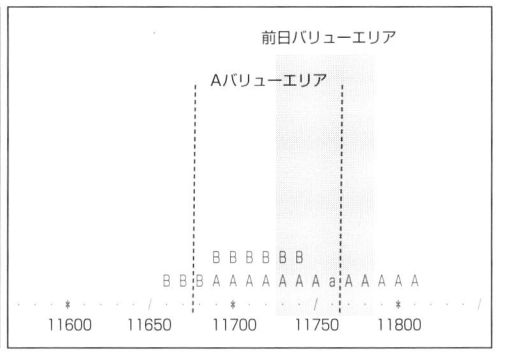

```
                              前日バリューエリア
                        Aバリューエリア

                               B B B B B B
                          B B B A A A A A A a A A A A A
     ・・・*・・・/・・・*・・・/・・・*・・・/
      11600    11650    11700    11750    11800
```

前日バリューからレンジを切り下げ、ネガティブサイドのイニシャティブ系の展開に発展し始めた。また「A」時間バリューエリアを下回ったことで、一段レンジを切り下げる展開となった。今後、この「A」時間のバリューエリアを下回ったレベルが「テール」として認識されるか否か、そのあたりに注目。

C時間帯

	安値	高値
I	0	0
H	0	0
G	0	0
F	0	0
E	0	0
D	0	0
C	11660	11710
B	11660	11740
A	11690	11810
レンジ	11660	11810
モード	11690	
バリューエリア	11660	11710
TPO	6	19
R.F	-2	-3

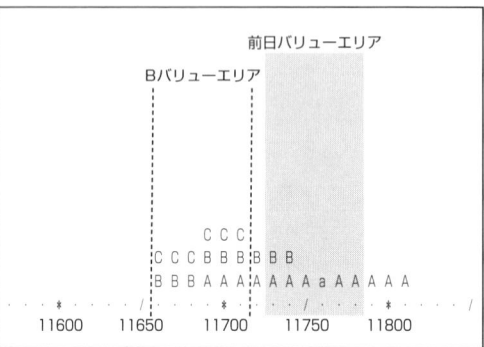

```
                                          前日バリューエリア
                    Bバリューエリア
                                   C C C
                          C C C B B B B B B
                          B B B A A A A A A A a A A A A A
        ・・・*・・・・・/・・・・・*・・・・・/・・・・・*・・・・・/
        11600   11650    11700    11750    11800
```

「B」時間バリューエリアが意識された。ネガティブIRブレイク発生にいたらず。下値警戒感がうかがえる。

D時間帯

	安値	高値
I	0	0
H	0	0
G	0	0
F	0	0
E	0	0
D	11660	11730
C	11660	11710
B	11660	11740
A	11690	11810
レンジ	11660	11810
モード	11690	
バリューエリア	11660	11710
TPO	9	23
R.F	-2	-2

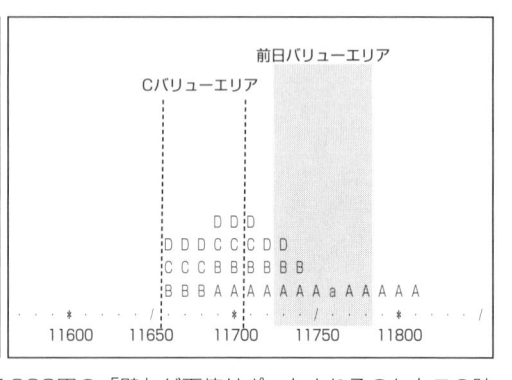

```
                                          前日バリューエリア
                    Cバリューエリア
                                 D D D
                          D D D C C D D
                          C C C B B B B B B
                          B B B A A A A A A A a A A A A A
        ・・・*・・・・・/・・・・・*・・・・・/・・・・・*・・・・・/
        11600   11650    11700    11750    11800
```

IRブレイク発生せず、一段と11660円の「壁」が下値サポートされるのかをこの時点で注目しておくことが必要である。

E 時間帯

	安値	高値
I	0	0
H	0	0
G	0	0
F	0	0
E	11660	11710
D	11660	11730
C	11660	11710
B	11660	11740
A	11690	11810
レンジ	11660	11810
モード	11690	
バリューエリア	11660	11720
TPO	17	20
R.F	-2	-3

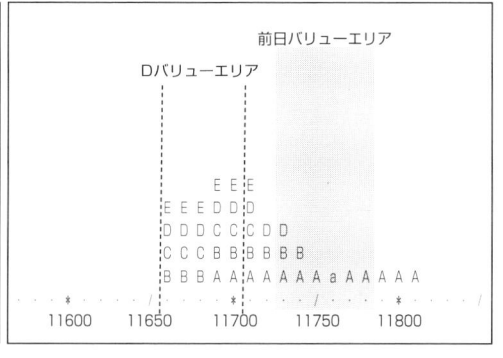

```
                         前日バリューエリア
           Dバリューエリア

                         E E E
                       E E E D D
                       D D D C C  C D D
                       C C C B B  B B B B
                       B B A A A  A A A A a A A A A A
     ·······*·······/·······*······/·······*······/
     11600    11650    11700    11750    11800
```

11660が明確に下値サポートラインとして認識されている。これが割れないかぎり、前日バリューへのレスポンシブ計の展開に発展する公算も高くなってきている。

F 時間帯

	安値	高値
I	0	0
H	0	0
G	0	0
F	11680	11750
E	11660	11710
D	11660	11730
C	11660	11710
B	11660	11740
A	11690	11810
レンジ	11660	11810
モード	11710	
バリューエリア	11680	11730
TPO	27	19
R.F	0	-2

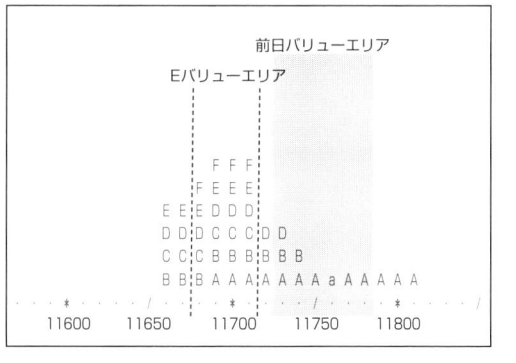

```
                         前日バリューエリア
           Eバリューエリア

                         F F F
                       F E E E
                     E E E D D D
                     D D D C C C D D
                     C C C B B B B B B
                     B B B A A A A A A A A a A A A A A
     ·······*·······/·······*······/·······*······/
     11600    11650    11700    11750    11800
```

前日バリューへのレスポンシブ系の展開を示唆する形状パターンとなっている。この場合、前日バリュー水準へ一気にレンジを切り上げる展開も視野に入ってきた。直前の「E」時間帯バリュー内での展開に終始しており、トレンド性がないことを示唆。

G時間帯

	安値	高値
I	0	0
H	0	0
G	11690	11750
F	11680	11750
E	11660	11710
D	11660	11730
C	11660	11710
B	11660	11740
A	11690	11810
レンジ	11660	11810
モード	11710	
バリューエリア	11680	11730
TPO	27	19
R.F	0	-2

```
                              前日バリューエリア
            Fバリューエリア
                     G G G
                     F F F
                    :F E E E:
              E E E:D D D:G G
              D D:D C C C:D G
              C C:C B B B:B B G
              B B:B A A A:A A A a A A A A
       . . . * . . . / . . . * . . . / . . . * . . . /
        11600     11650     11700     11750     11800
```

「F」時間バリュー上限である11720を超えたことで、動きは鈍いものの、小幅レンジエクステンシブな展開となり、前日バリュー内にレンジを移すこととなった。

H時間帯

	安値	高値
I	0	0
H	11710	11750
G	11690	11750
F	11680	11750
E	11660	11710
D	11660	11730
C	11660	11710
B	11660	11740
A	11690	11810
レンジ	11660	11810
モード	11710	
バリューエリア	11680	11730
TPO	27	23
R.F	1	-2

```
                              前日バリューエリア
            Gバリューエリア
                         H
                     G G G
                     F F F
                    :F E E E:H
              E E E:D D D:G H
              D D:D C C C:D G H
              C C:C B B B:B B G
              B B:B A A A:A A A a A A A A
       . . . * . . . / . . . * . . . / . . . * . . . /
        11600     11650     11700     11750     11800
```

「G」時間バリュー上限である11730を超えたことで、一段のレンジ切り上げの可能性が高くなったものの、動きの鈍い展開。

I 時間帯

	安値	高値
I	11640	11740
H	11710	11750
G	11690	11750
F	11680	11750
E	11660	11710
D	11660	11730
C	11660	11710
B	11660	11740
A	11690	11810
レンジ	11640	11810
モード	11710	
バリューエリア	11680	11730
TPO	34	26
R.F	1	-2

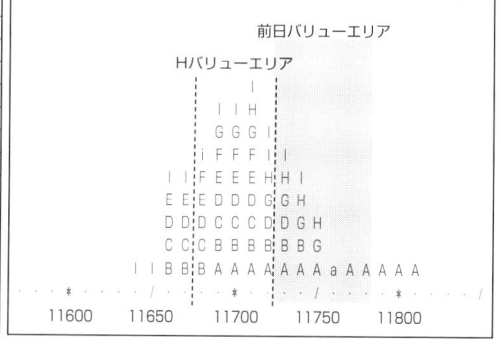

```
                    前日バリューエリア
              Hバリューエリア
                      I
                    I I H
                    G G G I
                    I F F F I I
              I I F E E E H H I
              E E E D D D G G H
              D D D C C C D G H
              C C C B B B B B G
        I I B B B A A A A a A A A A A
        ・・・*・・・/・・・*・・・/・・・*・・・/
      11600   11650   11700   11750   11800
```

結局、上値トライの展開となった。形状的にいって、この日は盛り上がりに欠ける展開に終始していたが、引け際も盛り上がることもなく終わった。

当日の30分足

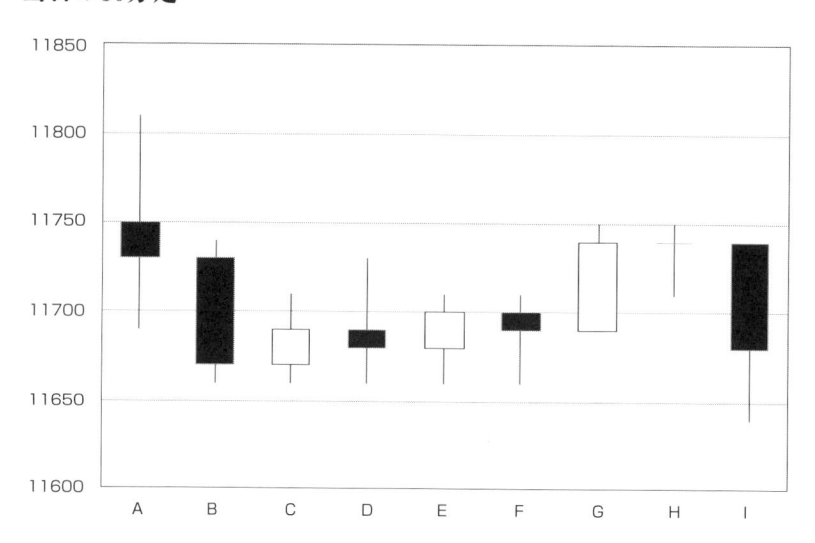

図1.28 復習③ 過去バリューエリア
債券先物02年6月限 2002/4/24のマーケットプロファイル①

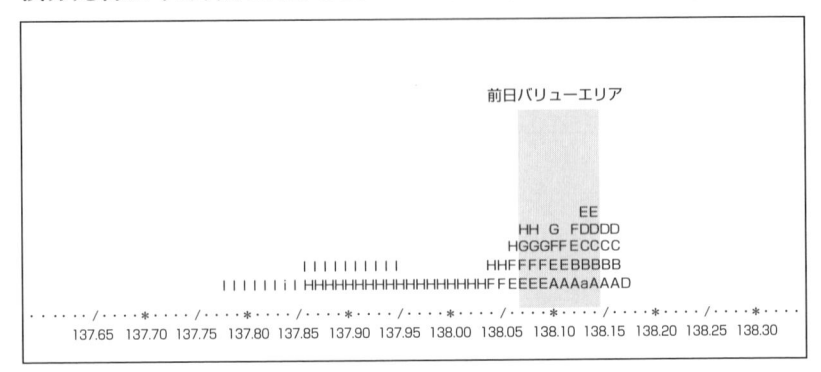

```
                                                    前日バリューエリア

                                                             EE
                                                    HH  G  FDDDD
                                                    HGGGFF ECCCC
                          ||||||||||                HHFFFFEEBBBBB
                  ||||||||i HHHHHHHHHHHHHHHHHHHHHFFEEEEAAAaAAAD
  ・・・・・/・・・・*・・・・/・・・・*・・・・/・・・・*・・・・/・・・・*・・・・/・・・・*・・・・/・・・・*・・・・/・・・・
          137.65  137.70  137.75  137.80  137.85  137.90  137.95  138.00  138.05  138.10  138.15  138.20  138.25  138.30
```

前日バリュー内で揉み合い、その後「D」時間に瞬間的にポジティブサイドにも前日バリュー上限にもワンティックブレイクしたものの、その後IRブレイク否定を伴い、最終的には引け近くになって、前日バリュー下限を割り込む展開に発展し、その後、一気にレンジエクステンシブな展開に発展した。

	安値	高値
I	137.78	137.95
H	137.86	138.08
G	138.07	138.10
F	138.04	138.12
E	138.06	138.14
D	138.13	138.17
C	138.13	138.16
B	138.12	138.16
A	138.10	138.16
レンジ	137.78	138.17
モード	138.13	
バリューエリア	138.08	138.18
TPO	65	14
R.F	−1	−4

債券先物02年6月限 2002/4/24のマーケットプロファイル②

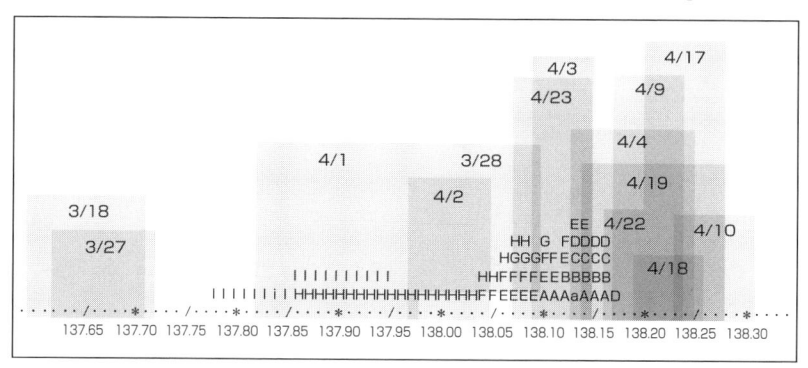

```
                                    4/3           4/17
                                   4/23   4/9
                                         4/4
                  4/1      3/28         4/19
                  4/2               EE  4/22
  3/18                          HH G FDDDD        4/10
  3/27                          HGGGFFE CCCC
                  IIIIIIIIII     HHFFFFEEBBBBB   4/18
       IIIIIIi HHHHHHHHHHHHHHHHHHFF EEEEAAAaAAAD
  ‥‥‥/‥‥*‥‥/‥‥*‥‥/‥‥*‥‥/‥‥*‥‥/‥‥*‥‥/‥‥*‥‥
  137.65 137.70 137.75 137.80 137.85 137.90 137.95 138.00 138.05 138.10 138.15 138.20 138.25 138.30
```

この図は、前ページの図と日付と同じである。違うのは、過去のバリューを表記したことだ。この表記によって、左図の解説とは違った解釈が発生する。つまり、過去のバリューが、138円台には大量に存在していた。この意味は、過去数日にわたってこのレンジで長時間膠着していたことを示している。この日の相場の崩れは、こうした過去バリューが上値を抑えていたと考えられる。

	安値	高値
I	137.78	137.95
H	137.86	138.08
G	138.07	138.10
F	138.04	138.12
E	138.06	138.14
D	138.13	138.17
C	138.13	138.16
B	138.12	138.16
A	138.10	138.16
レンジ	137.78	138.17
モード	138.13	
バリューエリア	138.08	138.18
TPO	65	14
R.F	−1	−4

■標準偏差とベルカーブ

　標準偏差(スタンダードデビエーション)は、エクセルなどの表計算ソフトでは「=STDEV{範囲指定}」で算出できます。

　標準偏差について解説するときに例としてよく挙げられるのが、学校のクラスごとの成績を出す場合です。

　例えば、100点満点のテストで、Aクラスの人は0点、20点台、30点台、40点台……70点台、80点台、そして最高点が90点台と、まばらな結果となったとします。一方、Bクラスは、同じテストで40〜70点台に極端に固まり、80点台が1人で、40点以下はいなかったとしましょう。

Aクラス	38	49	55	98	89	78	0	25	88	39
Bクラス	43	63	51	53	48	50	43	77	50	81

合計点	平均点	標準偏差
559	55.9	31.83
559	55.9	13.43

　両クラスは合計点も平均点も同じでした。しかし、点数の標準偏差に、微妙な違いが発生します。

　この場合、どのような釣鐘曲線(ベルカーブ)が描かれるでしょうか。**図A**を見てください。

図A　得点と人数の分布

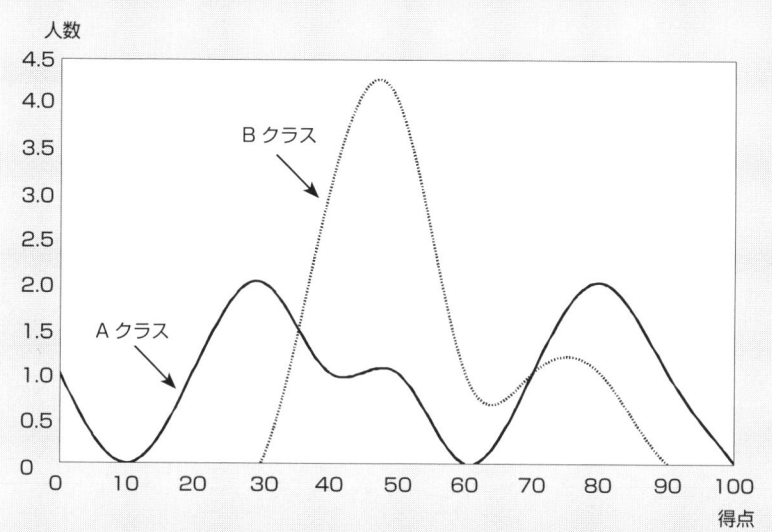

　Aクラスは明らかに標準偏差の横軸のレンジが広くなっています。ベルカーブは、かなり緩やかで、穏やかなものと言えるでしょう。

　Bクラスはというと、50点あたりを中心に、鋭角的できれいなベルカーブが形成されています。Aクラスと比較すると標準偏差のレンジが明らかに狭くなりました。

　このベルカーブの違いは、なんでしょうか。標準偏差の横軸のレンジが違うのはもちろんのこと、ベルカーブの形状も違います。

　本質的な違いで見た場合、クラス全体として、Bクラスは合格、

Ａクラスは不合格と考えられます。言い換えれば、Ａクラスの先生の授業指導はＢクラスのものよりも劣っていたと言えるでしょう。

　学校教育は"落ちこぼれ"をなくすことが基本です。したがって成績のバラつきは極端にタイトなほうがよいと言えます（もちろん、クラスの平均点を上げる努力も必要ですが）。

　相場でよく起きる現象は「Ｂクラス」です。つまり、均等な情報と均等な投資家の動きが、１日を通じて発生することで、きれいなベルカーブを生み出すことになるのです。

　しかし、いったん相場がなんらかの要因で動揺するようなことがあれば、Ａクラスのような分布となります。

　Ａクラスの場合とは、均等に授業を受けられず（情報の）落ちこぼれが出てしまった状態です。その「落ちこぼれの発生」が、不均衡な値動きを形成するのです。

　しかし、時間がたてば、その情報の不均衡が解消され、やがてＢクラスのように落ちついた環境になるわけです。

　これをマーケットプロファイルの言葉で置き換えると、通常はだいたい「ノーマルデー」が発生するのに対して、ある日突然「トレンドデー」が発生するような値動きの荒い状態になる、ということです。

　これは、情報を共有する速度に違いが生じた結果ゆえのボラタイルな（変動しやすい）展開だと考えられます。

第2章

FXマーケット
プロファイル
分析の基本

Market Profile® Analysis
for FOREX

2-1　FXマーケットプロファイルの構成

　第1章では、一般的なマーケットプロファイルの基礎知識について解説しました。第2章では、よりFXに集中して分析の基本について紹介したいと思います。

日本時間9時が起点

　FXのマーケットプロファイルも第1章で紹介した作成方法と基本的に変わりません。ただ、FXは取引所取引ではなく、24時間のOTC取引が中心です。「始値（寄値）」「終値（引値）」という概念がありません。

　そこで本書では、東京市場の始まりとされる「日本時間9時～9時30分」をマーケットプロファイルの1日の起点とし、翌日のシドニー市場が始まっている「翌日の日本時間8時30分～9時」を終点として、24時間の取引データを記入していきます。

　東京時間9時を起点とする理由は「分かりやすいから」です。ロンドンでもニューヨークでも、多くのトレーダーが現地時間の9時を基点にプロファイルを作成する傾向があります。

　1日24時間を30分ごとに区切るので、48文字が必要です。そこで小文字のアルファベットも使います（**図2.1**）。

図2.1　FXマーケットプロファイルの場合

時間	記号	時間	記号
09:00 − 09:30	A	21:00 − 21:30	Y
09:30 − 10:00	B	21:30 − 22:00	Z
10:00 − 10:30	C	22:00 − 22:30	a
10:30 − 11:00	D	22:30 − 23:00	b
11:00 − 11:30	E	23:00 − 23:30	c
11:30 − 12:00	F	23:30 − 24:00	d
12:00 − 12:30	G	24:00 − 24:30	e
12:30 − 13:00	H	24:30 − 01:00	f
13:00 − 13:30	I	01:00 − 01:30	g
13:30 − 14:00	J	01:30 − 02:00	h
14:00 − 14:30	K	02:00 − 02:30	i
14:30 − 15:00	L	02:30 − 03:00	j
15:00 − 15:30	M	03:00 − 03:30	k
15:30 − 16:00	N	03:30 − 04:00	l
16:00 − 16:30	O	04:00 − 04:30	m
16:30 − 17:00	P	04:30 − 05:00	n
17:00 − 17:30	Q	05:00 − 05:30	o
17:30 − 18:00	R	05:30 − 06:00	p
18:00 − 18:30	S	06:00 − 06:30	q
18:30 − 19:00	T	06:30 − 07:00	r
19:00 − 19:30	U	07:00 − 07:30	s
19:30 − 20:00	V	07:30 − 08:00	t
20:00 − 20:30	W	08:00 − 08:30	u
20:30 − 21:00	X	08:30 − 09:00	v

30分ではなく、10分や1時間ごとに区切る方法もあります。しかし、30分が一般的ですし、筆者にとってFXの出来高分析をするうえで、もっとも分かりやすい間隔です。

最初のうちは、慣れたと感じるまでグラフ用紙に手書きでマーケットプロファイルをつけ続けるのが理想といえます。しかし、本書では、できるだけ多くの方に理解していただくため、極めてアナログなやり方で、エクセルでFXのマーケットプロファイルを作成する方法について紹介しましょう。

30分足のデータを入手する

まずは30分足（30分間隔の四本値）のデータを入手しましょう。方法はいくつか考えられますが、簡単な方法は次の2つです。

- ●口座を開設しているFX会社から提供してもらう
- ●メタトレーダーなどのソフトから入手する

本書では、例としてメタトレーダー（MetaTrader）でデータを入手する方法について紹介したいと思います（**図2.2**）。

メタトレーダーとは、ロシアのMetaQuotes Software社が開発したWindowsパソコン用のオンラインFXソフトです。本書では、すでに完成されたソフトとして多くのユーザーに支持をされている「バージョン4」を用います。2010年6月に「バージョン5」が正式にリリースされていますが、本書執筆中の2010年9月現在ではリ

図 2.2　メタトレーダー

リースされたばかりで、今後更新されていく可能性が高いことから、ここでは詳しくは紹介しません。

　メタトレーダーの魅力として真っ先に挙げられるのが、無料でデモ口座を開設して使えるソフトであるという点です。無料だからといって、機能的にほかの有料ソフトに劣るわけではありません。世界中の数多くのFX業者に取引ソフトとして採用されており、実際のトレードにも支障のない安定したソフトとして知られています。

　多くのテクニカル指標が標準装備されており、チャートソフトとして使えるほか、プログラミング言語が搭載されており、独自のテクニカル指標や売買システムをプログラムできます。また売買の検証をしたり、自動売買を実行することも可能です。

①**メタトレーダーをダウンロードして、インストールする**

　メタトレーダーを採用している業者の多くが、無料のデモ口座を提供しています。また、MetaQuotes社の公式サイトからも入手可能です。

> 公式サイト（※URLは変更される場合があります）
> http://www.metaquotes.net/

　残念ながら、公式サイトには日本語ページがありません。標準で英語のページが表示されます。このページのリンクからメタトレーダーを探し出して、ダウンロード、インストール、デモ口座の申請をしましょう。

　なお、詳しい導入方法や使い方については豊嶋久道著『FXメタトレーダー入門』（パンローリング刊）をご覧いただくか、インターネットで「メタトレーダー　インストール」と検索をすれば、くわしく解説しているウエブサイトがいくつか見つかるはずです。

②**データを取り込む**

　メタトレーダーのデータは、チャート上で表示させた範囲で、ヒストリーファイルとして使用しているパソコン上に保存されています。ただし、それをそのままほかのソフトに読み込ませることはできません。ほかのソフトでも読めるファイルとして取り出すには、次の手順に従ってください。

　まず、メタトレーダーのメニューの［ツール］から［History

図2.3 メタトレーダーのヒストリーセンター

Center]を選択します。

そして、データとして取り出したい通貨ペア、そして時間枠（この場合M30）をダブルクリックで開いていきます。

すると、右側の画面にレートの一覧が表示されます。ここでは新しい順に、時間、始値、高値、安値、終値、出来高の6つのデータが各行に表示されます（**図2.3**）。

ここで「エクスポート」のボタンを押します。するとファイルを保存するところを指定する画面になります。保存場所を決め、ファイルの種類が「ASCII Text (*.csv)」となっているのを確認して、「保存」をクリックします。

すると、例えば「USDJPYfx30.csv」というファイルが出力されます。このCSV形式のファイルは、そのままマイクロソフト社の

エクセルなど表計算ソフトに読み込ませることが可能です。

ただし、出力されたデータの並び順は先ほどの画面とは逆で、古い順になります。1行に日付、時間、始値、高値、安値、終値、出来高の7つのデータが並びます。

ここで注意点があります。まず、ここで紹介したのは、あくまで純正のデモなので「時間」は日本時間ではなく、英国時間で表示されていることです。時間を逆算して調整しておく必要があります。またここにある出来高はティックの数です。本書では使いません。

表計算ソフトにアルファベットを記入する

マーケットプロファイルを描画するのに必要なのは「時間」「高値」「安値」のデータです（**図2.4**）。

このデータを見ながら、エクセルなど表計算ソフトに記入していきます（**図2.5**）。

ここでは紙幅の都合もあり、オーソドックスに縦軸を時間、横軸を価格としました。この場合、時間は上方向に流れ、価格は左から右にかけて、安値→高値とするのが一般的です。

ただし、縦軸を価格、横軸を時間としてもかまいません。後ほど解説する形状分析では、1週間の流れを追いますので、その形式で表示します。この場合、一般のチャートと同じように、縦軸の価格は上から下にかけて高値→安値となり、横軸の時間は左方向に流れます。

価格の区切り方ですが、筆者の場合、基本的に横軸の価格は5

図2.4　1日の高値・安値・アルファベットを確認（例）

時間	高値	安値		時間	高値	安値	
9:00～9:30	93.63	93.50	A	21:00～21:30	90.40	89.69	Y
9:30～10:00	93.95	93.56	B	21:30～22:00	90.65	90.15	Z
10:00～10:30	93.93	93.67	C	22:00～22:30	90.84	90.27	a
10:30～11:00	93.79	93.66	D	22:30～23:00	90.96	90.70	b
11:00～11:30	93.87	93.70	E	23:00～23:30	90.86	90.01	c
11:30～12:00	93.87	93.72	F	23:30～0:00	90.86	90.42	d
12:00～12:30	93.89	93.65	G	0:00～0:30	90.89	90.58	e
12:30～13:00	93.96	93.79	H	0:30～1:00	91.56	90.76	f
13:00～13:30	93.95	93.74	I	1:00～1:30	91.37	90.98	g
13:30～14:00	93.88	93.59	J	1:30～2:00	91.65	91.12	h
14:00～14:30	93.71	93.38	K	2:00～2:30	91.91	91.53	i
14:30～15:00	93.78	93.44	L	2:30～3:00	92.00	91.67	j
15:00～15:30	93.63	93.41	M	3:00～3:30	92.20	91.78	k
15:30～16:00	93.55	93.32	N	3:30～4:00	92.57	92.01	l
16:00～16:30	93.38	93.01	O	4:00～4:30	92.46	92.22	m
16:30～17:00	93.13	92.11	P	4:30～5:00	92.78	92.41	n
17:00～17:30	92.70	92.18	Q	5:00～5:30	92.76	92.42	o
17:30～18:00	92.49	92.10	R	5:30～6:00	92.54	92.01	p
18:00～18:30	92.34	91.65	S	6:00～6:30	92.23	91.80	q
18:30～19:00	91.90	91.62	T	6:30～7:00	92.41	91.76	r
19:00～19:30	91.83	89.71	U	7:00～7:30	92.43	92.01	s
19:30～20:00	90.37	88.22	V	7:30～8:00	92.14	91.51	t
20:00～20:30	90.25	88.82	W	8:00～8:30	92.03	91.53	u
20:30～21:00	90.45	89.76	X	8:30～9:00	92.24	91.88	v

図 2.5　時間帯を値幅に合わせてプロットする

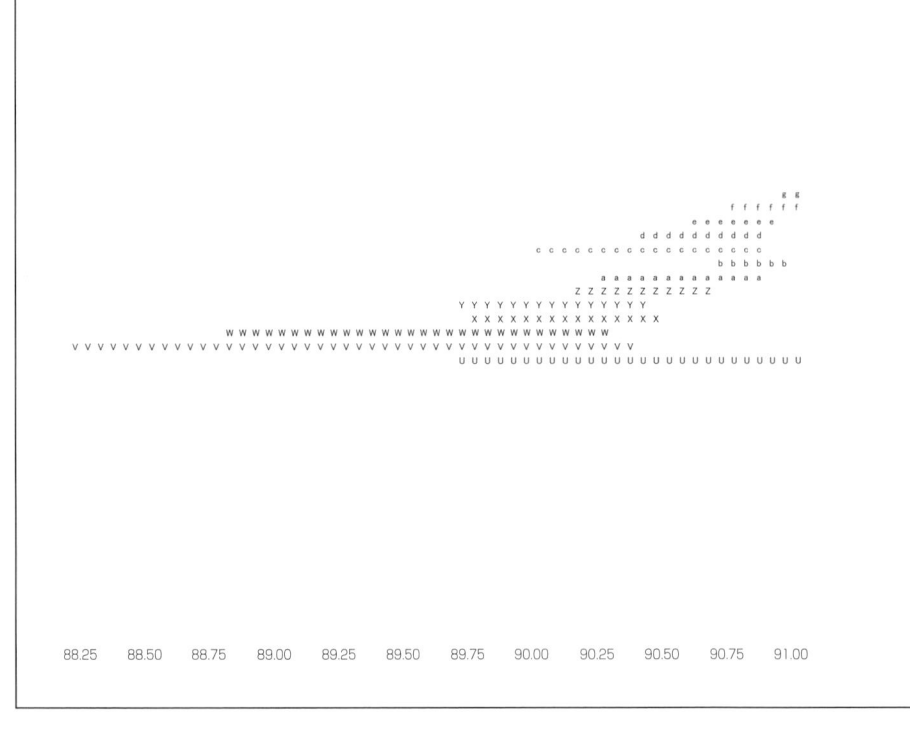

```
                                                                    g g
                                                              f f f f f f
                                                          e e e e e e e
                                                      d d d d d d d d d
                                                  c c c c c c c c c c
                                                                  b b b b b b
                                              a a a a a a a a a a a
                                          z z z z z z z z z z z
                                      Y Y Y Y Y Y Y Y Y Y Y Y
                                      X X X X X X X X X X X X X
              W W W W W W W W W W W W W W W W W W W W W W W W
      V V V V V V V V V V V V V V V V V V V
                                          U U U U U U U U U U U U U U U U U U U U
```

　　88.25　88.50　88.75　89.00　89.25　89.50　89.75　90.00　90.25　90.50　90.75　91.00

ティック刻み（ドル円なら5銭刻み）に記入しています。

　例えば、**図2.4**のA時間帯（9時〜9時30分）の高値は93.63円、安値は93.50円です。この場合、93.60円から93.50円までの間の枠に「A」の字で埋めていきます。

　同様にBからvの行まで記入したら、文字間の空白をつめて、積

```
                        v v v v v v v v
           u u u u u u u u u u u
           t t t t t t t t t t t t t
                              s s 6 s s s s s s
                        r r r r r r r r r r r r
                     q q q q q q q q q q
                        p p p p p p p p p p p p
                                    o o o o o o o o
                                 n n n n n n n n
                           m m m m m m
                        l l l l l l l l l l l
                  k k k k k k k k k
        j j j j j j j j j
              i i i i i i i i
 h h h h h h h h h h h
 g g g g g g g g g g
 f f f f f f f f f f f f



 U U U U U U U U U U U U U U
         T T T T T T T
         S S S S S S S S S S S S S
              Q Q Q Q Q Q Q Q Q Q
              R R R R R R R R R
         P P P P P P P P P P P P P P P P P P P
                                  O O O O O O O O O
                                     N N N N N N
                                     M M M M M M
                                     L L L L L L L L
                                     K K K K K K K
                                       J J J J J J J
                                         I I I I I
                                           H H H H
                                       G G G G G G G
                                           F F F F
                                           E E E E
                                         D D D D D
                                         C C C C C C
                                       B B B B B B B B
                                         A A A A
  91.25   91.50   91.75   92.00   92.25   92.50   92.75   93.00   93.25   93.50   93.75   94.00
```

み上げた状態にします（**図2.6**）。

このようにエクセルでマーケットプロファイルを描画することは可能です。またエクセルが得意な人であれば、マクロを作成して、自動的に描画することもできるでしょう。

図 2.6 空白をつめて積み上げる

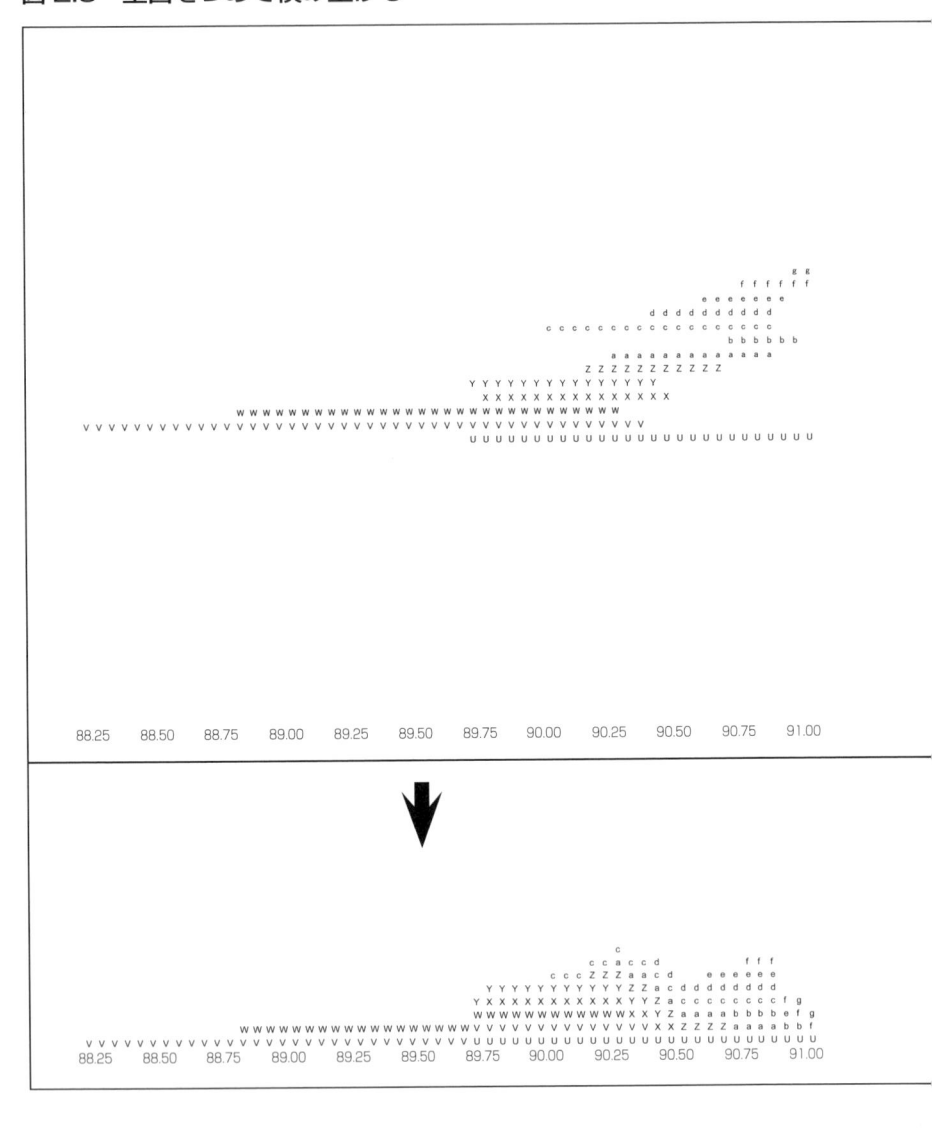

第2章 FXマーケットプロファイルの基本分析

2−2　FX分析の注意点

　本節ではマーケットプロファイルをFXで見るときのポイントと注意点について解説します。

FXディーラーがマーケットプロファイルを好む理由

　商社や銀行のFXディーラーたちから、よく言われることがあります。
　「マーケットプロファイルは、いろいろなテクニカル分析のなかでも特に好きなんですよ」
　「好きだ」という理由を探ると、単純明快です。その日のいちばん盛り上がったレベル、つまりもっとも盛んに取引が行われたレンジが分かるからです。
　この意味するところは、移動平均分析にも見てとれます。20日移動平均とは、過去20日間の取引レンジのなかでの平均値です。それは言い換えると過去20日間にポジショニングした人の取得価格の平均値であるといえます。
　今の相場がその平均値よりも下にあれば、過去20日間にショート（売り）をしたディーラーは、そのポジションに利が乗っており、総じてフェイバー（有利）な状態です。逆に、今の相場がその平均

図2.7　ドル円20日移動平均

（チャート図：ドル円日足と20日移動平均、2009年10月〜2010年8月、価格帯84.00〜94.00。「20日移動平均」「ドル円（日足）」「下抜けたので売り」「フェイバーな状態」の注記あり）

値よりも上にあれば、アンフェイバー（不利）な状態となります。

　図で考えてみましょう。**図2.7**は、ドル円チャートの日足と20日移動平均です。

　6月下旬から、ドル円チャートは20日移動平均を下抜けました。もし、これをきっかけにドル円を売っていれば、それ以降、常に20日移動平均を下回っており、自分にとってフェイバーな値動きといえます。

　これは逆に言えば、買っている人にとっては評価損に苦しむ毎日となっているわけです。評価損を抱えている人は、どこかで損切りをする（投げる）ことになります。

　買っている人が投げる、つまり転売をするわけです。したがってその行為は20日移動平均と実際の相場との乖離をさらに拡大させる

ことになります。

　そして、こうした投げが一巡するあたりで、移動平均と実際の相場の乖離が縮小に向かうわけです。それが、ひいては20日移動平均と相場の上下が逆転することにもつながります。

　FX市場でのマーケットプロファイルの位置づけは、この発想とまさに同じです。

　例えば、過去の価格帯（積み上がった価格帯）とは、そこでたくさんの取引があったことの証明です。その価格帯から離れる場合は、ある人からすると、どこかで損切りをしなければなりません。

　それがマーケットプロファイルでいう「レンジエクステンション」の発生となるわけです。

　相場では、まずポジションが徐々に積まれていき、その積み上げ方から一定の方向性が見えてきます。そして、さらにその方向へと次々とポジションが積み上がっていきます。なぜなら「トレンドに乗っているから」です。

　しかし、積み上がりが最高潮に達すると、崩れだします。トレンドの終焉です。

　その後は、そのポジションを降りる動きが加速します。その加速度を増す場面が「レンジエクステンション」というわけです。

　マーケットプロファイル分析の真髄は、その価格帯で過去どれだけ積み上がっていたのか、その価格帯から離れるのか分析することにあります。その点で、20日移動平均の例とほぼ同じだといえます。

　マーケットプロファイルでは、どの価格帯にポジションがたまっているのか、それをテクニカルベースでより客観的に見られます。

そこから、その後の展開を想定できるのです。

見るべきは１週間の流れ

　第１章でも述べたように、マーケットプロファイルはデイトレーダーのためのテクニカル分析として開発されました。

　事実、株式や先物といった取引所市場のマーケットプロファイル分析では、イニシャルレンジ、つまりＡ時間帯の分析が非常に重要となります。イニシャルレンジが前日バリューエリアとどういう関係なのかという判断次第で、その日の損益がほぼ確定するといっても過言ではないほどです。

　しかし、ＦＸの場合、何度も申し上げてきたように、東京時間の９〜10時までの時間帯でその日１日の方向性が探れるというものではありません。そこで「前日の形状」と「前日のバリューエリア」との位置関係に注視して、１週間でトレンドを探っていくのです。

　つまり、ＦＸ分析で重要なのは１日の形状ではありません。モードを中心としたバリューエリアと、モード移動の「流れ」を１週間の「週間プロファイル」でとらえることにあるのです。

FXの時間帯

　ＦＸ市場は、おおざっぱに分けると「東京市場」「ロンドン市場」「ニューヨーク市場」３つの時間帯に区分されます。これらの市場をつなぐことで、24時間取引が可能となっているのです（**図2.8**）。

図 2.8　各市場の時差

シドニー	東京	ロンドン	ニューヨーク	中央銀行発表など主要情報があるときの時間
1	0	15	10	
2	1	16	11	
3	2	17	12	
4	3	18	13	
5	4	19	14	15 米FOMC発表
6	5	20	15	
7	6	21	16	
8	7	22	17	
9	8	23	18	50 日本経常収支
10	9	0	19	
11	10	1	20	
12	11	2	21	
13	12	3	22	
14	13	4	23	
15	14	5	0	
16	15	6	1	30 日本銀行発表
17	16	7	2	
18	17	8	3	
19	18	9	4	
20	19	10	5	00 欧州失業率
21	20	11	6	
22	21	12	7	00 英、45 欧州中銀発表
23	22	13	8	30 米貿易収支
0	23	14	9	

※サマータイムは＋1時間（2010年現在）
シドニー：10月最終日曜日午前2時〜翌年3月最終日曜日午前3時
イギリス：3月最終日曜日午前1時〜10月最終日曜日午前1時
ニューヨーク：3月第2日曜日午前2時〜11月第1日曜日午前2時

しかし、近年では「東京市場の時間帯」という表現も適切ではなくなってきたほど、アジア市場の台頭も顕著です。また、為替取引の主導権は欧州や米国が握っており、東京市場は凋落しつつあるといえます。

事実、国際決済銀行（BIS）の2010年調査によると、東京市場の為替取引のシェアは6.2％にすぎません。ロンドン市場の36.7％、ニューヨーク市場の17.9％に次いで3位とはいえ、シンガポール市場が5.3％、スイス市場が5.2％と肉薄しています（ちなみに香港市場が4.7％、シドニー市場が3.8％です）。

したがって、日本時間の日中にマーケットプロファイルでFXを分析するなら、朝の時点で東京市場の値動きを予想するのではありません。前日までのNY市場とその前のロンドン市場の値動きを踏まえて「現在の相場の位置づけ」そして「これから、ロンドン市場と米国市場（それに多少その前のアジア市場）が、どのような展開になるのか」を分析するのが主軸となります。

ただし、近い将来、人民元の国際化にともない、中国金融市場の動向にFXが大きな影響を受ける可能性が高まるでしょう。中国市場の時間帯（広い意味でのアジア時間）が最重要視される可能性もあります。

その結果、東京市場の時間帯は前日の欧米市場の"修正タイム"となるのか、前日の欧米市場のトレンドの延長となるのか……などという分析も重要になってくるでしょう。

その動きをつかむ意味でも、FXマーケットプロファイルの形状分析に慣れることは、重要な意味を持ってくるのです。

東京市場の例外

　先ほど東京市場の位置づけについてお話しましたが、月曜日の東京市場については、その時々の趨勢によって注目度は異なります。

　たしかに、2008年ぐらいまでは、傾向として東京市場の衰退は鮮明になっていました。そのため東京の日中、それも月曜日など、話題にもならないくらいに「閑散」な相場傾向になることが多々ありました。

　しかし、2008年のリーマンショック以降は、なんらかの「金融不安」が高まるたびに、むしろ「月曜日」の東京市場に限っては、世界の注目を集めるようになってきました。東京市場が週明けに世界一早く開く主要市場だからです。それは、グローバル化が一段と進んだ結果ではないかと筆者は考えています。

　週末にかけて「問題」が浮上し、その問題に世界の中央銀行が対応するわけです。土日にかけて、中央銀行や政府が議論し、そして週明け、東京市場が始まる直前にその対応を発表します。

　例えば、2010年のユーロ危機の場合はそうでした。ギリシャ支援策を練るという場面でECB（欧州中央銀行）は、土日にかけて支援策を練り、欧州時間では日曜の深夜であるにも関わらず「東京市場が始まる」という理由で、東京市場が開く前にギリシャ支援策を打ち出してきたわけです。

　おそらく、このときECBの主要スタッフは、土日深夜にかけてほぼ出ずっぱりだったことでしょう。相場の反応を見極めるまでは寝ることが許されなかっただろうことは十分に想像がつきます。

ノイズの存在

　万能な分析手法など、この世の中に存在しません。この認識があるからこそ、その弱点を補う何かを探し求めることが可能になるのです。同時に、そうした補完的要素が積み上がっていくことで、自身の相場観が形成されると考えています。

　FXマーケットプロファイル分析にも弱点があることを前もって述べておきましょう。それは「シドニー市場」です。

　ニューヨーク市場が終了すると、取引はシドニー市場に引き継がれます。しかし、実質的に引き継いでいるのは、その後の東京市場です。

　シドニー市場の時間帯には、主要取引参加者は、ほとんど参加しない傾向があります。そのため、この時間の価格はテクニカル的に明らかに意味をなさないことが多く、極端な場合、無視してよいでしょう。

　この時間帯での値動きは、常に「ノイズ（雑音）」としてとらえる必要があります。このレベルで新値を付けても、あまりアテになりません。ノイズ部分は、往々にして東京時間で調整されるケースがほとんどです。

ノーマルデーが少なくてDD型が多い

　ノーマルデー形状とは、これまで何度か述べてきたように「正規分布」の形状になった状態です。一般的に、年間を通じてFX市場

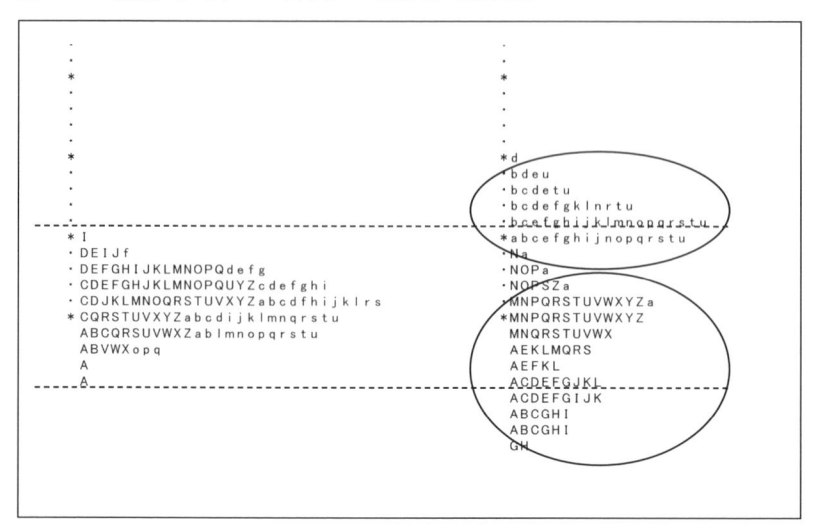

図2.9 限りなくノーマルデーに近いDD型

```
     .                              .
     *                              *
     .                              .
     .                              .
     .                              .
     *                         *d
     .                         ・bdeu
     .                         ・bcdetu
     .                         ・bcdefgklnrtu
  ---------------------------・bcefghijklmnopqrstu---
     *I                        *abcefghijnopqrstu
     ・DEIJf                    ・Na
     ・DEFGHIJKLMNOPQdefg       ・NOPa
     ・CDEFGHIJKLMNOPQUYZcdefghi ・NOPSZa
     ・CDJKLMNOQRSTUVXYZabcdfhijklrs *MNPQRSTUVXYZa
     *CQRSTUVXYZabcdijklmnqrstu *MNPQRSTUVWXYZ
      ABCQRSUVWXZablmnopqrstu    MNQRSTUVWX
      ABVWXopq                   AEKLMQRS
      A                          AEFKL
  ---A----------------------ACDEFGJKL----------
                                 ACDEFGIJK
                                 ABCGHI
                                 ABCGHI
                                 GH
```

でよく見られると言われます。

　しかし、実のところFXでは厳密な意味でのノーマルデー形状、つまり純粋なベルカーブ形状はそれほど多くありません。「ノーマルデー形状に限りなく近いDD型形状」が多いのです。

　取引時間が限定的な取引所市場と異なり、DD型が多いのがFXマーケットプロファイルの特徴といえます。

　ノーマルデーか「限りなくノーマルデーに近いDD型」かは、前日のマーケットプロファイルを考慮して判断します。前日の形状、値幅、位置を比較して総合的に判断するのです。

　例えば、前日よりも値幅が広く、山が2つ形成されている状態であれば、DD型と判断してよいでしょう（**図2.9**）。

マーケットプロファイルは正規分布が前提です。実際、株式や先物ではそうなります。ところがFXであまり正規分布がないのはなぜでしょうか。第1章でも少し述べましたが、重要な点なので、もう一度押さえておきたいと思います。

株式なら東京証券取引所やニューヨーク証券取引所、先物ならシカゴ・マーカンタイル取引所（米国）やユーレックス、ユーロネクストLiffe（欧州）といったローカルな取引所があります。その参加者は、そこを本拠地とする人たちである程度「固定化」されています。市場を「ひとつのグループ」と考えられるのです。

たしかに、新しく市場に参加する人もいれば、退場していく人もいます。長期取引の人もいれば、短期取引の人もいるでしょう。

しかし、ある程度の流動性のある市場ではそれらが階層化され、精練されていきます。そして、こうしたグループで1日の価格データをプロファイルしてみると、きれいな正規分布となるのです。

ところが、FXは24時間取引であり、地理的な要素もあります。取引所取引に比べて参加者が不特定多数で、グループ化できません。時間、地理、参加者の制約がない、よりグローバルな市場なのです。

例えば、東京市場でノーマルデー展開を見せたとしても、ロンドン市場に入ってから、ニュースやイベントなどの発生でレンジを移動させることが多々あります。そしてニューヨーク時間でノーマルデー展開で終始すれば、24時間を通じてみると、DD型形状になります。

一方、24時間を通してトレンドデー展開になるというのは、あま

りありません。どこかで織り込まれるからです。リーマンショックのような最大規模のニュースが発生した場合ぐらいとなります。

> **まとめ**
> ●FXマーケットプロファイルでは、1日の形状ではなく「流れ」を読み取ることが重要
> ●イニシャルレンジ（日本時間9〜10時）には意味がない
> ●シドニー時間（日本時間7〜9時）のデータはノイズ
> ●FXのマーケットプロファイルでは、DD型形状の出現が多い

2-3　流れを読み取る

　本節では具体的事例を見ながら、マーケットプロファイルの流れを分析する方法について解説したいと思います。

基本サイクル

　相場変動を通じてマーケットプロファイルの形状パターンを分類した場合、大枠としては、次のパターンとなることが多いです。
　ここは、FX市場を分析するために特に重要な点です。

> ①トレンドデー（もしくはDD型）
> ②ノーマルデー（ただしトレンドの方向性に従う形でレンジとモードを移動）
> ③ノーマルデー（ただし前日とほぼ同じレンジ。モードもバリューエリアも変わらない）が数日続く
> ④逆トレンデー（もしくはDD型）となり、当初のトレンドが終了
> ⑤新たなトレンドを模索

　基本的には、①～⑤のサイクルを繰り返します。
　トレンドに従う形でノーマルデーが連続した後（②）、頭打ちと

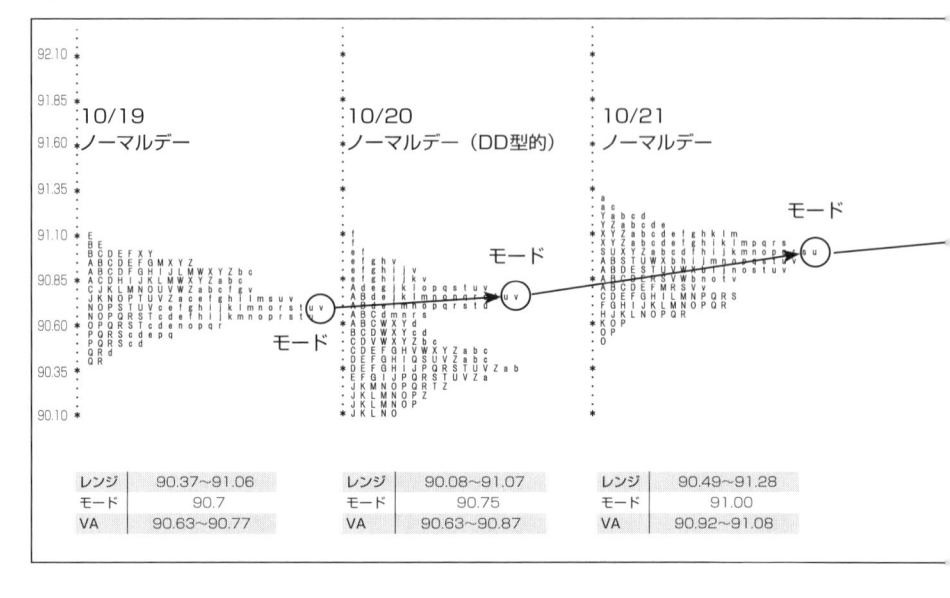

図2.10 トレンドのノーマルデー（2009/10/19～10/23）

	レンジ	モード	VA
10/19	90.37～91.06	90.7	90.63～90.77
10/20	90.08～91.07	90.75	90.63～90.87
10/21	90.49～91.28	91.00	90.92～91.08

なり（③）、逆トレンドデーが発生（④）した典型的なパターンを具体的な例で説明しましょう。

図2.10は、2009年10月19日～23日のドル円のマーケットプロファイルです。

週を通じて一貫してノーマルデー形状となりました。「ノーマルデーの週」だったと言えます（厳密にいえば、10月20日と23日はDD型的でした）。この局面は、静かなトレンドに乗って相場上昇が続いていたということです。トレンドデーが発生するわけでもなく、静かに「趨勢として相場上昇」という展開が、ノーマルデー形状で体現されています。

10/20 が DD 型形状、10/23 がやや DD 型展開となっているものの、週を通じてほぼノーマルデー展開。静かに相場が上昇している。

10/22 ノーマルデー

レンジ	90.87～91.71
モード	91.35
VA	91.26～91.44

10/23 ノーマルデー（DD型的）

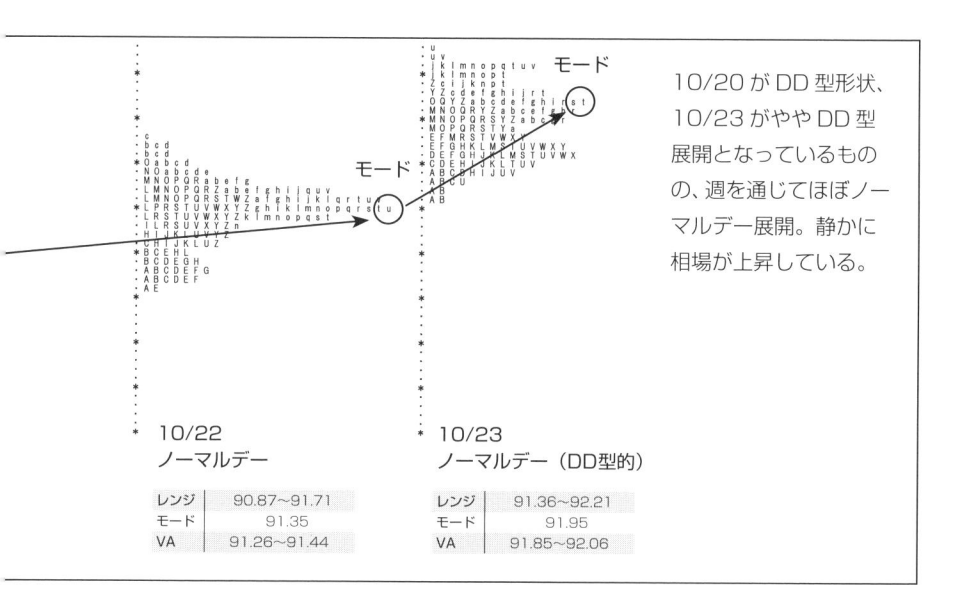

レンジ	91.36～92.21
モード	91.95
VA	91.85～92.06

中長期トレンドの基本
● ノーマルデー形状連続（完璧なノーマルデーでなくてもよい）
● モードの切り上げ

　引き続き、**図2.11**を見てください。翌週10月26日〜30日の展開です。特に**図2.10**の23日と、**図2.11**の26日、27日のそれぞれの形状を見比べてほしいと思います。ほぼノーマルデー形状で統一され（26日はやや DD 型）、モードも完全に伸び悩んでいました。これはまさしく、反転のサインといえます。

　28日以降の形状を見れば一目瞭然です。反転タイミングとして27

図2.11　頭打ちノーマルデーと逆トレンドデー (2009/10/26〜10/30)

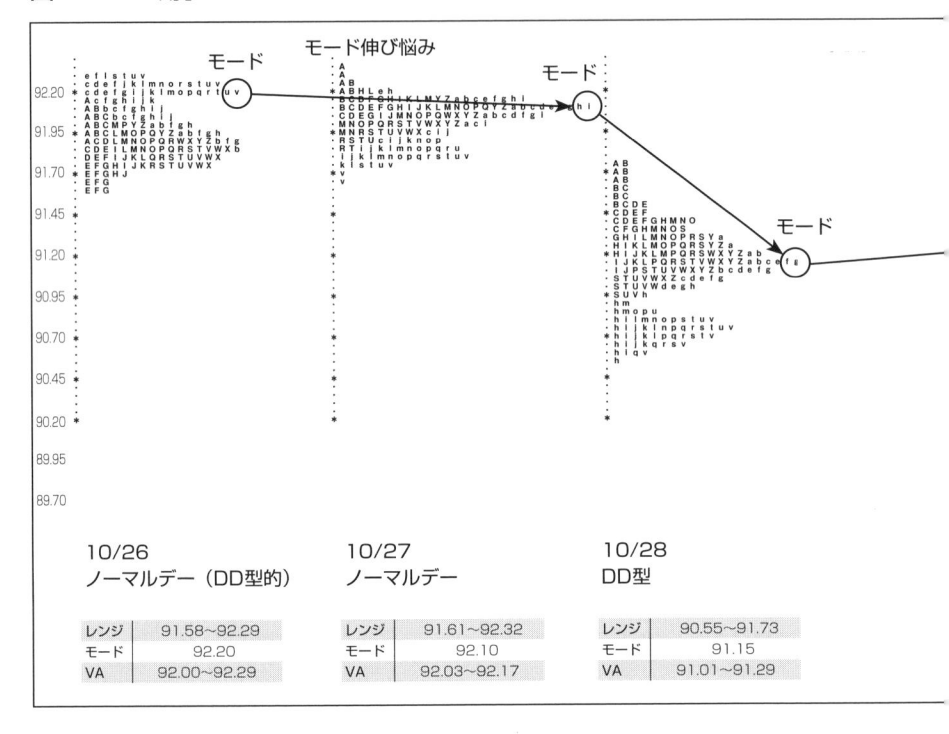

```
                     モード         モード伸び悩み
              .efstuv          .A                         モード
              .A              .A
92.20  .cdefgjklmnorstuv      .AB                       .*
       *ABHLeh                *BCDFGHIKLMNYZabcdefghi    hi
       .ABcfghij              .BCDEFGHIJKLMNOPQYZabcdg
       .ABbcfghi              .CDEGIJMNOPQWXYZabcdefgi
91.95  *ABCMPYZabfgh          .MNOPQRSTVWXYZaci
       .ACDLMOPQRWYZabfgh     *MNRSTUVWXcij
       .CDEILMNOPQRSTUVWXb    .RTijklmnopqru
91.70  .DEFGHIJKLMRSTUVWX     .ijklmnopqrstuv            .AB
       *EFGHIJ                *v                         .AB
       .EFG                   .klstuv                    .AB
       .EFG                                              .BC
91.45                                                    .BCDE
                                                         *CDEF
                                                         .CFGHMNOS
                                                         .GHILMNOPRSYa
91.20                                                    *HIJKLMOPQRSWXYZa    モード
                                                         .IJKLMOPQRSTVWXYZab   .
                                                         .IJPSTVZVcdefg       fg
                                                         .STUVWXZcdefg
90.95                                                    *SUVh
                                                         .hm
                                                         .hmopu
90.70                                                    .hijlmnopstuv
                                                         *hjklknpqrstuv
                                                         .hlkipqrsv
90.45                                                    .hiqv

90.20                  *              *              *

89.95

89.70

           10/26                10/27              10/28
           ノーマルデー（DD型的）   ノーマルデー        DD型

           レンジ  91.58～92.29   レンジ  91.61～92.32  レンジ  90.55～91.73
           モード       92.20   モード      92.10   モード      91.15
           VA    92.00～92.29   VA   92.03～92.17  VA    91.01～91.29
```

日までノーマルデー形状が続き、28日にDD型となり、さらにトレンドデーに近いDD型へと発展しながら相場が崩れていきました。

反転タイミングの基本
● ノーマルデー形状連続（完璧なノーマルデーでなくてもよい）
● モードの伸び悩み

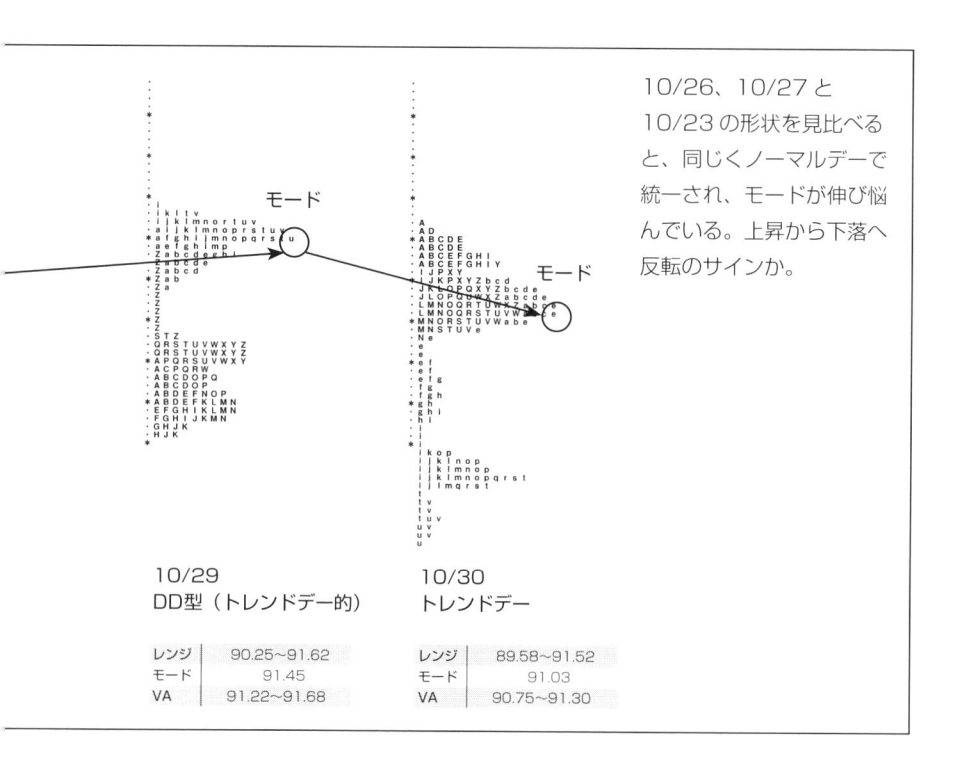

```
                                              10/26、10/27 と
                                              10/23 の形状を見比べる
           モード                              と、同じくノーマルデーで
                                              統一され、モードが伸び悩
                                              んでいる。上昇から下落へ
                              モード           反転のサインか。
```

10/29 10/30
DD型（トレンドデー的）　トレンドデー

レンジ	90.25〜91.62
モード	91.45
VA	91.22〜91.68

レンジ	89.58〜91.52
モード	91.03
VA	90.75〜91.30

流れ分析でのレンジエクステンション

　図2.12は2009年11月30日〜12月4日のドル円のマーケットプロファイルです。

　トレンドに従う形でモードを切り上げながらノーマルデーが連続して、DD型、そしてトレンドデー展開から結果的にDD型となりました。注目はこのトレンドデー的DD型にレンジエクステンショ

図2.12 上昇トレンドのノーマルデー（2009/11/30 〜 12/4）

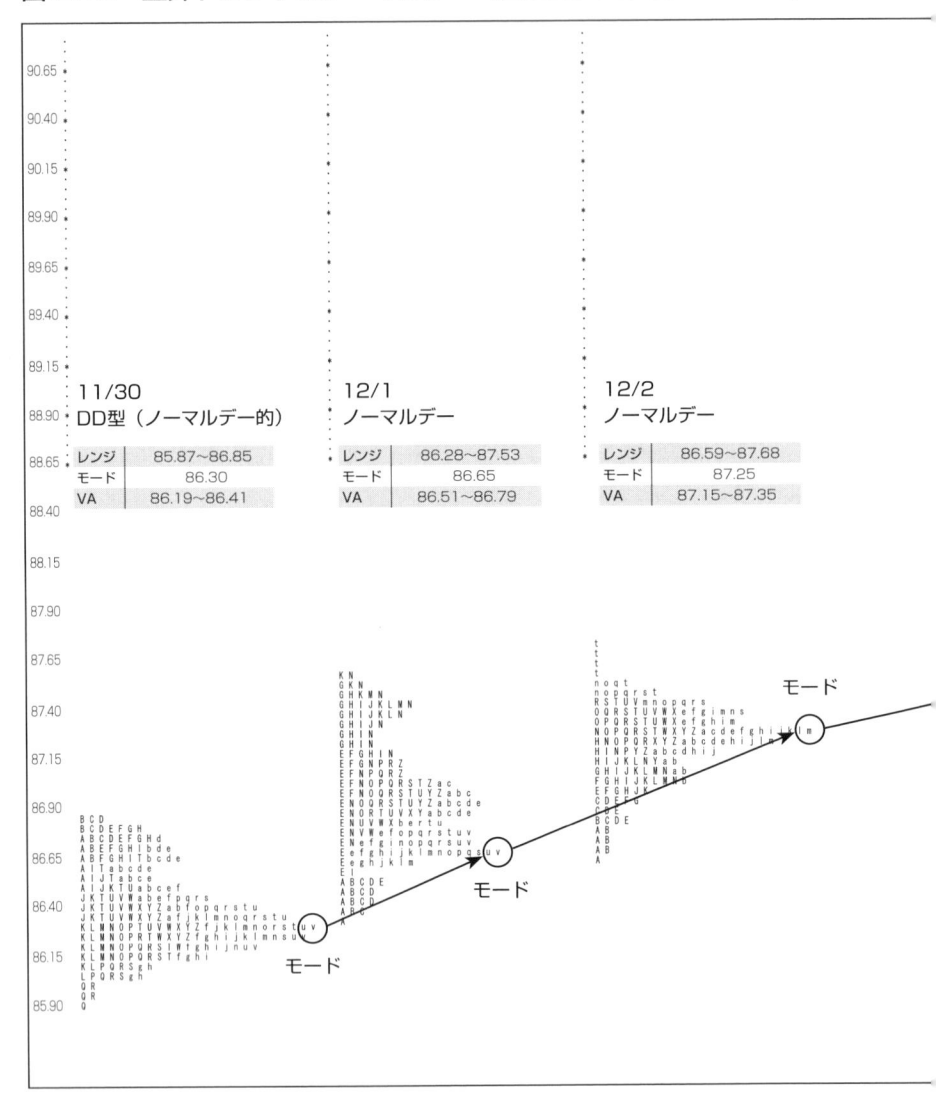

11/30
DD型（ノーマルデー的）

レンジ	85.87〜86.85
モード	86.30
VA	86.19〜86.41

12/1
ノーマルデー

レンジ	86.28〜87.53
モード	86.65
VA	86.51〜86.79

12/2
ノーマルデー

レンジ	86.59〜87.68
モード	87.25
VA	87.15〜87.35

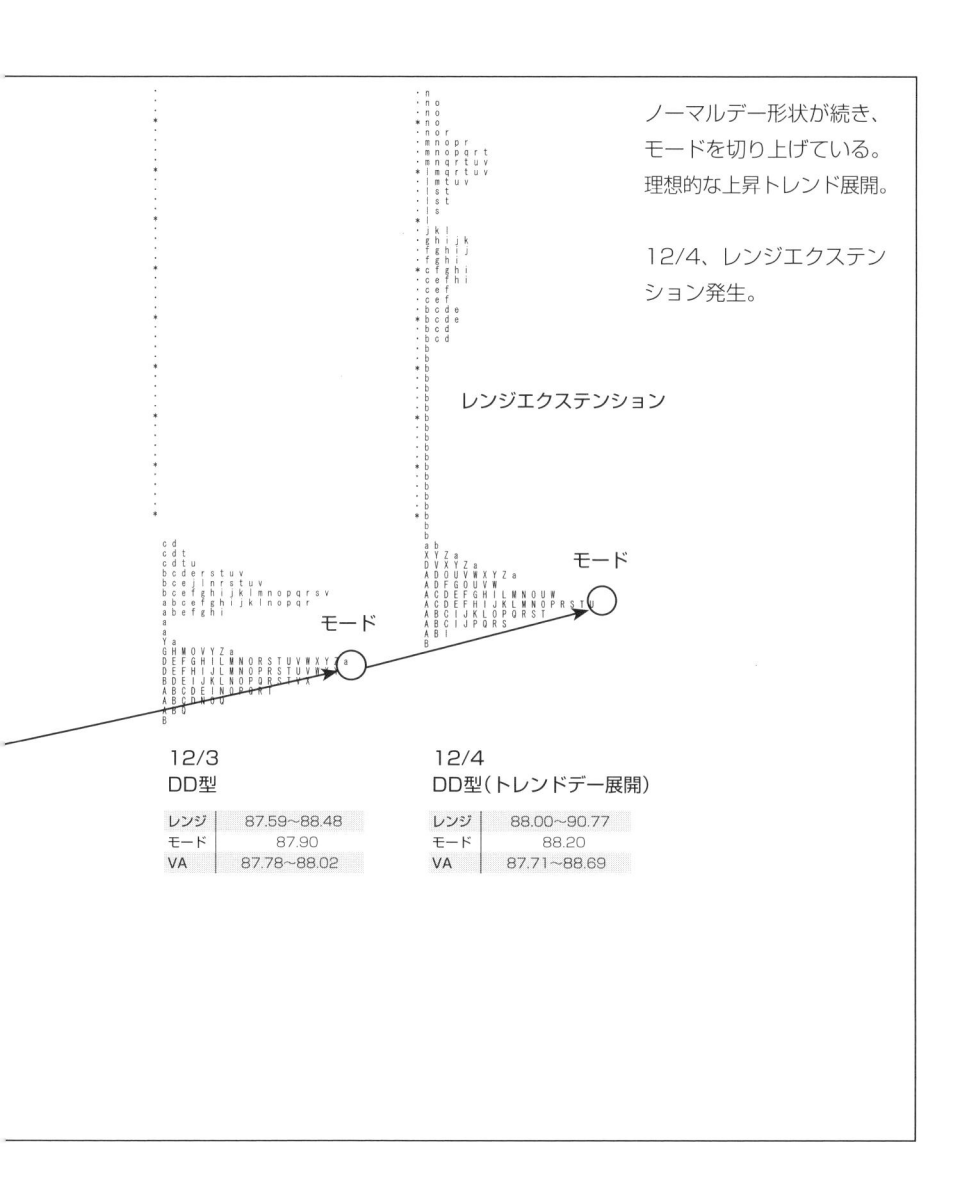

第2章 FXマーケットプロファイルの基本分析

ノーマルデー形状が続き、モードを切り上げている。理想的な上昇トレンド展開。

12/4、レンジエクステンション発生。

レンジエクステンション

モード

モード

12/3
DD型

レンジ	87.59～88.48
モード	87.90
VA	87.78～88.02

12/4
DD型（トレンドデー展開）

レンジ	88.00～90.77
モード	88.20
VA	87.71～88.69

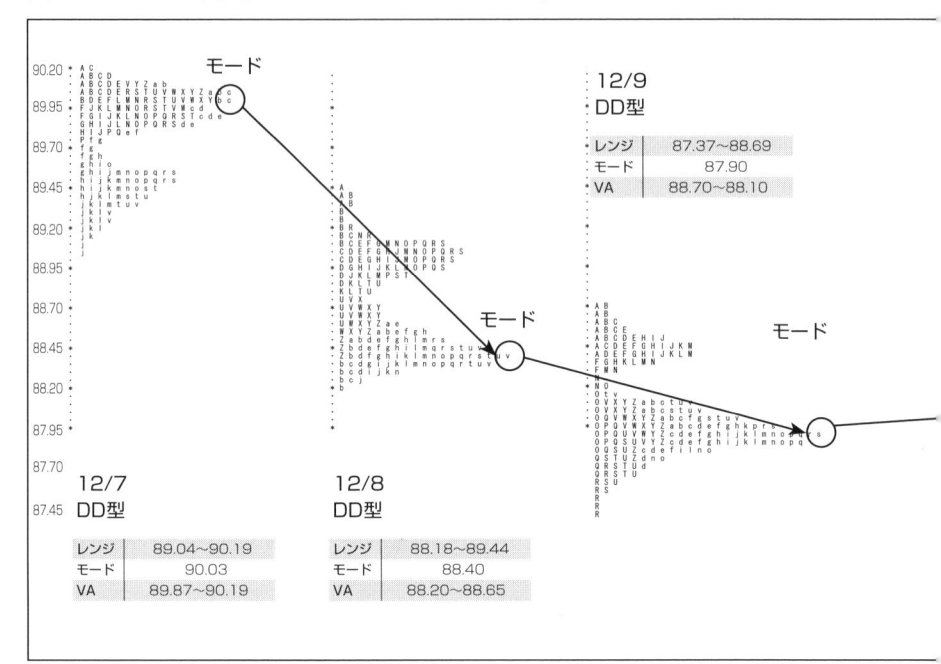

図2.13 ドル円（2009/12/7～12/11）

ンが発生していることです。

　ここからどのようなことが考えられるでしょうか。

　図2.13は翌週12月7日～11日の展開です。翌週は4日に発生したレンジエクステンションを3日間かけて帳消しにするような動きとなりました。

　つまり、**急激なレンジエクステンションが発生したら、調整する動きを警戒しなければならない**ということです。テール部分は当然ながら取引を伴わないことから、この「低出来高帯」を埋めようと

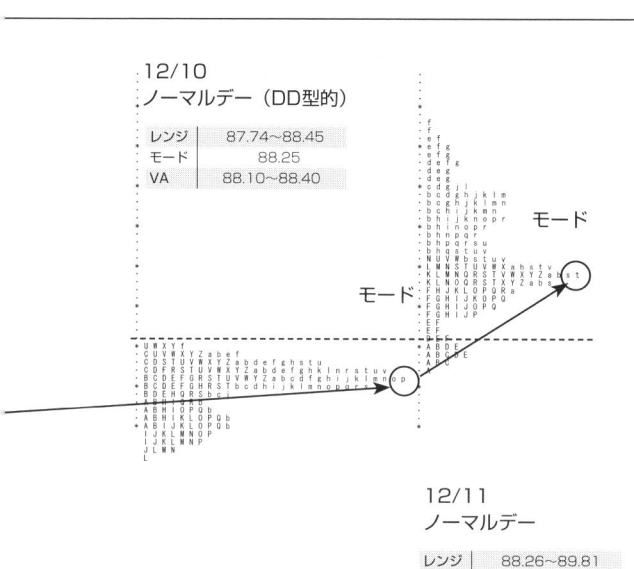

12/10 ノーマルデー（DD型的）

レンジ	87.74〜88.45
モード	88.25
VA	88.10〜88.40

12/11 ノーマルデー

レンジ	88.26〜89.81
モード	88.90
VA	88.70〜89.20

12/10にかなり高い積み上がりがあり、このラインは支持となりそうだ。

反転基調ながらも、ノーマルデー形状なので、今後上昇トレンドになるかどうかは微妙なところといえる。

もし、DD型で、かつモードが2つの山の上のほうに移動していれば、上昇トレンドだった。12/10の支持を割るかどうかが決め手になる。

する力が発生しやすいといえます。

　なお、翌10日には、かなり高い積み上がりがあり、DD型に近いノーマルデーを形成しました。ここで調整が一段落した可能性があります。そして11日には、ノーマルデー形状ながらモードを切り上げました。

　10日のモードが支持となりそうです。翌週が上昇トレンドとみるかは、翌日のプロファイルがDD型で、かつモードが切り上がって、2つの山の上のほうに移動しているかがポイントとなります。

2−4 トレンドの考え方

　基本的にマーケットプロファイルで言うところの「トレンド」とは、その日の展開を指します。「トレンドデー」とは「デー」の言葉どおり、その日限りのことです。
　しかし、本書がFX分析で焦点を当てている「流れ」とは、中期的な意味でのトレンド、つまり「趨勢(すうせい)的なトレンド」です。
　これは、いわゆるチャーチストやシステムトレーダーの言う"トレンド"とも少し異なります。高値や安値の更新、あるいはローソク足や移動平均の傾きのように客観的に判断できるものではなく、マーケットプロファイルのモードと形状の推移から総合的に裁量で判断するからです。
　本章では、その趨勢的なトレンドの内部構造について考えてみましょう。

趨勢的なトレンドを追う

　冒頭に述べたとおり、マーケットプロファイル分析の主眼は短期トレードにあります。しかし、筆者は長期トレンドにも応用しようという発想で、分析手法を研究してきました。そのひとつが「趨勢的なトレンドを追うこと」です。

ドル円などをマーケットプロファイル分析すると、トレンドデー展開が少ないと分かります。そう毎日毎日、トレンドデーなど発生しないのです。

たしかに、なんらかの材料にFX市場が著しく反応して、トレンドデー的な展開を何度も発生させることもあります。しかし、そう続くものではないのです。

では、どのような形で、トレンドが出現するのでしょうか。

それは、ノーマルデー展開ながらモードが静かにトレンドに乗って移動していく形です。

> **趨勢的な中期トレンドの基本**
> ●ノーマルデー形状が連続する
> ●モードがトレンドに乗って移動している

この2つが、FX市場での趨勢的なトレンド様相といえます。では、このトレンドはどうして発生するのでしょうか。

3種類の市場参加者

FXのように24時間取引となると、一見、どこでトレンドが発生するのか分かりにくいかもしれません。

マーケットプロファイルでは、市場参加者を「最終投資家（長期スタンスの投資家、実需）」「個人投資家（長期から短期までまちまち）」「短期投資家（デイトレーダー）」の3種類に大別したうえで、

さまざまな規定をしています。

とりわけ特徴的なのは、最終投資家と言われる人たちです。最終投資家は、いったん投資スタンスを決めると、もくもくと行動を起こします。行動のきっかけは、単なるレベル感からか、期日がきたからなのかは、当然その時々によって違います。もちろん、ファンダメンタルズ的な要素で動くこともあります。

個人投資家は、この最終投資家たちの動きに、ある程度準じた動きをします。

短期投資家も同様です。そして、発生したトレンドの動きに強烈に反応します。また短期投資家には、厳格なルールがあります。それは「その日のうちに手仕舞う」というルールです。

つまり、最終投資家の動きによってトレンドができて、そのトレンドにもっとも反応を示すのが短期投資家ということです。

24時間取引のトレンド

株式の場合、トレンド形成の動きはFXよりも顕著です。

株式の最終投資家は、寄り付きから、ある銘柄を淡々と買い続けます。東京株式市場で日本株を買う場合、1日を通じてその銘柄だけを買うということもあるわけです。ただ、株の場合は量に限界があります。

マーケットプロファイルの概念からみれば、デイトレーダー（短期投資家）は、寄り付きから1時間はトレンドを見極める時間であり、様子見をする傾向があります。

しかし、FXは24時間取引です。株と違って取引終了の時間はありません。最終投資家が24時間ずっとドルを買い続けることはあり得ません。各国の市場をまたぎながらいつでも取引ができるので「日本時間9時から1時間」にそれほど大きな意味は存在しませんし、先に示したような「マーケットプロファイルにおけるトレンド」がいつ起きるかは、まったく不明ということになるわけです。

　また、東京市場が始まる前の30分間にもトレンド性は存在しないといえます。株式ならば、大引けまでの30分間は短期投資家の手仕舞いが活発になります。しかし、FXではその時間に手仕舞いが集中するとは限りません。むしろ、取引がもっとも閑散となる時間帯です。

長期投資家も多様

　大きなトレンドを作るのは長期投資家です。しかし、そう単純な話でもありません。どの投資家もそのときの情勢に応じて動きますし、それぞれスタンスが違います。それぞれの「実需」が値動きを相殺することもあるわけです。

　例えば、ある投資家（それは一般の企業財務かもしれませんし、年金かもしれませんし、投資信託かもしれませんし、特定はできません）は、1日を通じて、主要株式をコンスタントに買いたいと考えているかもしれません。

　また、別の投資家は「引けの時点で買いたい」とか「平均コストいくらで買いたいので、買いのタイミングは業者に任せる」などと

考えているかもしれません。年金の場合、平均株価が下落してくると、時価総額ベースで「安くなってきた」と判断して買う場合もあるでしょう。

　FXの場合、東京市場では日本の実需が、ロンドン市場では欧州の実需が、NY市場では米国の実需が反映されやすいと言えます。しかし、NY市場で日本の実需が動く場合もありますし、大きなニュースやイベントがあるときは、世界の実需がNY市場に反映されることもあります。

　長期投資家も各種各様なのです。それらをひとつひとつ定義して分析するのもひとつかとは思います。しかし、その時々の流行(トレンド)に応じて、臨機応変に対応を変えていくものなのです。

　こうした動きの中心をモードの展開から、総体を形状の展開から探ろうというのが、マーケットプロファイル分析でいうところの趨勢的なトレンドというわけです。

2−5　レンジエクステンションの考え方

　レンジエクステンションが発生したとき、マーケットプロファイル分析では、何かしらのイベントが発生したときと読み取れます。

　その理由は、単にテクニカル的要因の場合もあるし、ファンダメンタルズ的要因の場合もあるし、あるいはその両方かもしれません。それは分かりません。

　いずれにせよ、マーケットプロファイル的には、急速なレンジ移動が発生しているということです。そして、その急激なレンジの移動は、それまでいた価格帯から解き放たれた格好となります。

　その場合、少なくとも翌日にレンジ移動前の水準に戻ることはほとんどありません。

巻き込まれて評価損が出てしまったら

　したがって、巻き込まれて評価損が拡大してしまったら、その戻しは期待せず、いったんポジションを整理することが重要です。

　たしかに、この論理の裏を返せば、1〜2日ほどの我慢で、レンジ移動前の水準に戻る可能性があるので、急激なレンジ移動によって損失を被ったとしても、そのままポジションを持ち続ければよいと考えるかもしれません。

しかし、短期トレードを志向する人にとっては、そうまでして評価損のポジションを持ち続けるメリットはないと思います。なぜなら、短期トレードの"命"とは、その日のトレンドであり、そのトレンドに乗っていかに早く利益を乗せ、実現益とするかが重要となるからです。

それに、評価損を出したまま放置するのは、そもそも短期トレードというスタイルから大きく逸脱したものとなります。評価損が出ている状況とは、つまり自らが予想した相場方向性に誤りがあったということです。その誤りを正すためにも早く損切りする必要があります。

相場格言にもあるように「損切りは早く」が鉄則なのです。

レンジエクステンションが発生するとすぐに相場が戻らないという認識が必要なのは、短期トレーダーが存在している意味との絡みがあります。

短期トレーダーの大半はデイトレーダーです。彼らは1日以上はポジションを持ちません。したがって、2日程度であれば相場は戻らないけれど、2日以上なら戻るということにもなるのです。

例えば、デイトレーダーは7月21日にポジションをとったら、その日のうちに損切りをしないといけないという時間的制約を受けています。つまり、21日の当日中に利益を確保をしなければなりません。そのため損切りが早いのです。

損切りが早い分、「ドテン」して逆のポジションを早々に取ることが多くなります。ドテンとは、保有ポジションを手仕舞うだけでなく、さらに新規に建てることで、すぐさま売りと買いのポジショ

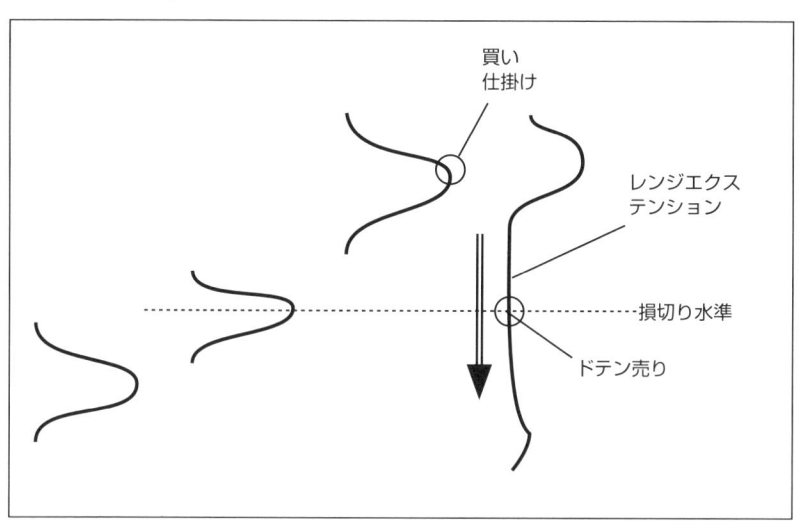

図2.14　損切りでドテンのイメージ

[図: 買い仕掛け、レンジエクステンション、損切り水準、ドテン売り]

ンを逆転させることを言います。

その分「レンジエクステンション」が発生しやすいのです。

例えば、自分のポジションが「買い」だった場合、もし価格が上がったら損をするので「売り」を入れて損切りをします。そして、まだまだ上がるだろうと思ってさらに「売り」を入れます。

このような「ドテン売り」注文が重なると、大きく値段が動きます。そのため、レンジエクステンションが発生しやすいというわけです（**図2.14**）。

この場面でも当然、どこかで利食いが必要になりますので、トレンドが終了する場面では、早々に利食いとなるわけです。こうした場合、よほどのことがなければ当日中にレンジエクステンションの

基点(出発点)に戻ることはありません。むしろ翌日以降に発生することが多いです。

デイトレーダーが損切りしてまで、またドテンしてまで「レンジエクステンション」を発生させたのに、当日中にそれを戻す力が存在することは、ほとんどないでしょう。

ただし、非常に珍しいケースとはいえ、レンジエクステンションが発生して、すぐにその逆方向に戻る場面、つまり短時間で「行って来い」相場になることもあります。ご注意ください。

この場合、レンジエクステンション発生時に損切りさせられ、直後にドテンしたポジションも「行って来い」相場によって損切りを余儀なくされます。いわゆる「往復ビンタ」です。

当然ながら、このようなケースがあり得ることも念頭において、トレード計画を立てなければなりません。

自分に有利に動いたら

逆に、自分にとって有利な方向にレンジエクステンションが発生した場合、その流れに乗ってポジションを積み増すことが重要です。これも2～3日スパンになります。

深追いは禁物です。評価益が伸び悩むようであれば、早々に利食うことをおすすめします。

また、レンジエクステンションに乗ったからといって、ポジションを放置しておけばいいというわけではありません。レンジエクステンションが発生したとき、レンジを移動した部分の出来高が薄い

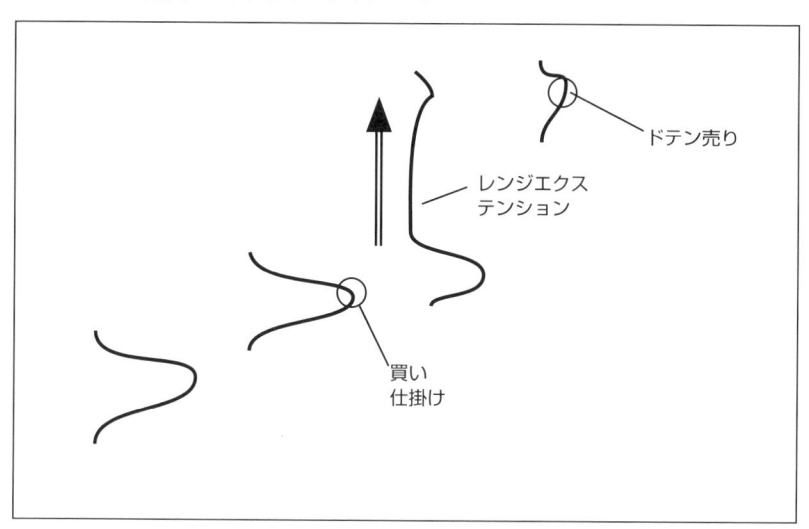

図2.15　利食いでドテンのイメージ

（図：レンジエクステンション、ドテン売り、買い仕掛けのイメージ図）

ため、その隙間を埋めようとする「押し戻り」を見せる可能性があるからです。

このレンジエクステンションの押し戻りの局面では、これまでと逆のポジションをとる、つまりドテンによって、両方から利益を得られる機会があると思います。

レンジエクステンションから反転の兆しが少しでも見えたら、言い換えると「テール」となる可能性が出てきたら、そこでドテンして逆ポジションでさらに取りにいくというわけです。

このように、レンジエクステンションでは、早めの損切りだけでなく、早めの利食い、そしてどちらにせよドテンのタイミングがポイントとなります。

ドテンのタイミング

　ドテンで一番有効なのは、何か「誤った観測」で相場が動いてしまったときです。

　先ほど述べたように、FX市場には"観測"に反応するケースが多く見られます。債券市場ではすでに織り込み済みの材料が、FX市場では反応することがあるのです。ニュースに対して過剰に反応する傾向があります。

　そして、これも先にも述べたことですが、観測にFX市場が過敏に反応すると、リーブオーダーを巻き込んでいきます。つまり、レンジエクステンションが発生するわけです。

　そこでたまに見られるのが「間違った」観測で反応したケースです。このような場面では、結局のところ、相場は修正します。ポジションの投げ（踏み）が終わったら、そこからのトレンドにはならず、新価格を付けてもとに戻ってきます。その場面を見極めて、ドテンするわけです。

　そのタイミングは、レンジエクステンションが終わり、それまでのトレンドが少しでも反転するような値動きになった、まさにそのときです。

　レンジエクステンションとは、過去の何個かのプロファイルのレンジに比べて、その価格帯が一気に広がった場合を指します。したがって、過去の価格帯レンジを十分に把握しておく必要があります。そのためにも、それまでの形状の積み上がり方と展開を把握する必要があるのです。

レンジエクステンションでのトレードのポイントをまとめてみました。

> ①レンジエクステンションが発生した場合、自分のポジションが不利だったら、早々に損切りする。同時に、ドテンして逆のポジションを取る。
>
> ②レンジエクステンションが発生した場合、自分のポジションが有利だったら、さらに積み増しをする。ただし、トレンドの反転タイミングに十分気をつけ、早めに利食いをする。同時に、ドテンして逆のポジションを取る。
>
> ③レンジエクステンションでのトレードに限らず重要なことだが、ポジションを取った場合は、常にストップロスオーダーを設定する。これは基本中の基本。ストップロスオーダーを設定しておくことで、最低限の損失で逃げることができる。

　それでは、最後にレンジエクステンションの押し戻りの一例を挙げましょう。**図2.16**は、2009年10月30日と翌11月2日のドル円のマーケットプロファイルです。

　10月30日にレンジエクステンションで大幅にレンジを移動させたもののテールを形成しました。

　翌11月2日には、その薄い出来高を埋めるかのように展開して、最終的にノーマルデー形状となっています。

図 2.16 2009/10/30 と 11/2 のレンジエクステンション

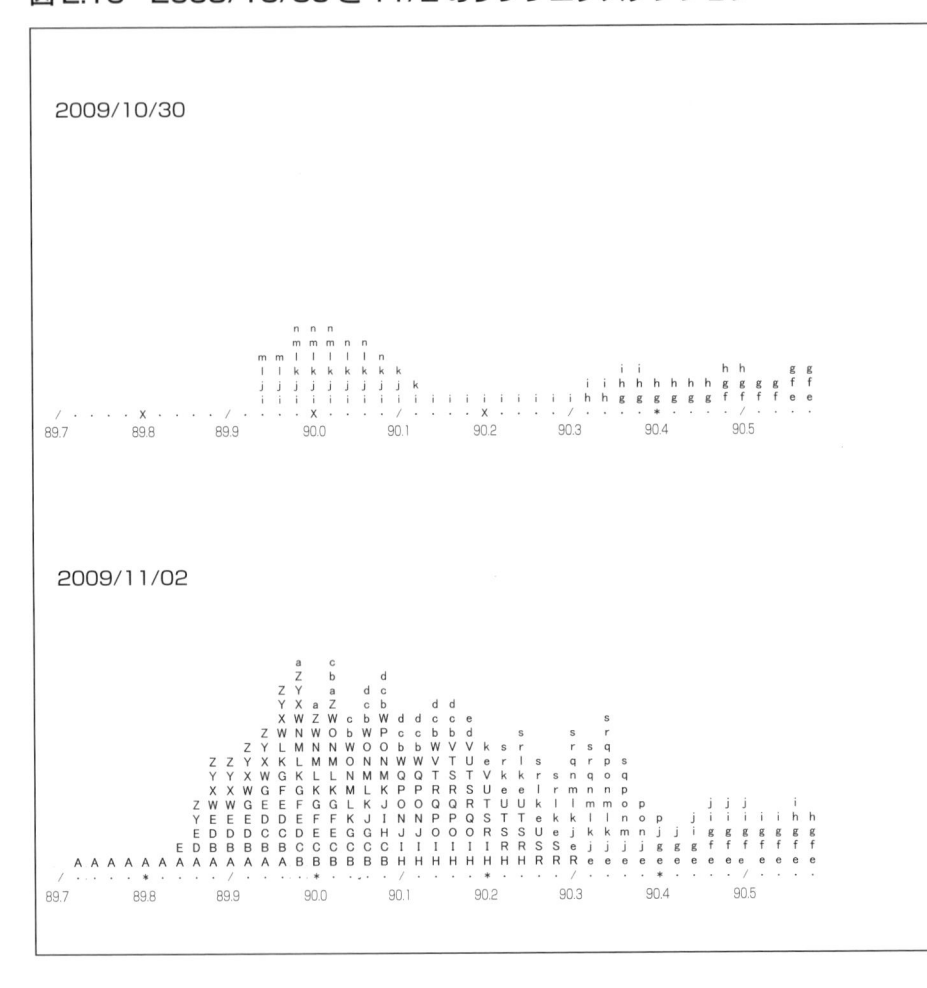

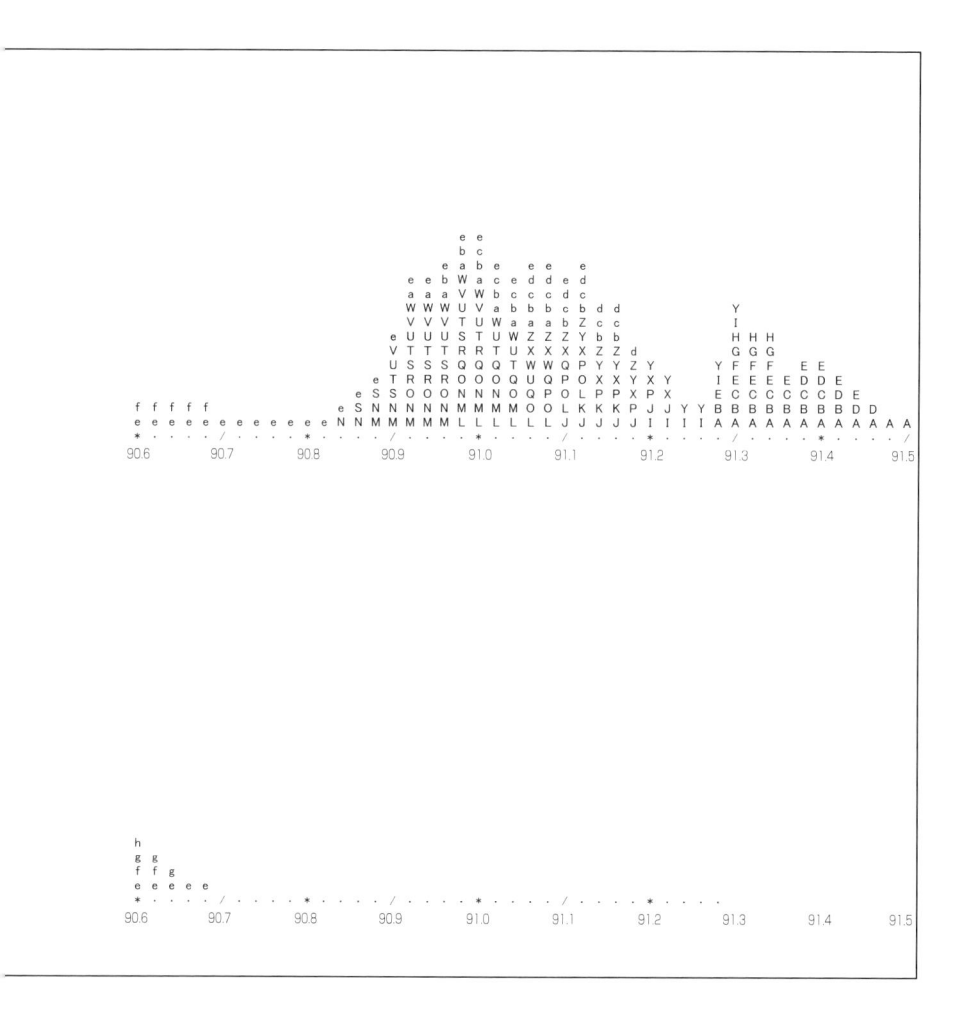

第2章　FXマーケットプロファイルの基本分析

```
                              e  e
                              b  c
                           e  a  b  e     e  e
                        e  e  b  W  a  c  e  d  d  e  d
                        a  a  a  V  W  b  c  c  c  d  c
                        W  W  W  U  V  a  b  b  b  c  b  d  d                                  Y
                        V  V  V  T  U  W  a  a  a  b  Z  c  c                                  I
                     e  U  U  U  S  T  U  W  Z  Z  Z  Y  b  b                         H  H  H
                        V  T  T  T  R  R  T  U  X  X  X  Z  Z  d                         G  G  G
                        U  S  S  S  Q  Q  Q  T  W  W  Q  P  Y  Y  Z  Y                Y  F  F  F  F     E  E
                     e  T  R  R  O  O  O  O  Q  U  Q  P  O  X  X  Y  X  Y             I  E  E  E  E  D  D  E
                        e  S  S  O  O  N  N  N  O  Q  P  O  L  P  P  X  P  X          E  C  C  C  C  C  D  E
f  f  f  f  f              e  S  N  N  N  N  M  M  M  O  O  L  K  K  K  P  J  Y  Y  B  B  B  B  B  B  B  D  D
e  e  e  e  e  e  e  e  e  e  N  N  M  M  M  M  L  L  L  L  L  J  J  J  J  I  I  I  I  A  A  A  A  A  A  A  A  A  A
*  .  .  .  .  /  .  .  .  .  *  .  .  .  .  /  .  .  .  .  *  .  .  .  .  /  .  .  .  .  *  .  .  .  .  /  .  .  .  .  *  .  .  .  .  /
  90.6       90.7        90.8        90.9        91.0        91.1        91.2        91.3        91.4        91.5
```

```
h
g  g
f  f  g
e  e  e  e  e
*  .  .  .  .  /  .  .  .  .  *  .  .  .  .  /  .  .  .  .  *  .  .  .  .  /  .  .  .  .  *  .  .  .  .  /  .  .  .  .  *  .  .  .  .  /
  90.6       90.7        90.8        90.9        91.0        91.1        91.2        91.3        91.4        91.5
```

115

2−6　バリューエリアを通じて見えること

最後に「バリューエリア」を使った分析方法について紹介したいと思います。

バリューエリアの定義は「その日の取引の70％程度が集中した価格帯」です。この価格帯は、翌日以降の相場に影響します。市場参

図2.17　バリューエリア（2010/8/2〜8/6）

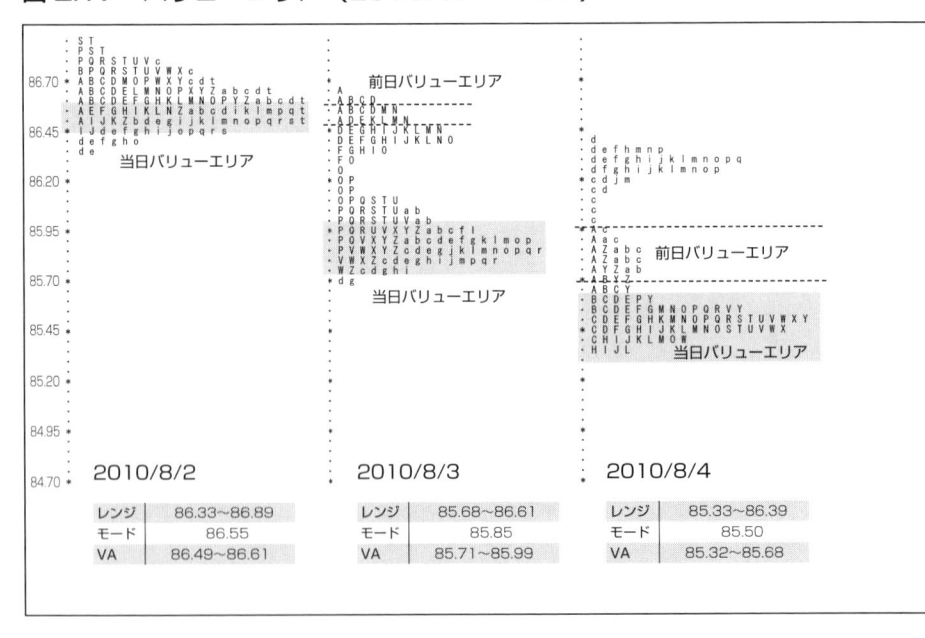

加者が意識するからです。

　一例を挙げましょう。**図2.17**は2010年8月2日～6日のドル円のマーケットプロファイルです。この1週間だけでも「翌日以降に意識される」ケースがたくさん見られます。

8月3日

　途中まで前日（2日）のバリューエリアで形状生成が進みました。しかし、そこから「離れる」動きとなったことで、最終的にはDD型展開となります。新しいレンジを模索している感じです。

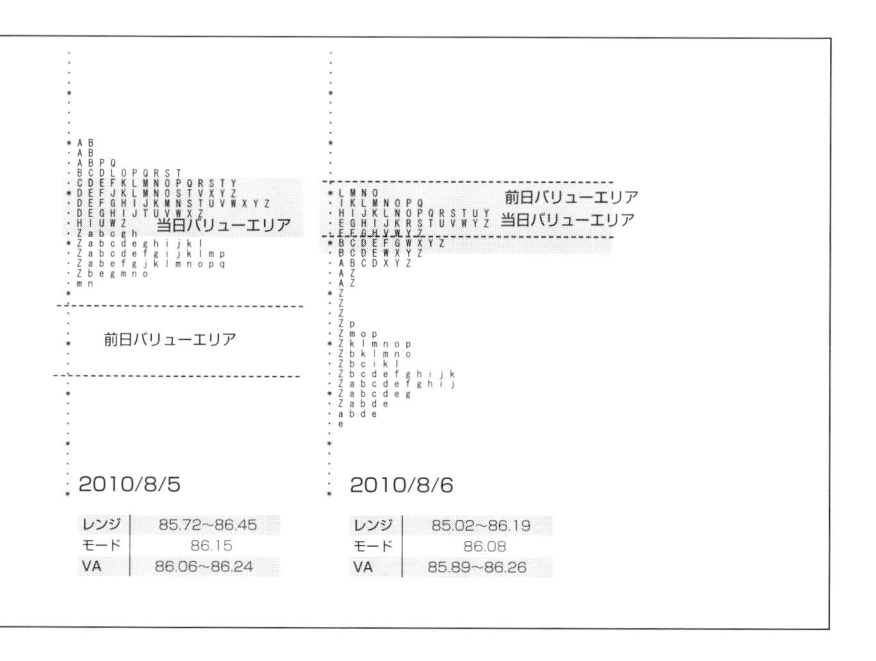

2010/8/5

レンジ	85.72～86.45
モード	86.15
VA	86.06～86.24

2010/8/6

レンジ	85.02～86.19
モード	86.08
VA	85.89～86.26

8月4日

　東京市場では前日バリューエリアを意識する展開となりそうでしたが、いったん下ブレしました。ドルが弱含みとなったものの、その後、ドル相場は反転し、前日バリューエリアを突き抜けました。

　これは、前日バリューエリアの下抜けに失敗したと解釈できます。そして、その下抜けに失敗したエネルギーが、ドルの戻りを演出したのです。

　85円70銭から下ブレしたドルは、一時85円33銭まで下落を誘いました。しかし、その40銭弱分が、今度は前日バリューエリアの上限85円99銭を基点に上ブレとなって86円40銭を付けたわけです（厳密には86円39銭）。

　このようにバリューエリアを突き抜ける力には大きい意味があります。バリューエリアを縦断するときの力を侮ってはなりません。

8月5日

　この日の形状と前日バリューエリアも、典型的な例です。前日バリューエリアに移ることを拒絶した結果として、ノーマルデー展開となりました。この時点で、ドルの底堅さが確認されます。

8月6日

　しかし、この日は「底堅さ」の期待を裏切ることとなりました。前日安値85円72銭を割り込んだことでレンジエクステンションが発生し、モードこそ移動しなかったものの弱含み気味なDD型展開となったのです。

この日、前日バリューよりもやや下回るレベルでドル円相場は始まりました。いったんは前日バリューエリアを意識するかのように、しっかりした場面もあったものの、前日バリューエリアを上抜けできる力はなく、反落し、その後の弱含みDD型を演出しています。

■金利アナリストから見たFX

　筆者は、金利市場を通じて、FX市場を長年観察しています。
　その観察を通じて「同じ金融市場といっても、円金利市場とFX市場とでは、まったく違うんだな」という印象をこれまで幾度となく受けてきました。
　FXは、なんといっても大きな市場です。また、世界で取引されるため、市場参加者も膨大です。大きな市場であるため、ささいなことに過剰に反応する場面は多いのです。
　ひとつ、具体的な事例を挙げてみましょう。
　ある朝、一部の大手新聞朝刊が「日銀、追加緩和見送りへ」と報じました。同時に、多くの日銀政策委員が「物価見通しを上向きにという方針を示した」とも報じました。
　日銀が「金融政策として追加緩和策を見送る方針を示した」となると、当然、円金利市場は敏感になるはずです。通常であれば、こうした「追加緩和策見送り」の場合、短期金利を中心に金利が上昇し、それに引っ張られる格好で、円債先物にも売りを誘うことになります。
　しかし、この日の円債市場はまったくもって無反応でした。本当に驚くほど無反応だったのです。
　無反応だった理由は、市場がもともと追加緩和を期待していなかったからです。そのため、この日の朝、円債先物市場は何ごとも

なかったかのように始まったわけです。

　一方、FX市場では、円高気味に推移しました。

　そしておもしろいことに、朝刊を読んだ日本のFXディーラーがまずドル売り円買いを行い、さらに9時前後には外国人FXディーラーが、ドル売り円買いを進めてきたのです。当然、9時以降に一段と円高が進みました。

　なぜ、そうなったのでしょうか。

　理由は「9時前後に、その朝刊紙の英語版がニュース配信されたから」です。この英文ニュースを見て、外国人FXディーラーがドルを売ってきました。そして、円高を嫌気して日本株が売られ、ひいては日本株が売られた分、円債先物が買われたのでした。

　事の発端は「追加緩和見送り」であり、本来ならば円債先物は売られなければなりません。ところが、むしろその逆に買われるという事態になったわけです。

　この円高は、その後トレンドになったでしょうか。

　結果的に、円債市場が示した反応のほうが正しかったのです。それを証明するかのように、こうした東京市場発の円高地合いはそう長く続きませんでした。ロンドン市場が開くころには、ドルが反転上昇するという展開となったのです。

　ここで筆者が言いたいのは、FX市場はファーストリアクションで動きやすいけれども、トレンドにはならないということです。

　つまり「日銀の緩和期待後退」→「円キャリートレードが進みに

くい」などの理由をつけて、まず「短期筋」「ディーラー筋」がメインとなって円を買います。しかし、そのうち各国のニュースが入り混じってきて、そのファーストリアクションは消えていくのです。

FXのように時間・地理・人が多様な市場では、たったひとつの材料をもって継続的なトレンドになることはほとんどありません。トレンドのように見えても、すぐに消滅するわけです。

事の本質を見極めていれば「日銀は追加緩和など想定していない」と事前に分かります。したがって、足元での円高、ドル安は、長く続かないはず、つまり「ファーストリアクションに対して逆張りで攻めるべき」ということになるのです。

第3章

FXマーケットプロファイル分析の実践

Market Profile® Analysis
for FOREX

3−1　ドル円

　ここまでは、FXマーケットプロファイルの基本的な考え方について解説しました。第3章以降は、各通貨を対象に、より実践的な分析と応用分析について紹介しましょう。

　まず本章では主要通貨ペアである「ドル円」や「ユーロドル」、そして「クロス円」について解説します。

トレンドの出所

　筆者は長年FXのプロファイルをするうちに、トレンドの出所を実感するようになりました（ただしあくまでも「傾向」です）。

　2000年から本書執筆中の2010年9月にかけて、東京市場でトレンドが生まれていません。東京市場で何かあるとすれば、前日のNY市場までの値動きの反動か、アヤ戻し（下降トレンドでの特に要因のない短期的な戻り）です。

　各市場の値動きの特徴を見ていきましょう。

①東京市場　日本時間9時ごろ

　週明けを除いて、その他の曜日は、往々にして前日のNY市場での値動きの反動、アヤ戻しが多く見られます。

②ロンドン時間　日本時間（夏）15時ごろ　（冬）16時ごろ

特に東京時間夕方4時前後になると、値動きが活発になり、場合によっては、この時点からトレンドが生まれ始めます。

③NY時間　日本時間（夏）21時ごろ　（冬）22時ごろ

ロンドン時間を経て、NY時間に移る場面が、まさにトレンドの「核」といっても過言ではないくらいに盛り上がります。

④NY時間夕方以降　日本時間（夏）4時ごろ　（冬）5時ごろ

この時間帯ははっきりいって、空白といってもよいくらい市場参加者が減ってしまいます。そのため、値動きが荒くなり、ひいてはテクニカル的にも行き過ぎを生むことがあります。

そして、①に戻ります。

FX市場の実情から浮かび上がってくるのが「日本市場」の軽薄化、軽量化です。

例えば、日本経済新聞の朝刊に「日銀が一段と金融緩和へ」と日本銀行の金融政策に関する記事が報じられたとします。日本のFXディーラーから見れば金融緩和なので円売りの衝動に駆られます。

しかし、朝イチのFX市場を見ても、特に反応した様子はありません。こうした動きを見せられると、日本のFXディーラーは「なんだ、たいしたニュースではないのか」と思ってしまいます。

ところが、9時を過ぎたあたりからドル円相場が動き出すのです。その様子から「これは明らかに何らかのニュースに反応してい

る」と判断して、そのネタは一体何かと探っていくと、実は、先ほど「たいしたことではない」と判断したニュースが材料になっていたということがあります。

では、なぜドル円相場が朝イチに反応せず、9時以降に反応したのでしょうか。

実は、9時前にその記事を英訳したニュースが、ロイターなどの情報端末で配信されていました。それをきっかけに、ドル買い、円売りを誘ったわけです。つまり、日本の、それも日銀の金融政策のネタなのに、日本語で市場は反応することなく、英語で反応したというわけです。

ロンドン市場では、多くの欧米人が市場に参戦することで、さらに一段と相場が反応します。「ドル円」という日本が絡む通貨取引なのに、日本の金融市場では盛り上がらず、欧米金融市場で盛り上がっているのです。

東京市場発のニュースが日本時間に出ていても、相場で反応を見せるのは外国人が主流であり、ロンドン市場が主流となっています。欧州マスコミ発のニュース、米国マスコミのニュース、米欧中央銀行の動向、発言……これらの材料をもとに、相場が動意づくわけです。悲しいかな、これがFX市場の実情です。

こうした実情を踏まえると、東京市場で形成された形状からトレンドをとらえようとするのは、無謀といえます。

強いていえば、前日のロンドン市場とNY市場で掲載されたバリューエリアを意識する形で、アヤ戻しを狙うくらいです。例えば「NY市場でドルが上昇」ということになれば、東京市場でそのア

ヤ戻し、つまりドルの反落を狙います。「ロンドンとNY市場で形成されたトレンドは、いったん東京で修正を入れる」とみて、東京市場では逆張りで狙うのがよいかもしれません。

逆に、トレンド形成の起点となりそうなのが、日本時間16時前後でしょう。ロンドン市場が始まる時間です。欧州のトレーダーだけでなく、日米のトレーダーも参戦する、もっとも活況な市場です。

この16時を起点に、一気にトレンドに乗りに行くことが考えられます。ただし、この時間はロンドンの早朝、NYの深夜なので、どうしても思惑が先行しがちです。その思惑が現実か否か判明する時間帯がロンドン時間の日中（NY時間の朝）です。そのとき、これまでの思惑が否定されるという場面も往々にしてあります。

つまり、日本時間16時に仕込んだ「トレンドに沿うポジション」が場合によっては、日本時間21〜22時ごろに「アンワインド」を余儀なくされることもあるわけです。

アンワインドとは「ポジション整理」を意味します。例えば、ロング（買い）ポジションを持っていたら、売り手仕舞っていったんポジションを持たない状態にすることです。

第2章でも述べたように、ポジション整理の方法には、ドテンもあります。これまでうまくトレンドに乗っていて、利食いポイントになったとすれば、ドテンもよいかと思います。

しかし、突発的なニュースで損切りを余儀なくされるような場面では、ドテンは逆に不利になるケースが多く、アンワインドのほうが良い結果につながることが多いです。ポジショニングを使い分けるうえで、アンワインドとドテンは常に意識する必要があります。

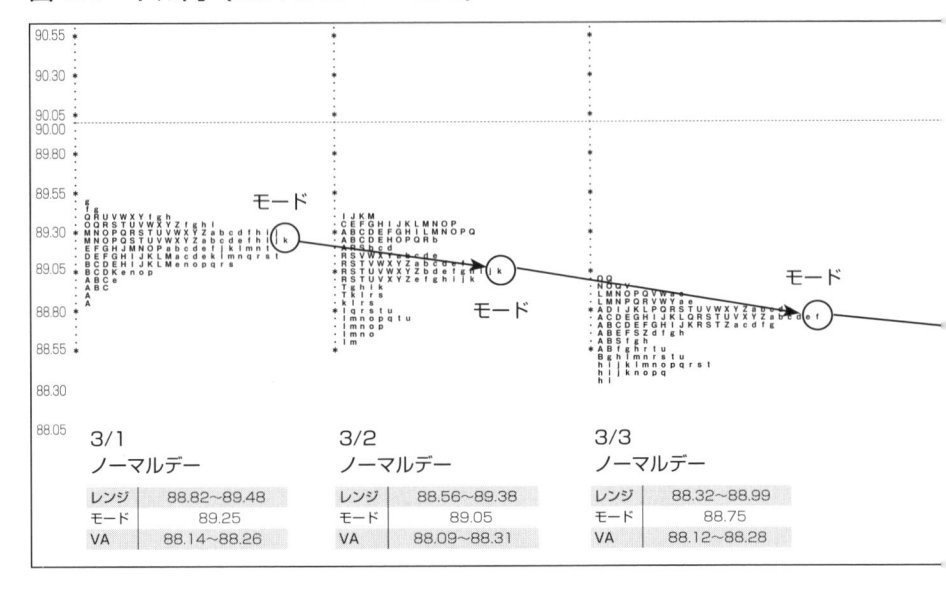

図3.1　ドル円（2010/3/1～3/5）

```
90.55
90.30
90.05
90.00
89.80
89.55                  モード
89.30                    ○────────────────
89.05                                      ○────────────────
88.80                         モード                         モード
                                               ○────────────────→
88.55
88.30
88.05
```

3/1 ノーマルデー		3/2 ノーマルデー		3/3 ノーマルデー	
レンジ	88.82～89.48	レンジ	88.56～89.38	レンジ	88.32～88.99
モード	89.25	モード	89.05	モード	88.75
VA	88.14～88.26	VA	88.09～88.31	VA	88.12～88.28

　閑話休題。それでは実際にどのような展開が見られるか、ドル円のマーケットプロファイルを見てみましょう。

2010年3月のドル円マーケットプロファイル

　図3.1は3月1日～5日のドル円のマーケットプロファイルです。なお前月の2月は90円前後での揉み合いでした。2月第3週に90円を突破して92円まで上げたものの、そこを天井に翌第4週は90円を再び割れ、前週の伸びを帳消しにする形での陰線引けでした。
　3日連続でノーマルデーが続き、90円手前で揉み合い（膠着状態）

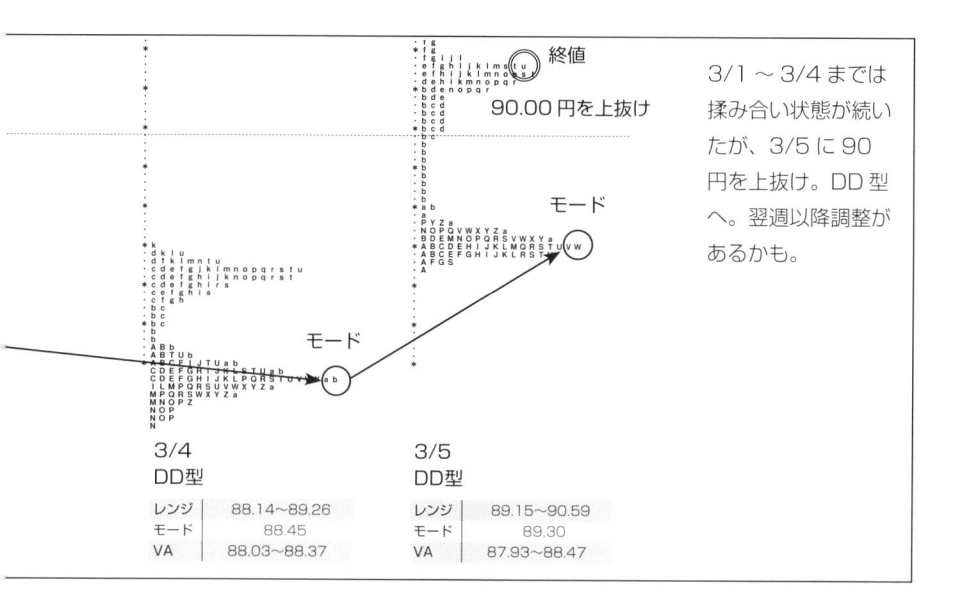

3/1～3/4までは揉み合い状態が続いたが、3/5に90円を上抜け。DD型へ。翌週以降調整があるかも。

3/4 DD型		3/5 DD型	
レンジ	88.14～89.26	レンジ	89.15～90.59
モード	88.45	モード	89.30
VA	88.03～88.37	VA	87.93～88.47

となりました。2日はDD型に見えて、判断に迷うかもしれません。しかし、前日1日のマーケットプロファイルの値幅と位置に比べて大きな違いがないため、ノーマルデーと判断してよいでしょう。

　ところが、5日（金曜日）には一気に上抜けして、90円台乗せのDD型を形成しています。このようなDD型の発生後は、いったん調整が入ってもおかしくはありません。

　図3.2は翌週の3月8日～12日のマーケットプロファイルです。見て分かるように、週明けの8日には高く積み上げてノーマルデー形状になるなど、調整場面は見られませんでした。

　以降も大きな調整がなく、小じっかり（大きく反転するほどでは

図3.2　ドル円（2010/3/8〜3/12）

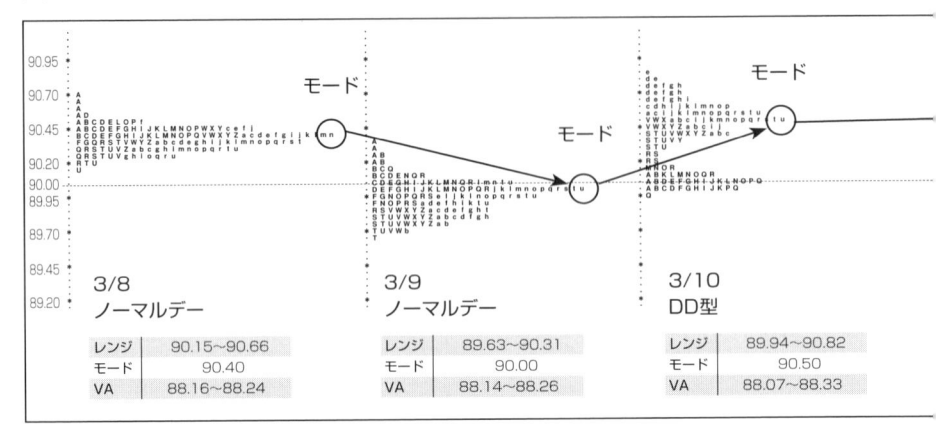

	3/8 ノーマルデー	3/9 ノーマルデー	3/10 DD型
レンジ	90.15〜90.66	89.63〜90.31	89.94〜90.82
モード	90.40	90.00	90.50
VA	88.16〜88.24	88.14〜88.26	88.07〜88.33

図3.3　ドル円（2010/3/15〜3/19）

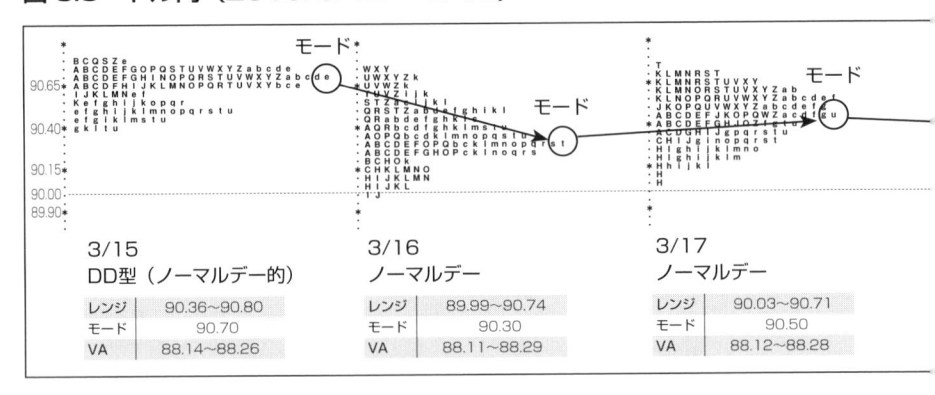

	3/15 DD型（ノーマルデー的）	3/16 ノーマルデー	3/17 ノーマルデー
レンジ	90.36〜90.80	89.99〜90.74	90.03〜90.71
モード	90.70	90.30	90.50
VA	88.14〜88.26	88.11〜88.29	88.12〜88.28

ないが、調整を持続するわけでもない状態）展開しました。

　むしろ、この週は「さりげないトレンド」の継続があったと解釈できます。「さりげないトレンド」とは、毎日がノーマルデー形状ながらも、モードとレンジを着実に切り上げ（もしくは切り下げ）

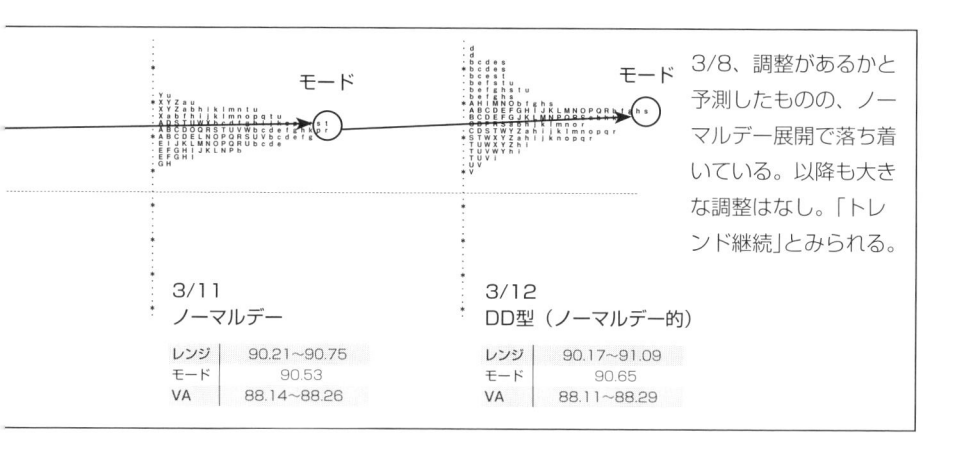

```
                                        d
                                        d
                   .                    .bcdes
      .Yu          .                    *bcest
     *XYZau        .                    .bcefstu
     .XYabfhijklmnoptu    モード        .befhstu
     *ABSTHWXYZabfhil                   *AHIMNors
     .ABCDOQRSTUVWbcdefghi              *ABCDEFGHIJKLMNOPQR s  モード
     *ABCDELNOPQRSUVWbcdefghi           *CDSTWYZabhijklmnor
     .EIJKLMNOPQRSTUVWbcde              *STWXYZabhijklmnopqr
     .EFGHIJKLNPh                       *TUWXYZhi
     .GH                                *UV
                                        .UVi
```

3/8、調整があるかと
予測したものの、ノー
マルデー展開で落ち着
いている。以降も大き
な調整はなし。「トレ
ンド継続」とみられる。

3/11
ノーマルデー

レンジ	90.21〜90.75
モード	90.53
VA	88.14〜88.26

3/12
DD型（ノーマルデー的）

レンジ	90.17〜91.09
モード	90.65
VA	88.11〜88.29

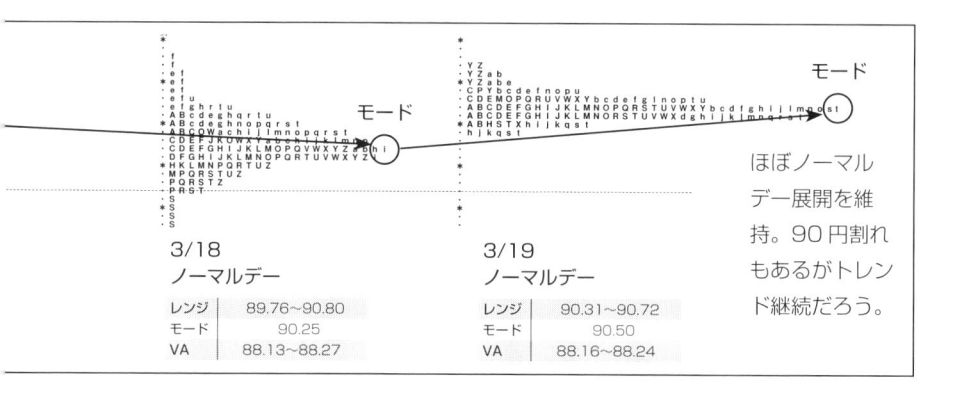

```
      .                                 .
      .f                                .YZ
      .f                                .YZab
      .ef                               *YZabe
     *ef                                .CPYbcdefnopu
      .eflu                             .CDEMOPQRUVWXYbcdefglnoptu
      .elghrtu               モード      *ABCDEFGHIJKLMNOPQRSTUVWXYbcdfghijlmogst  モード
      .ABcdeghqrtu                      *ABCDEFGHIJKLMNOPQRSTUVWXdghijklmnorst
     *ABcOwachijlmnopqrst               .hjkqst
      .CDEFJKLOWabmnopgrsghi
      *CDEFGHIJKLMNOPQRSTUVWXYZ
      .CDFGHIJKLMNOPQRSTUVWXYZ
     *HKLMNOPQRTUZ
      .MPQRSTUZ
      .PQRSTZ
      .PRST
      .S
     *S
      .S
      .S
```

3/18
ノーマルデー

レンジ	89.76〜90.80
モード	90.25
VA	88.13〜88.27

3/19
ノーマルデー

レンジ	90.31〜90.72
モード	90.50
VA	88.16〜88.24

ほぼノーマル
デー展開を維
持。90円割れ
もあるがトレン
ド継続だろう。

が起きている状態です。

図3.3は翌週3月15日〜19日のマーケットプロファイルです。まさに「ノーマルデー」のオンパレードです。

18日に一瞬90円割れの調整場面もありましたが、形状を見るかぎ

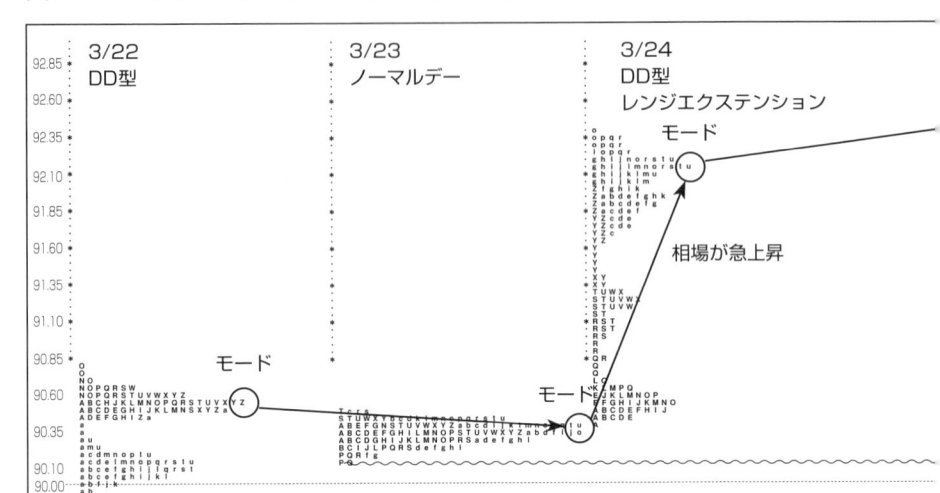

図3.4 ドル円（2010/3/22～3/26）

	レンジ	モード	VA
3/22	89.83～90.77	90.55	88.09～88.31
3/23	90.13～90.48	90.38	88.16～88.24
3/24	90.38～92.40	92.15	87.85～88.55

りは、ノーマルデー展開形状から大きく逸脱するものではありませんでした。したがって、上昇トレンドの持続性があったと言えるでしょう。

さらに、翌週の3月22日～3月26日（**図3.4**）の形状を見てください。そして3月24日にレンジエクステンションでトレンドデー的な展開となり、モードを一段切り上げる上昇を体現しています。

では、この強気相場のトレンドパターンのポイントを整理してみましょう。

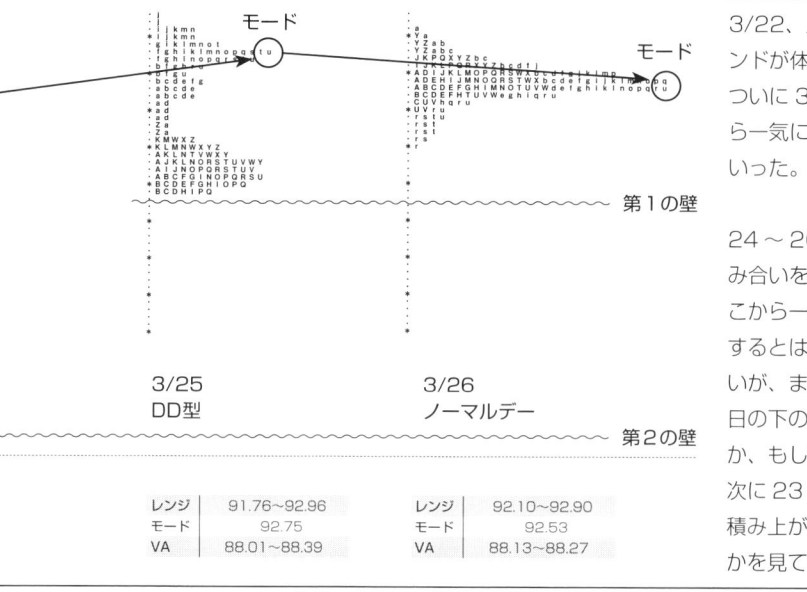

第3章 FXマーケットプロファイル分析の実践

```
             モード                                    モード
 | |kmn                    *a
*i|kmn                    *Ya
*ijkmnot                  *YZab
*fghikImnot               *YZabc
*fghikImnopqrtu           *JKPQXYZbc
*bfghnopqr                *AJKPQRSXYZbcdfl
*blgu                     *ADEHIJKLMOPQRSWXbcdefgiklm
*abcdefg                  *ADEFGHIMNOTUVWdeghiqru
*abcde                    *BCDEFHTUVWeghiqru
*ad                       *CUVHqru
*ad                       *UVru
*Za                       *rstu
*KMWXZ                    *rst
*KLNTVWXY                 *rst
*AJKLNOPQRSTUV            *r
*AIJNOPQRSTUV
*ABCFGINOPQRSU
*BCDEHIPQ
```
〜〜〜〜〜〜〜〜〜〜〜〜〜〜〜〜〜〜〜〜〜〜〜〜〜〜〜〜〜〜〜〜 第1の壁

3/25   3/26
DD型   ノーマルデー
〜〜〜〜〜〜〜〜〜〜〜〜〜〜〜〜〜〜〜〜〜〜〜〜〜〜〜〜〜〜〜〜 第2の壁

レンジ	91.76〜92.96	レンジ	92.10〜92.90
モード	92.75	モード	92.53
VA	88.01〜88.39	VA	88.13〜88.27

3/22、上昇トレンドが体現され、ついに3/24から一気に上昇していった。

24〜26日の揉み合いを見るとここから一気に上昇するとは考えにくいが、まずは25日の下の山を割るか、もし割ったら次に23日の高い積み上がりを割るかを見ておく。

まとめ

- 3月5日にDD型で一気に90円台に乗せて上昇相場の兆し
- その後は、2週間近くにわたって、ノーマルデー展開形状が頻発（3月18日にいったん90円割れとなるものの、ノーマルデー形状のテール程度であった）。そして相場的には90円台を大きく割れることはなかった。つまり、ノーマルデー形状が頻発するなか「さりげない」上昇トレンドが温存されていた
- そして3月22日の週でさらなる上昇トレンドが体現された

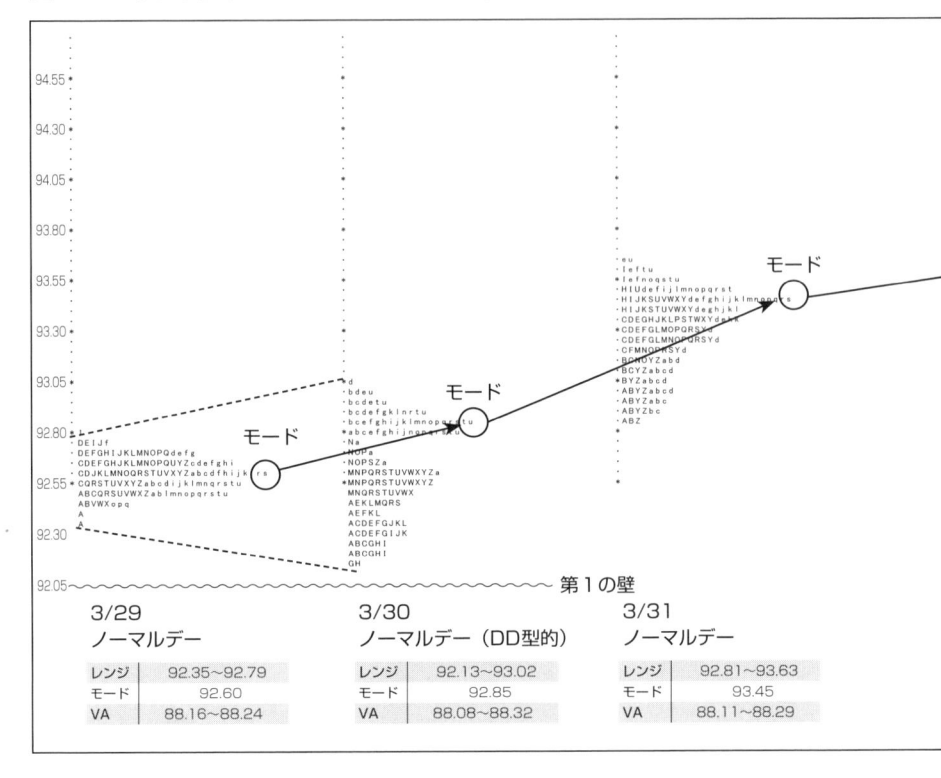

図3.5　ドル円（2010/3/29 ～ 4/2）

	3/29	3/30	3/31
	ノーマルデー	ノーマルデー（DD型的）	ノーマルデー
レンジ	92.35～92.79	92.13～93.02	92.81～93.63
モード	92.60	92.85	93.45
VA	88.16～88.24	88.08～88.32	88.11～88.29

　では、その後どのような展開が予測されるでしょうか。25日にDD型を完成した時点で、その「間」を埋めてくると考えられ、26日は実際、そのとおりになりました。

　週末、ここから上昇するか下落するか、この状態では判断できません。ただ、24日から26日にかけての揉み合い状態を見ると、ここから再度、一気に上昇するのは考えにくいといえます。まずは25日

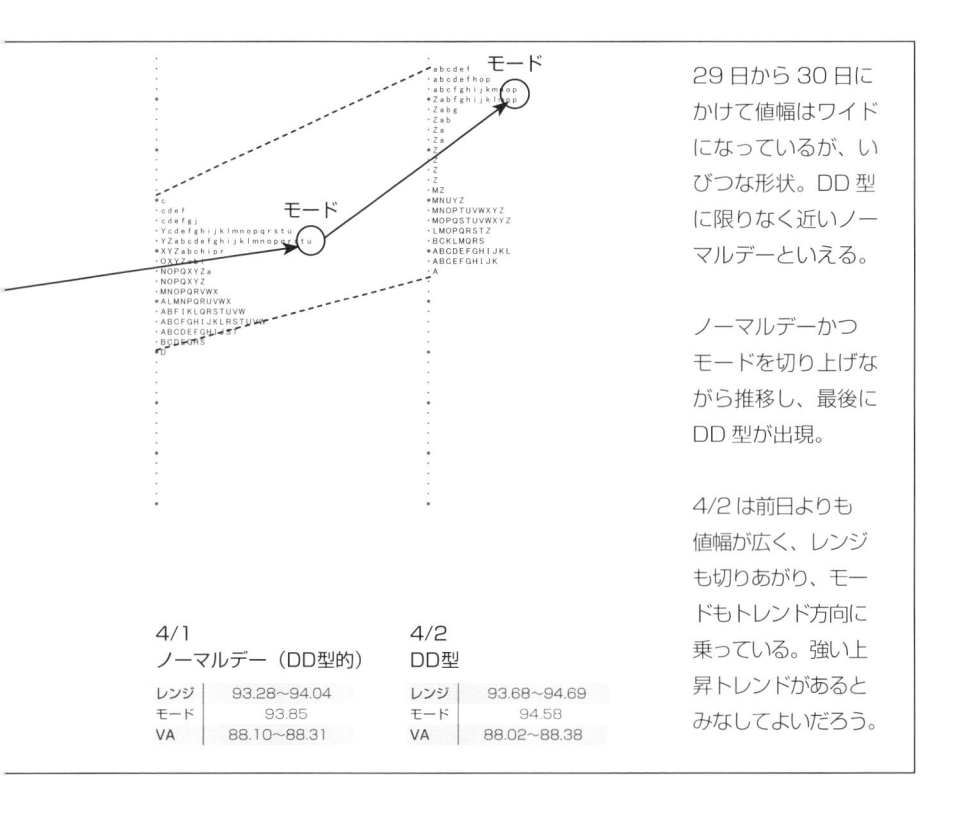

```
                           モード
            .  abcdef
            .  abcdefhop
            .  abcfghijkm op
            .  Zabfghijklpp
            .  Zabg
            .  Za
            .  Za
            .  Za
            .  Z
            .  Z
            .  MZ
            .  MNUYZ
   モード      .  MNOPQSTUVWXYZ
  . cdef     .  MOPQSTUVWXYZ
  . cdefgj   .  LMOPQRSTZ
  . Ycdefghijklmnopqrstu .  BCKLMQRS
  . YZabcdefghijklmnoprstu . ABCDEFGHIJKL
  * XYZabchipr .  ABCEFGHIJK
  . OXYZa    .  A
  . NOPQXYZa
  . NOPQXYZa
  . MNOPQRVWX
  * ALMNPQRUVWX
  . ABFIKLQRSTUVW
  . ABCFGHIJKLRSTUVW
  . ABCDEFGHIJST
  . BCDEKMS
```

4/1		4/2	
ノーマルデー（DD型的）		DD型	
レンジ	93.28〜94.04	レンジ	93.68〜94.69
モード	93.85	モード	94.58
VA	88.10〜88.31	VA	88.02〜88.38

29日から30日にかけて値幅はワイドになっているが、いびつな形状。DD型に限りなく近いノーマルデーといえる。

ノーマルデーかつモードを切り上げながら推移し、最後にDD型が出現。

4/2は前日よりも値幅が広く、レンジも切りあがり、モードもトレンド方向に乗っている。強い上昇トレンドがあるとみなしてよいだろう。

の下側の山をつぶしにくるかどうか、次に23日の高く積み上がったノーマルデーの支持線を割り込むかを焦点とします。

実際はどうなったでしょうか。

図3.5は3月29日〜4月2日のマーケットプロファイルです。形状推移を見ると、トレンドのある週であったことが明らかです。

前週のポイントだった25日の下の積み上がり（第1の壁）を割ら

ず、モードもバリューエリアも着実に切り上がっています。ノーマルデーともDD型ともはっきりと判別できない形状とはいえ、モードが着実に上昇していることが重要です。

そして4月1日金曜日に、もう一段の強含み場面でDD型が出現しました。ここで紹介したパターンは、トレンドの一般的なセオリーとして、認識しておいてほしいと思います。

> まとめ
> ●相場レンジが着実に切り上がっている
> ●限りなくノーマルデー形状に近いものの、DD型は体現されない
> ●それでいてモードは着実に移動する展開
> ●そして週の最後で、もう一段の強含み場面でDD型が出現

■為替介入① 金融政策の差

「為替レートは2国間の通貨の交換比率である。したがって、両国の通貨に対する政策＝金融政策の違いを反映する。これは、経済学のイロハだ」

円高が急激に進んだときなどに、よく経済評論家がこのような発言をします。そして政府や日銀の対応の遅さを非難するのです。

2010年8月10日のFRB（米連邦準備理事会）と日銀の対応の違いも、その一例といえます。

この日、まず日銀で金融政策決定会合が実施され、「（現行の金融政策について）現状維持」と発表されました。その後、米国日付10日にFOMC（米連邦公開市場委員会）が開催され、「追加的金融緩和策」が実施されたのです。

この結果をもって、多くの評論家やマスコミが「日銀は対応が遅い」と非難しました。その後、そうした非難に押される格好で、日銀は8月30日に追加緩和策を打ち出すことになりました。

では、もし日銀がFRBよりも前にこの政策を打ち出していたとしたら、FX市場になんらかの影響を及ぼしたでしょうか。私が思うに、影響はほとんどなかったはずです。つまり、円高の流れは止まらなかったと思っています。

このFOMCで、FRBが当然なんらかの行動を起こすと想定されていました。しかし「どこまで踏み込んだ緩和策を講じるか」は、

まさに神のみぞ知るという状況だったのです。

　仮に、日銀がその前になんらかの形で動いたとしても、その後のFRBがより大胆な緩和策を打ち出した場合、日銀の起こしたアクションは、ことFXの面から言うと、元の木阿弥になっていた可能性が高いといえます。

　なぜなら「ドル円の為替レートは、日銀とFRBの金融政策の差、それも実質金利の差によって影響する」からです。実質金利とは、政策金利から消費者物価指数を引いたものです。

　2010年8月時点での実質金利は、米国はマイナスであり、日本はプラスでした。

米国（FF金利 0.25%）−（コアCPI 0.9%）＝ −0.65%
日本（政策目標金利 0.1%）−（コアCPI −1.0%）＝ +1.1%

　つまり日銀は、もし2010年時点で「円高阻止」をうたって「金融政策」を打ち出すならば、実質的にはマイナス金利政策を打ち出さなければいけないくらいだったのです。

　では、冒頭の経済評論家たちは、実質マイナス金利をも打ち出すくらい大胆な金融政策を提唱していたのかというと、そのような声はほとんど聞こえなかったというのが事実です。

　ここで私が指摘したいのは「為替レートを実質金利差のみで考えると、よほどの金融政策でないと近年の円高進行地合いには対抗で

図A　各国の実質金利

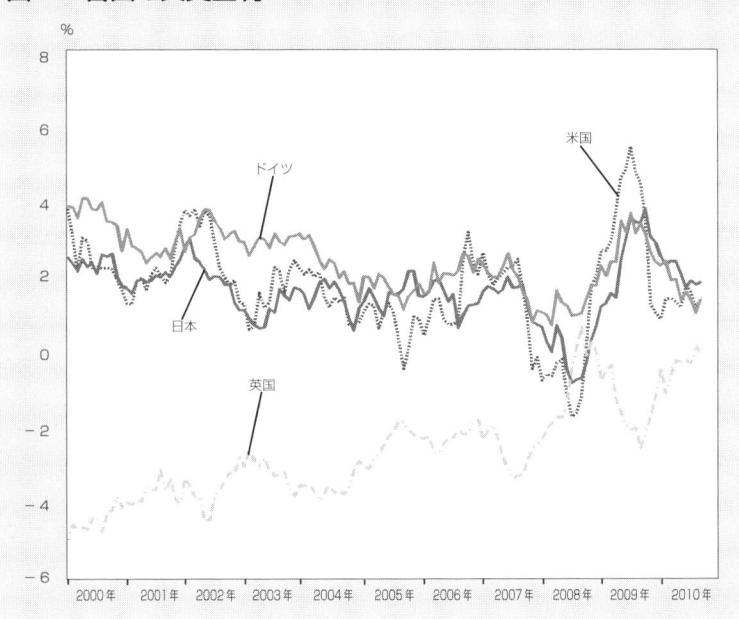

きない。そしてそれは日銀にのみ頼れるものではない」ということです。なぜなら、実質金利がマイナスということは、日本がデフレ状態という意味であり、それは単純に日銀による金融政策論で議論できるものではないからです。

　言い換えると、日銀による金融政策のみならず、日本政府によるデフレ脱却策とセットで考えないと、円高圧力は到底止まらないということです。

では、日本がデフレから脱却しないかぎり、この円高地合いが止まらないのかというと、それもまた違います。日本よりもはるかに遅れているものの、米国でもデフレ圧力は日増しに強まっているからです。むしろ、ほとんどの主要先進国が徐々にデフレに陥り始めています。

　これは、いわゆるグローバリゼーションの進展が、主要先進国でデフレを誘発しているということです。

　繰り返しになりますが、2010年の円高傾向の本質は、実はこの「日本のデフレ」が影響しているのです。これは、皮肉にも経済評論家の方々がよく指摘していた金融政策の差という観点から事実上説明できます。

　米国がデフレに陥り始めているとはいえ、日米間のデフレ進行度合いには差が存在しています。その差を埋めるべく、日銀による為替介入という策があるわけです。日銀の単独介入の意味は、そこにあります。

3-2　ユーロドル

　ユーロはドルに対して「1ユーロ＝1.2280ドル」と標記します。このドルとユーロは、通貨市場で最強同士の組み合わせです。

　この最強通貨同士の取引によって体現されるマーケットプロファイルから、一体何が読み取れるかというと「重厚さ」です（あくまでも筆者の感覚的なものですが）。資源国通貨など主要メジャー通貨国でない国の通貨と比較してみると、その差は歴然です。

　筆者はその昔、ドイツの通貨が"マルク"だったころからドルマルクのマーケットプロファイル分析をしていました。ドルマルクとドル円では、その「厚み」が違います。ドルマルクには、ドル円以上の厚みがあったのです。それゆえ、同じ日の形状を見比べてみても、ストーリー性に富んでいたのが、このドルマルクでした。

　時代は移り変わって"ユーロ"はどうかというと、これも重厚さという点ではマルクに引けを取りません。

　主要通貨としての分析手法は、ドル対ユーロと、ドル対円で、ほぼ似たような分析手法が適用できそうです。つまり、別の言い方をすれば、ドル円とドルユーロは「主要通貨」という分類で分析すればよいのです。

　本節では、このユーロドルを使って、主要通貨取引のマーケットプロファイル分析をQ&A形式で解説していきたいと思います。

Q1　FXマーケットプロファイルでまず見るべきは？

　何はともあれ、まず「モードがどこか」を見ます。そして、そのモードは前日のモードと比べてどう変化しているか、そしてモードの推移を分析します。
　相場を張る人間（そして相場を分析する人間）が知りたいのは、相場の方向性です。ローソク足で見えないものをマーケットから読み取ろうしたコンセプトがマーケットプロファイルであり、なかでもモードの位置と方向性は、重要な意味を示します。

Q2　次に何を見るか？

　モードを見たら、モードの推移と前日の形状を考慮しながら、当日の形状を見ます。同じDD型の形状でもモードの位置関係によって微妙に相場分析が変わってくるのです。
　そして過去の形状推移を見ます。例えば、前日と今日、過去数日分の形状推移を見ていくのです。
　まとめると次のとおりです。

①まず、過去数日分のモードの推移を見て、モードとしてのトレンド性を分析する。
②そのモードの推移を頭に入れつつ、ノーマルデー的な展開なのかトレンドデー的な展開なのか、形状パターンの分析をする。
③モード推移と形状推移を総合してトレンド性を判断する。

Q3　具体的なエントリーポイントは？

エントリーポイントの判断については、一概には言えません。さまざまなケースがあります。いくつか具体例で示しましょう。

事例①

図3.6は2010年5月3日～7日のユーロドルのマーケットプロファイルです。

5月3日の形状を見てください。東京市場の開始早々から値動きが激しくなりました。特に一時、1ユーロ＝1.3245ドルあたりでは、戻しの鈍さが形状的にも示されています。この1.32485ドルから1.32215ドルがバリューエリアです。

4日は1.32215ドルという前日のバリューエリアの下限で揉み合っており、上値の重さが認識されました。5月3日以上に上値の重さが表れているといえます。そして1.322ドル付近で揉み合ったあと、下放れていきました。

この日、早々に「ネガティブ戦略」、つまり売りのエントリーポイントを探るのは「あり」といえそうです。

その後の推移を見ると、6日の1.2545ドルまでの下落で手仕舞うのは無理としても、7日のレベル（1.2745ドルあたり）で、いったん手仕舞う動きは想定できます。

事例②

図3.7は翌週2010年5月10日～14日のユーロドルのマーケットプ

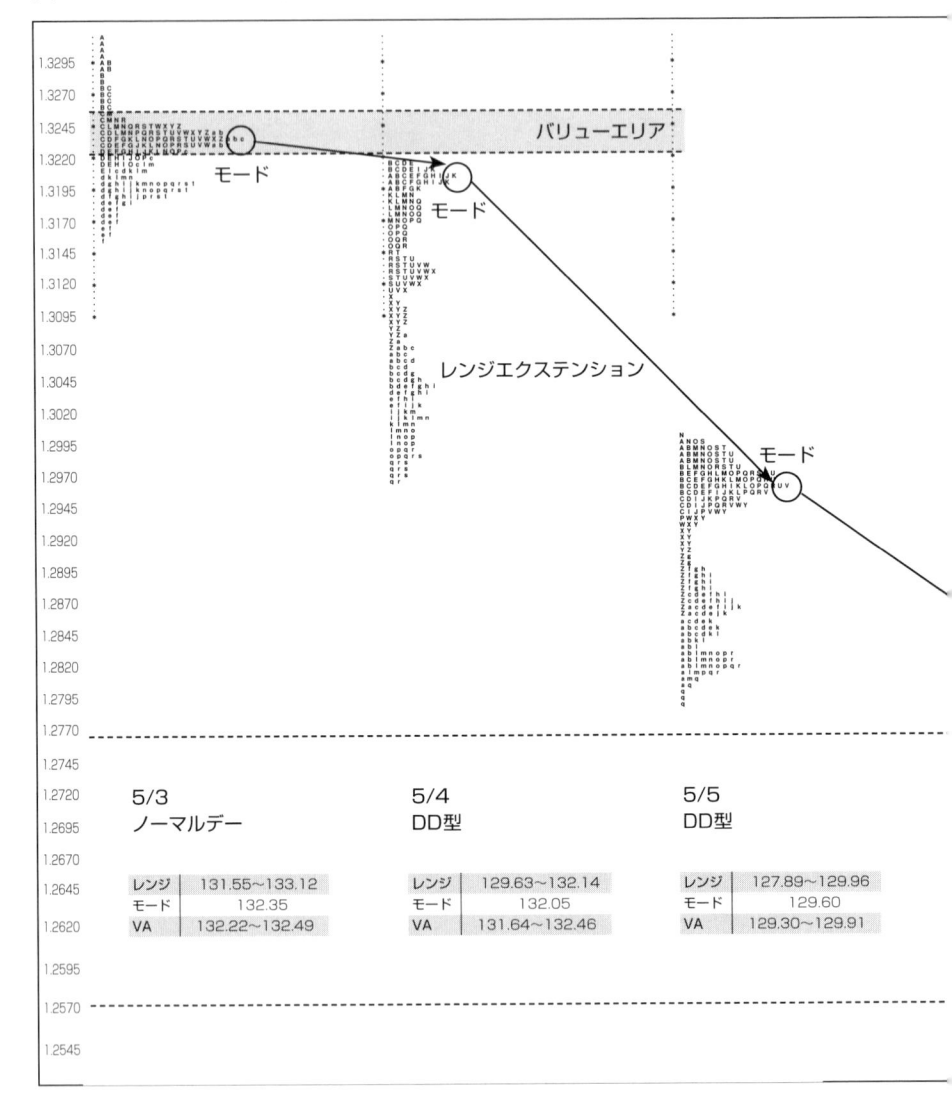

図3.6 ユーロドル（2010/5/3～5/7）

バリューエリア
モード
モード
レンジエクステンション
モード

5/3 ノーマルデー		5/4 DD型		5/5 DD型	
レンジ	131.55～133.12	レンジ	129.63～132.14	レンジ	127.89～129.96
モード	132.35	モード	132.05	モード	129.60
VA	132.22～132.49	VA	131.64～132.46	VA	129.30～129.91

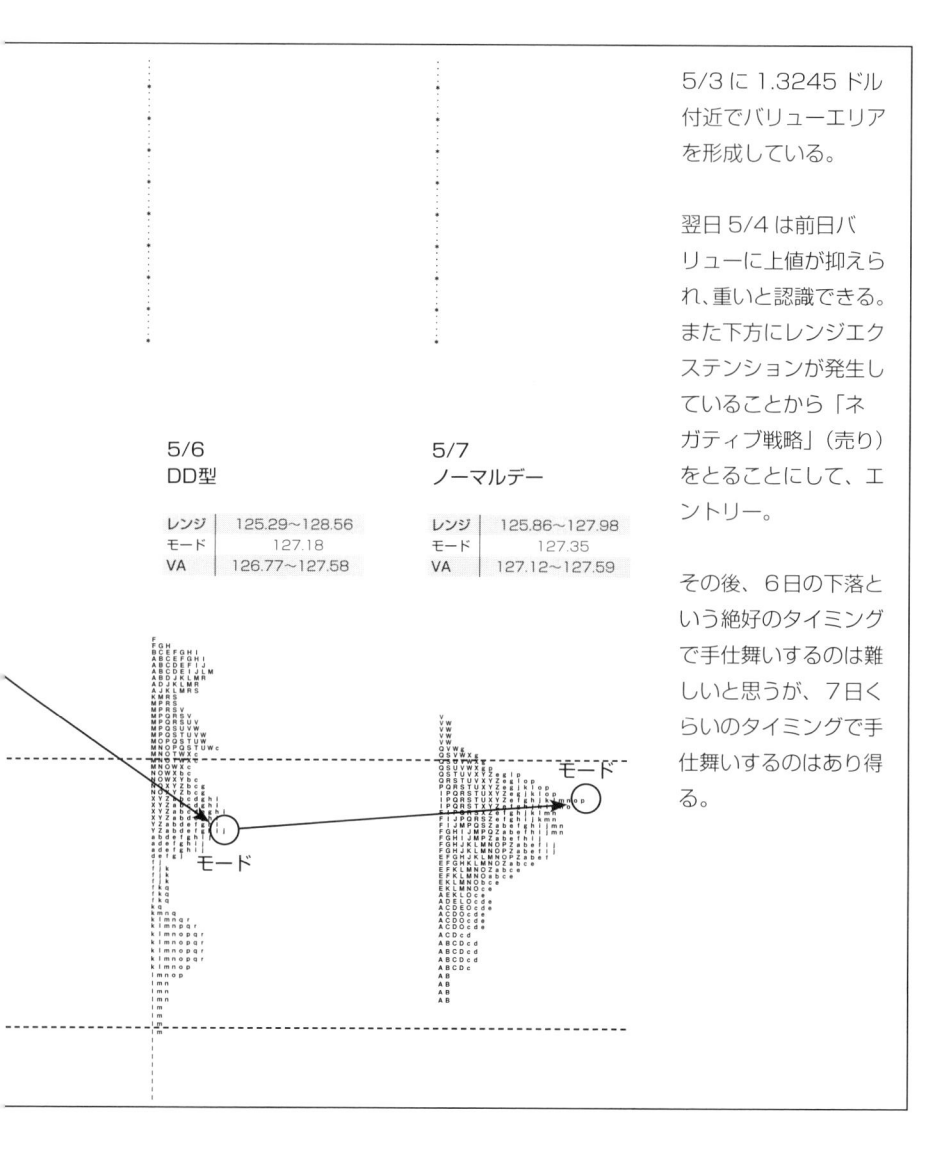

第3章　FX マーケットプロファイル分析の実践

5/3 に 1.3245 ドル付近でバリューエリアを形成している。

翌日 5/4 は前日バリューに上値が抑えられ、重いと認識できる。また下方にレンジエクステンションが発生していることから「ネガティブ戦略」（売り）をとることにして、エントリー。

その後、6日の下落という絶好のタイミングで手仕舞いするのは難しいと思うが、7日くらいのタイミングで手仕舞いするのはあり得る。

5/6 DD型	
レンジ	125.29〜128.56
モード	127.18
VA	126.77〜127.58

5/7 ノーマルデー	
レンジ	125.86〜127.98
モード	127.35
VA	127.12〜127.59

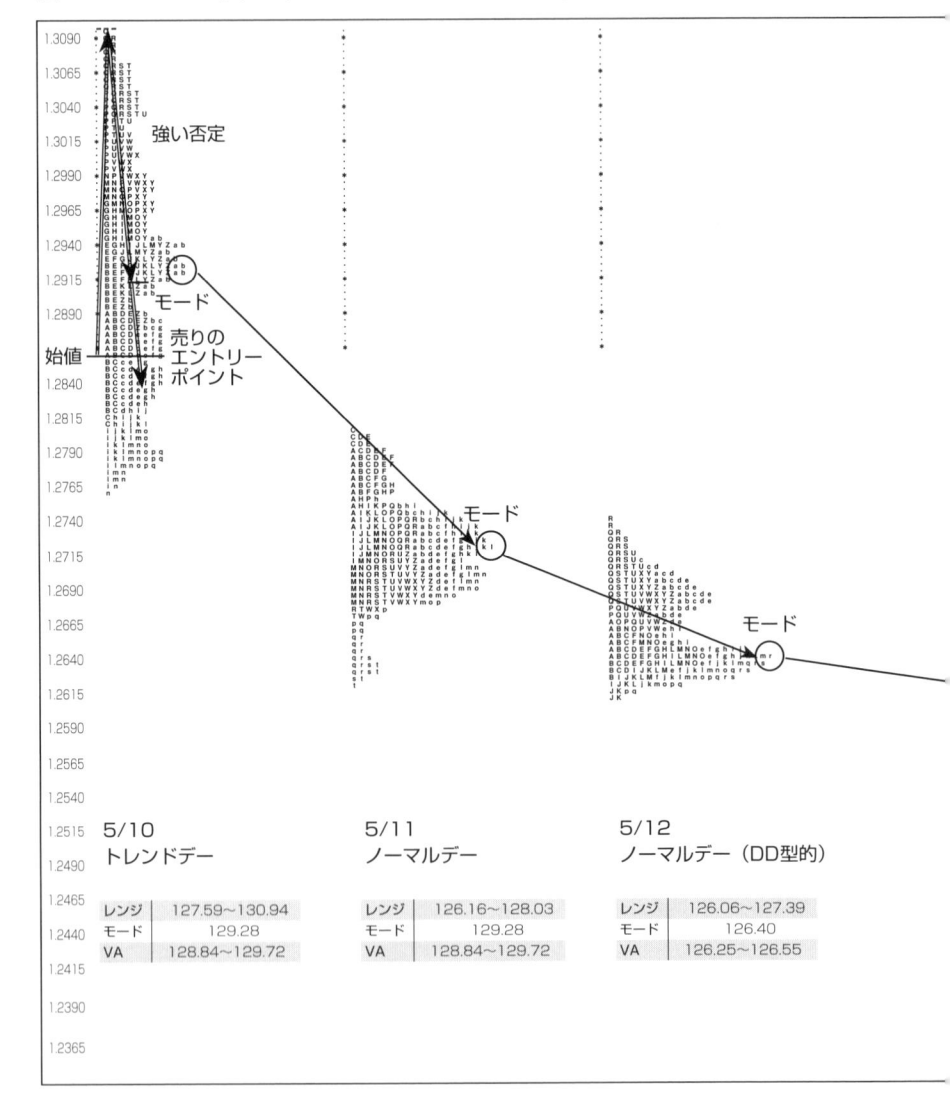

図 3.7 ユーロドル（2010/5/10〜5/14）

	5/10 トレンドデー	5/11 ノーマルデー	5/12 ノーマルデー（DD型的）
レンジ	127.59〜130.94	126.16〜128.03	126.06〜127.39
モード	129.28	129.28	126.40
VA	128.84〜129.72	128.84〜129.72	126.25〜126.55

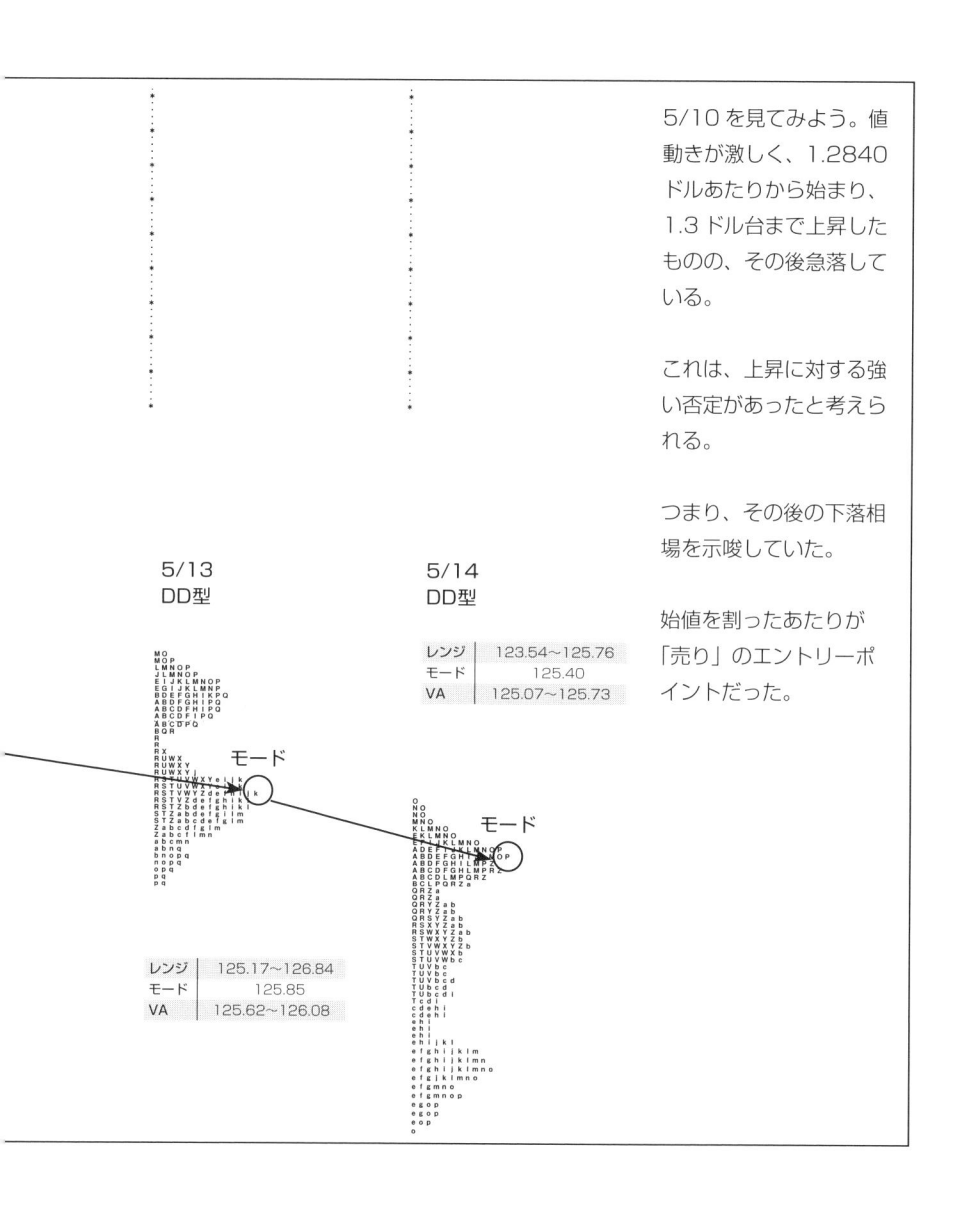

第3章　FXマーケットプロファイル分析の実践

5/13
DD型

```
M O
M O P
L M N O P
J L M N O P
E I J K L M N P
B D E F G H I K P Q
A B C D F H I P Q
A B C D F I P Q
B Q R
R
R X
R U W X Y
R U W X Y
R S T U V W X Y e i j k
R S T U V W Z d e f g h i k
R S T Y Z b d e f g h i k
S T Z a b d e f g i l m
S T Z a b c d e f g i m
Z a b c d f g i m
Z a b c m n
a b n q
h n p q
o o p q
p q
p q
```

モード

レンジ	125.17~126.84
モード	125.85
VA	125.62~126.08

5/14
DD型

レンジ	123.54~125.76
モード	125.40
VA	125.07~125.73

```
O
O N O
N O
M N O
K L M N O
E K L M N O
A D E F J K L M N O
A B D F G H L M N O P
A B D F G H L M P A
A B C D F G H L M P R
A B C D L M P Q R Z
B C L P Q R Z a
Q R Z a
Q R Y Z a b
Q R S Y Z a b
R S X Y Z a b
R S W X Y Z a b
S T W X Y Z b
S T U V W X b
S T U V W b c
T U V b c
T U V b c d
T U b c d
T c d l
c d e h i
c d e h i
e h i
e h i j k l
e f g h i j k l m
e f g h i j k l m n
e f g i j k l m n o
e f g m n o
e f g m n o p
e g o p
e o p
o
```

モード

5/10を見てみよう。値動きが激しく、1.2840ドルあたりから始まり、1.3ドル台まで上昇したものの、その後急落している。

これは、上昇に対する強い否定があったと考えられる。

つまり、その後の下落相場を示唆していた。

始値を割ったあたりが「売り」のエントリーポイントだった。

147

図 3.8 ユーロドル (2010/5/17 〜 5/21)

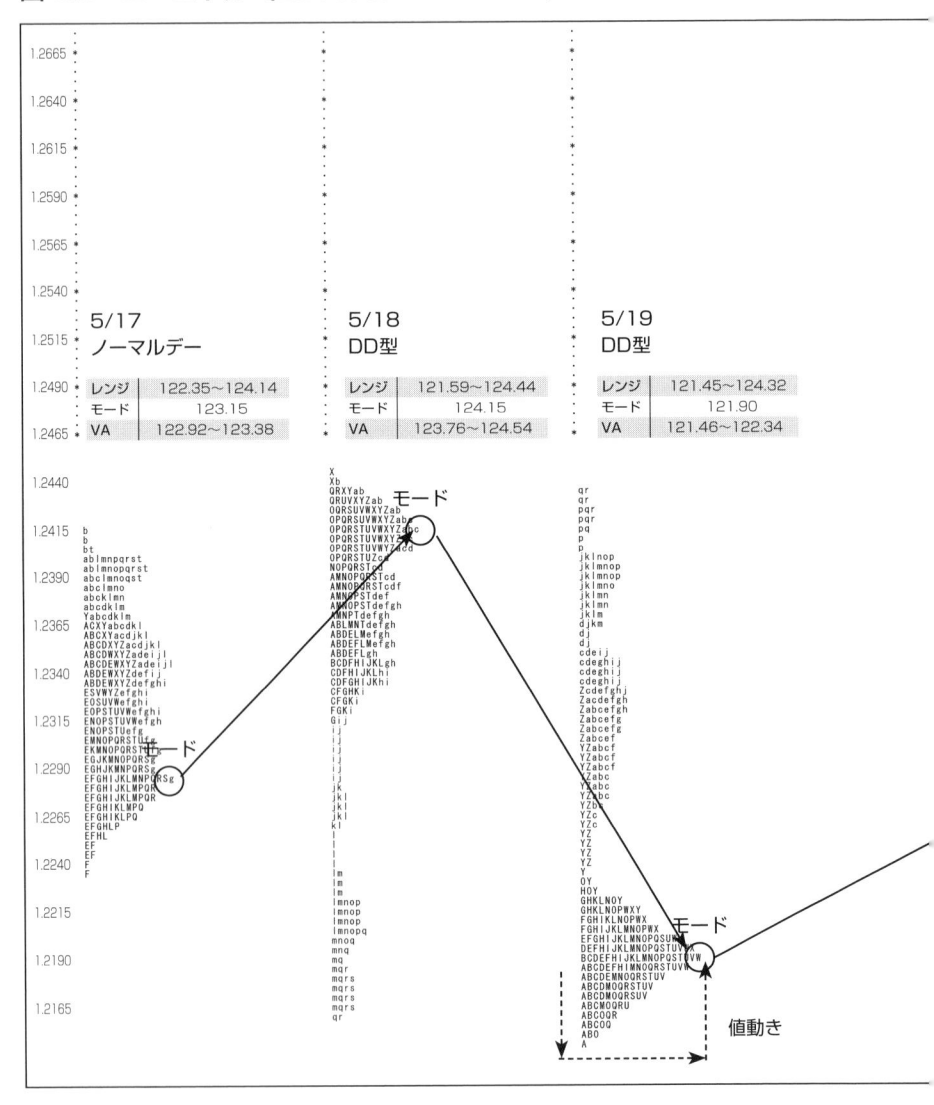

	5/17 ノーマルデー	5/18 DD型	5/19 DD型
レンジ	122.35〜124.14	121.59〜124.44	121.45〜124.32
モード	123.15	124.15	121.90
VA	122.92〜123.38	123.76〜124.54	121.46〜122.34

第3章　FX マーケットプロファイル分析の実践

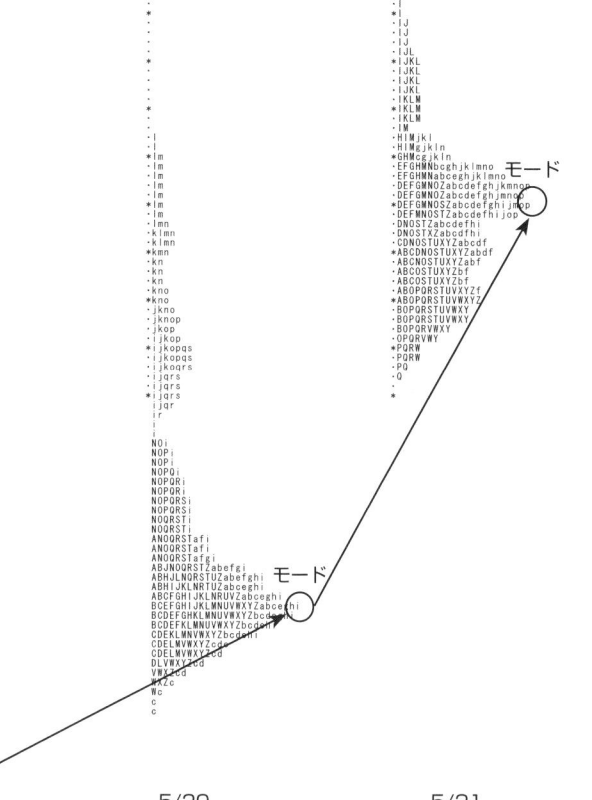

```
                            .·I
.                           ·I
.                           ·IJ
.                           ·IJ
.                           ·IJL
*                           ·IJKL
.                           ·IJKL
.                           ·IJKL
.                           ·IJKL
*                           ·IKLM
.                           ·IKLM
.                           ·IM
-I                          ·HIMjkl
-I                          ·HIMgjkln
*Im                         ·GHMcgjkln                モード
·Im                         ·EFGHNNbcghjklmno
·Im                         ·EFGHNNabceghjklmno
·Im                         ·DEFGMNOZabcdefghjkmno
*Im                         ·DEFGMNOZabcdefghjmno
·Im                         ·DEFGMNOSZabcdefghijmop   ○
·Im                         ·DEFMNOSTZabcdefhijop
·klmn                       ·DNOSTZabcdfhi
·klmn                       ·DNOSTXZabcdfhi
*kmn                        ·CDNOSTUXYZabcdf
·kn                         *ABCDNOSTUXYZabdf
·kn                         ·ABCONOSTUXYZabf
·kno                        ·ABCOSTUXYZbf
*kno                        ·ABOPQRSTUVXYZf
·jkno                       *ABOPQRSTUVWXYZ
·jknop                      ·BOPQRSTUVWXY
·jkop                       ·BOPQRSTUVWXY
·ijkop                      ·BOPQRVWXY
*ijkopqs                    ·OPQRVWY
·ijkopqs                    *PQRW
·ijkoqrs                    ·PQRW
·ijqrs                      ·PQ
·ijqrs                      ·Q
*ijqrs                      *
ijqr
ir
i
NOi
NOPi
NOPi
NOPQRi
NOPQRi
NOPQRSi
NOQRSTi
NOQRSTi
ANOQRStafi
ANOQRStafgi
ABJNOQRSTZabefgi
ABHJLNQRSTUZabefgi         モード
ABHIJKLNRTUZabceghi         ○
ABCFGHIJKLNRUVZabceghi
BCEFGHKLMNUVWXYZbcdeghi
BCDEFKLMNVWXYZbcdehi
CDEKLMNVWXYZbcdehi
CDELMVWXYZcd
DLVWXYZcd
VWXZcd
Wc
c
c
```

5/18、5/19 は、モードの位置が逆だが、向きを変えるとほぼ同じ形の DD 型になる。

もみ合いが続くなか、19 日の引けは 18 日の引けよりも値段が高く揉み合い継続かと思われたが、モードが戻しきれない様子が分かる。つまり、これからの上昇の難しさを示唆する形とも読み取れる。

だが、5/18 の下げを暗示する DD 型から一転して翌日 5/19 の上げ的な DD 型となっていることを上げ材料ととらえた場合はうまくいく。

| 5/20 |
| DD型 |

レンジ	122.97〜125.98
モード	123.55
VA	123.20〜123.90

| 5/21 |
| ノーマルデー |

レンジ	124.72〜126.72
モード	125.70
VA	125.49〜125.91

149

ロファイルです。

　5月10日の形状を見てみましょう。アルファベットの推移にそって細かい値動きに注目してください。1日を通じて激しい値動きが続いていたことがうかがえます。こうしたケースは、はっきり言って、よくあることではありません。

　最初は1.2840ドルあたりで始まり、その後はいったん1.3ドル台乗せとなるまでユーロが強くなりました。しかし、その後は一転して寄りレベルまでの下落となっています。

　これは、1.3ドルという節目を試す場面で、早々に強い売り圧力に押さえ込まれており、プロファイルとしては上昇サイドに対して強烈な否定があったといえます。

　この否定の強さから、始値水準を割り込むほどの相場下落となれば、それがその後の一段の下落を誘うと解釈できます。したがって始値を割り込んだところが売りのエントリーポイントと考えられます。

事例③

　図3.8は翌週2010年5月17日～21日のユーロドルのマーケットプロファイルです。

　18日と19日の形状は、ほぼ同じDD型です。しかし、モードの位置が逆です。17日のノーマルデー的な形状パターンと比較して、そして同日と18日のモードに比べて、19日のモードが弱含んで展開したことから、揉み合いのなかでのDD型の交錯であったと分かります。

18日の終値よりも19日の終値が高かったものの、19日のDD型ではモードは戻し切れませんでした。したがって、売り圧力が強いと考えられます。ですから、この時点での買いエントリーは難しいでしょう。
　20日は、おもしろい形状です。モードを上方に移すDD型となりましたが、上方レベルでは山の形成もままならずでした。
　1.2355にモードを形成したあと「ｉ」時間にレンジエクステンションが発生し、それ以降は「トレンドデー」の展開となっていきました。そして、21日は、そのトレンドを強く継承しています。
　20日の「ｉ」のようなレンジエクステンションによって急激にレンジを移した場合、翌日はその反落というのもあり得ます。しかしそうした「調整」が一切なく、21日にはDD型ではないものの、それに近い形での力強い展開は、その後の上昇トレンド形成を予想させるような形状であったといえます。

Q4　具体的なエグジットポイントは？

　「トレンドが終わったらエグジット」に尽きます。
　これは、冒頭の質問「FXマーケットプロファイルでまず見るべきは？」の応用です。
　特にFXマーケットプロファイルでは、モードの位置関係を見て、その次に形状を見るのがコツとなります。これはエグジットも同じです。つまり、単に終値だけを見るわけではありません。
　モードの位置づけ、マーケットプロファイルの形状度合い、これ

図3.9 ユーロドル (2010/4/5 〜 4/9)

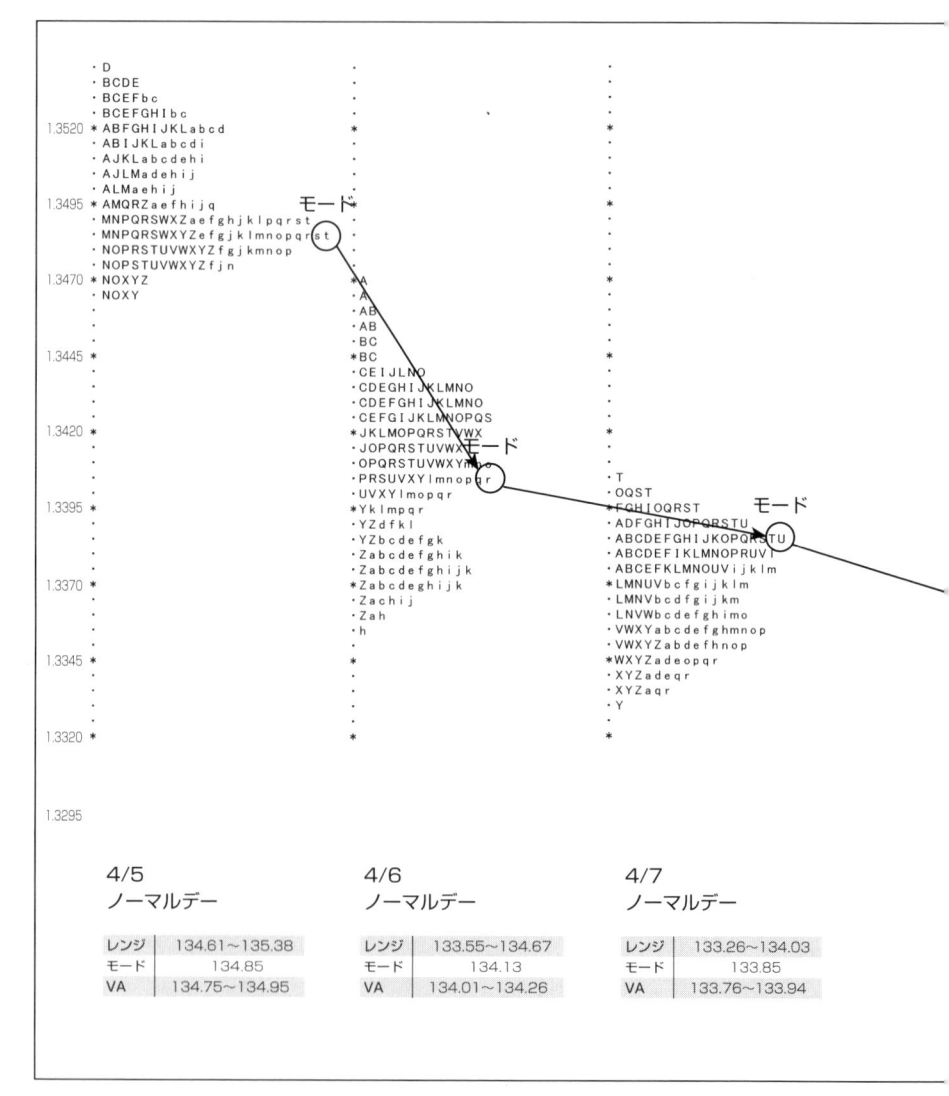

```
              ・D                       ・                        ・
              ・BCDE                    ・                        ・
              ・BCEFbc                  ・                        ・
              ・BCEFGHIbc               ・                        ・
       1.3520 *ABFGHIJKLabcd           *                        *
              ・ABIJKLabcdi             ・                        ・
              ・AJKLabcdehi             ・                        ・
              ・AJLMadehij              ・                        ・
              ・ALMaehij                ・             モード
       1.3495 *AMQRZaefhijq             ・
              ・MNPQRSWXZaefghjklpqrst  ・
              ・MNPQRSWXYZefgjklmnopqrst
              ・NOPRSTUVWXYZfgjkmno     ・
              ・NOPSTUVWXYZfjn          ・
       1.3470 *NOXYZ                   *A
              ・NOXY                    ・A
              ・                        ・AB
              ・                        ・AB
              ・                        ・BC
       1.3445 *                        *BC                       *
              ・                        ・CEIJLNO
              ・                        ・CDEGHIJKLMNO
              ・                        ・CDEFGHIJKLMNO
              ・                        ・CEFGIJKLMNOPQS
       1.3420 *                        *JKLMOPQRSTVWX            *
              ・                        ・JOPQRSTUVWX モード
              ・                        ・OPQRSTUVWXY
              ・                        ・PRSUVXYlmnopqr          ・T
              ・                        ・UVXYlmopqr              ・OQST
       1.3395 *                        *FGHIOQRST         モード
              ・                        ・Yklmpqr                 ・ADFGHIJOPQRSTU
              ・                        ・YZdfkl                  ・ABCDEFGHIJKOPQRSTU
              ・                        ・YZbcdefgk               ・ABCDEFIKLMNOPRUVY
              ・                        ・Zabcdefghik             ・ABCEFKLMNOUVijklm
              ・                        ・Zabcdefghijk            *LMNUVbcfgijklm
       1.3370 *                        *Zabcdeghijk              ・LMNVbcdfgijkm
              ・                        ・Zachij                  ・LNVWbcdefghimo
              ・                        ・Zah                     ・VWXYabcdefghmnop
              ・                        ・h                       ・VWXYZabdefhnop
       1.3345 *                        *                         *WXYZadeopqr
              ・                        ・                        ・XYZadeqr
              ・                        ・                        ・XYZaqr
              ・                        ・                        ・Y
       1.3320 *                        *                         *

       1.3295
```

	4/5 ノーマルデー		4/6 ノーマルデー		4/7 ノーマルデー
レンジ	134.61〜135.38	レンジ	133.55〜134.67	レンジ	133.26〜134.03
モード	134.85	モード	134.13	モード	133.85
VA	134.75〜134.95	VA	134.01〜134.26	VA	133.76〜133.94

152

第3章 FXマーケットプロファイル分析の実践

```
            .                      .
            .                      .
            .                      .
            *                      *
            .                      .
            .                      .
            .                      .
            .                     ·op
            *                     *efmnop
            .                     ·efmno
            .                     ·efgmn
            .                     ·efghm
            .                     ·cefghijm
            *                     *cefghijklm
            .                     ·cehklm
            .                     ·ceklm
            .                     ·cdelm
            .                     ·cdel
            *                     *bcde
            .                     ·bcde
            .                     ·bcd
            .                     ·bcd
            .                     ·bc
            *                     *QRbc
            .                     ·PQRSUVbc
            .                     ·PQRSUVWb
            .                     ·PQRSUVWb
            .                     ·OPSTUVWx  モード
            *                     *OPSTUWXYb
            .                     ·NOPSTWXYZ b
            .                     ·MNOYZab
            .                     ·AMNYZab
            .                     ·ABMNYZab
          *d                      *ABMNZb
          ·defgpqs                ·BCDEGHIJM
          ·defgilpqrs             ·BCDEFGHIJ
          ·defghijklmnop          ·DEFGIJKLM
          ·cdefghijklmno          ·JKLM
          *BLbcdefhijkm           *KL
          ·ABCCKLMbcd    モード     .
          ·ABCGHIJKLMabc          .
          ·ACDFGHIJKLMOZabc       .
          ·CDEFGIJLMNOVWZb        .
          *CDEFMNOUVWZab          *
           DEFMNOPTUVWXYZab
           NOPTUWXYZab
           OPRSTUXYZb
           PQRSTUXY
           PQRSTY
           PQRT
           Q

           4/8                    4/9
           ノーマルデー               DD型
```

レンジ	132.83～133.67	レンジ	133.42～135.00
モード	133.23	モード	133.90
VA	133.13～133.34	VA	133.65～134.15

4/5～4/8にかけてはノーマルデーで、かつモードを切り下げる展開。

4/6に前日バリューエリアから下方向に離れる形となったことで売りポイントと判断できる。その後4/8のノーマルデー展開を経て4/9にはDD型を形成して反転。トレンドの転換を示唆している。ここが手仕舞い（買い戻し）ポイントだったと考えられる。

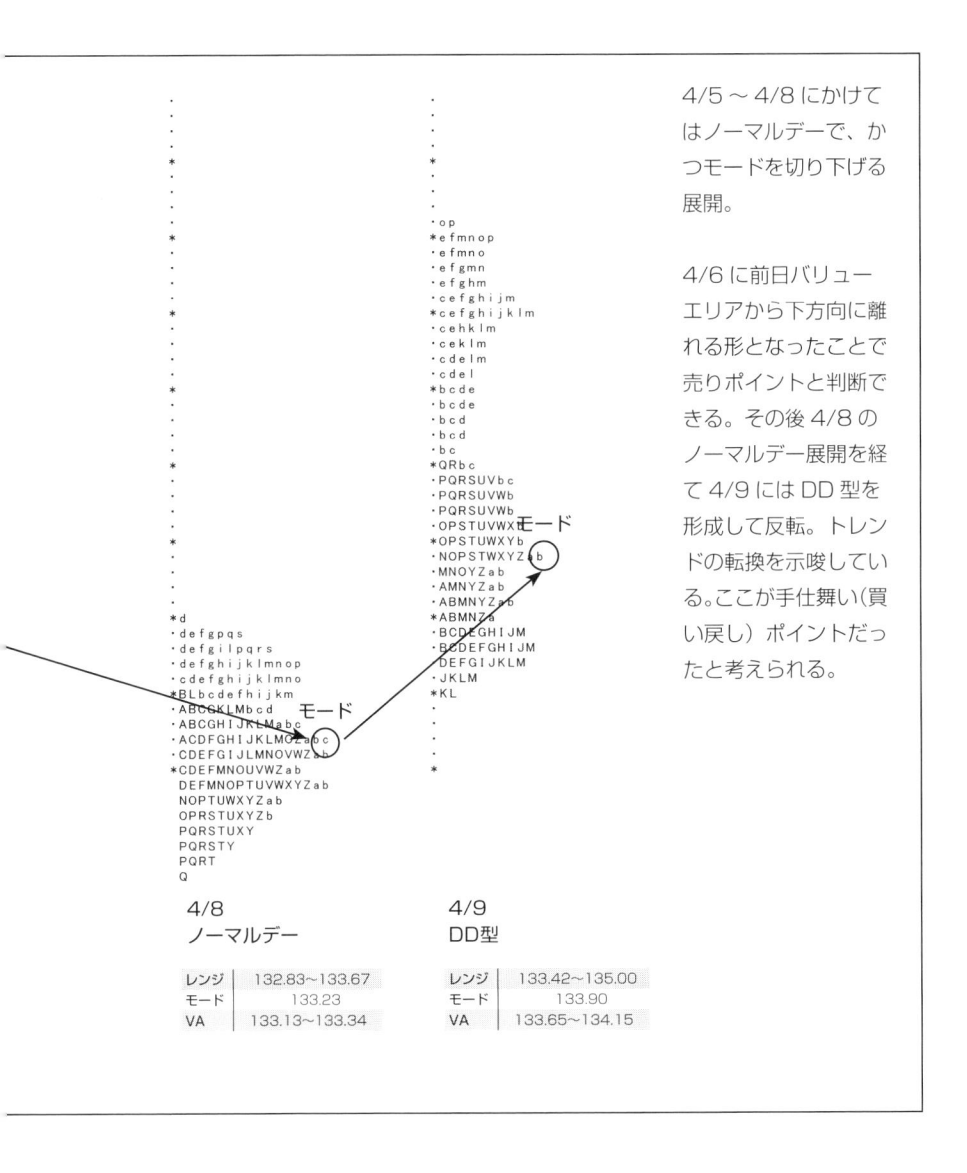

153

らを総合して、最後に相場水準と自身のポジション状況を鑑みて、判断することになります。

事例④

　少し前に戻って、**図3.7**のユーロドルのマーケットプロファイル（2010年5月10日～14日）を見てください。

　理想的な下降トレンドといえます。順当にモードを切り下げ、ときおりDD型展開と、トレンドデー展開を織り交ぜながら下げているからです。

　そして、17日に下げ渋り、18日には明確に反転しました。

事例⑤

　図3.9は2010年4月5日～9日のユーロドルのマーケットプロファイルです。これもエグジットポイントの典型ともいえます。

　5日から8日にかけて、ノーマルデー形状でモードを切り下げる展開でした。ただし、モードの下げ足はじわじわとしており、鈍い動きの下げトレンドといえます。

　そして、9日に反転上昇、それもDD型的に切り上げることになりました。その戻しは鋭く、過去3日分の下落を1日で取り戻しています。この反転がエグジットポイントと考えられます。

■ローソク足の陽線と陰線

　チャート描法のなかでももっとも有名なもののひとつが、始値、高値、安値、終値の四本値を表した「ローソク足」です。

　ローソク足では、その日の終値が始値よりも高ければ「陽線」となり、その逆であれば「陰線」となります。陽線は白色（もしくは赤色）で、陰線は黒色で表示されるのが一般的です。

　このように色分けされていることから、陽線は相場の上昇が、陰線は相場の下落がひと目で分かります。また、陽線がどれだけ長く伸びたか、連続したかなどを見ることで、相場の強弱を示唆してくれるのも特長のひとつです。

　マーケットプロファイルの場合、ローソク足と見方が、がらっと変わります。そのことがよく分かるおもしろい例が、ユーロドルのプロファイルの形状に表れていました。

　次ページの**図A**をご覧ください。2010年5月17日〜21日のユーロドルのローソク足とマーケットプロファイルです。

　18日と19日の両日に注目してください。両日の値動きは、ローソク足で見れば、18日が陰線、19日が陽線でした。それも、ほぼ同じ価格帯でのローソク足形成となっています。

　一方、これらをマーケットプロファイルで見ると、両日ともにDD型となりました。ただし、18日は高値付近にモードのあるDD型であるのに対して、19日は安値付近にモードのあるDD型になっ

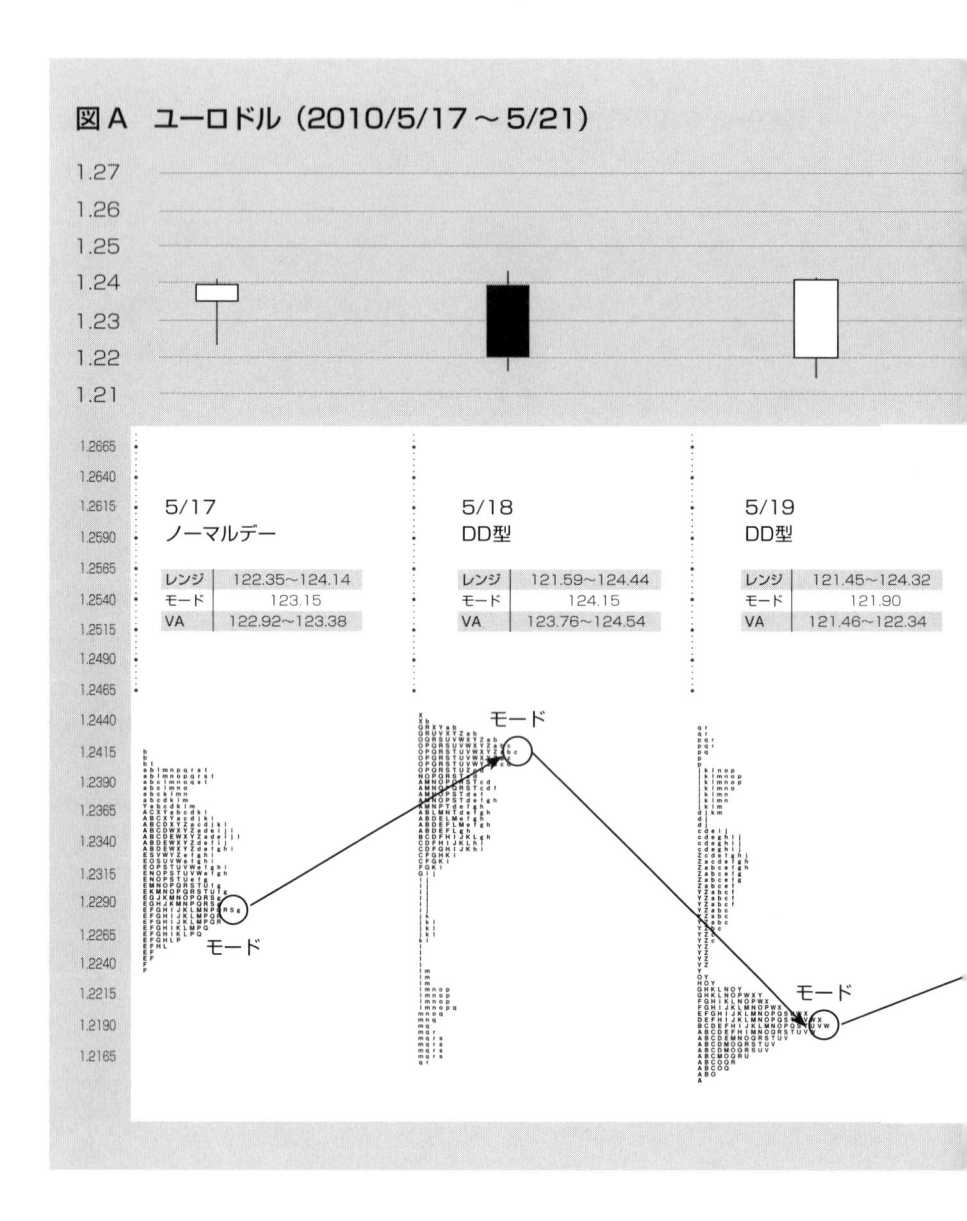

図A ユーロドル (2010/5/17〜5/21)

5/17 ノーマルデー

レンジ	122.35〜124.14
モード	123.15
VA	122.92〜123.38

5/18 DD型

レンジ	121.59〜124.44
モード	124.15
VA	123.76〜124.54

5/19 DD型

レンジ	121.45〜124.32
モード	121.90
VA	121.46〜122.34

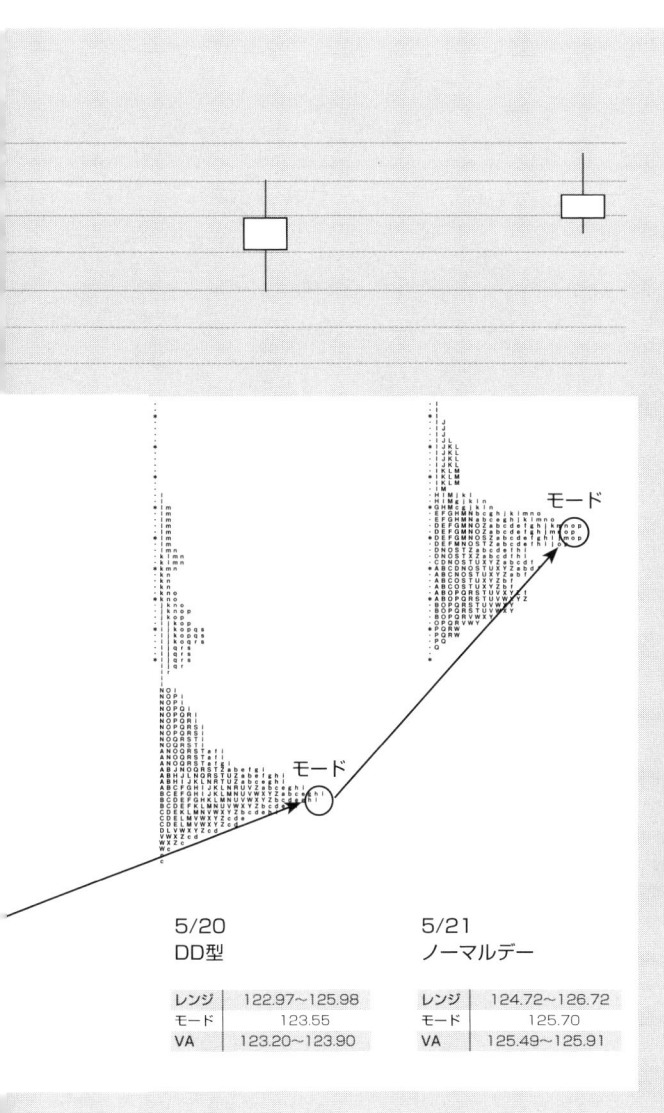

5/18と5/19を
くらべてみよう。

ローソク足では価格帯はほぼ同じで、陰線から陽線になっているので、反騰したように見える。

しかしマーケットプロファイルの形状では、モードがトレンド方向に乗っていない。したがって、この上昇トレンドは"弱い"のではないかと予測できる。

モード

モード

5/20
DD型

レンジ	122.97〜125.98
モード	123.55
VA	123.20〜123.90

5/21
ノーマルデー

レンジ	124.72〜126.72
モード	125.70
VA	125.49〜125.91

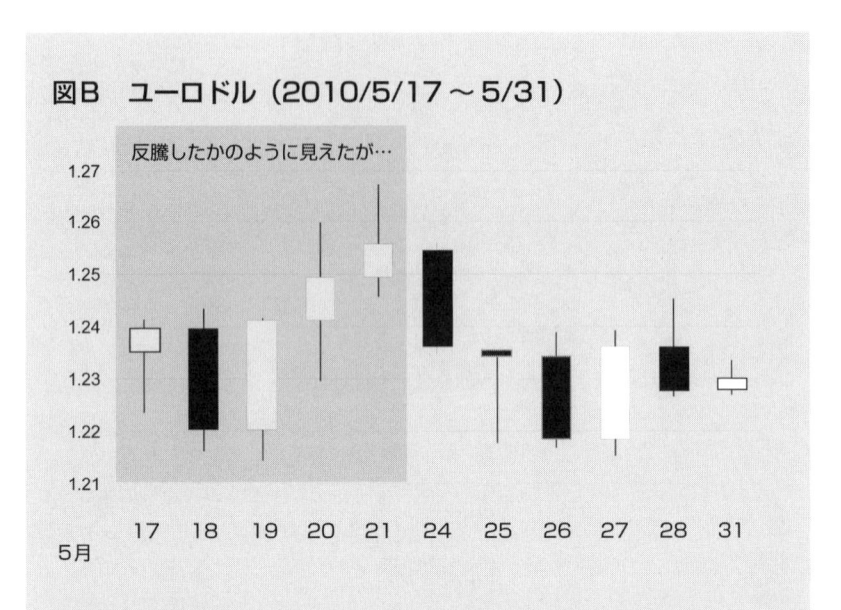

図B　ユーロドル（2010/5/17～5/31）

反騰したかのように見えたが…

ています。

　DD型となって、そのトレンド方向にモードが移れば、まさにトレンドに乗った展開といえます。しかし、このようにトレンド方向の山にモードが移らなかったというのは、逆にトレンド的には弱かったといえるわけです。

　ローソク足のみで判断すれば「反騰」の場面です。実際、20日と21日は、少しずつではありますが、上昇しています。

　しかし、マーケットプロファイルではモードのトレンドという点では弱含みのままでの推移していたことから、様子見となりました。つまり、ローソク足とマーケットプロファイルとでは、スタン

スがまったく逆だったといえるわけです。

　図Bでその後の推移を確認しましょう。弱いトレンドで推移していることが分かります。

　このようにローソク足では語れなかった相場が、マーケットプロファイルでは語ることができるのです。

3-3 クロス円

　ユーロ円やポンド円など、米ドル以外の通貨と日本円の組み合わせを「クロス円」といいます。クロス円は、ドル円やユーロドルなどの主要通貨ペアと比較すると、値動きが荒くなる傾向があります。これは、流動性の問題です。
　ドルもしくはユーロをベースとした取引は、貿易決済など、実務的な為替取引も活発なため、必然的に取引する金融機関も多くなり、流動性が高くなります。本来の値と大幅に離れた値が突然つけたりすることは少ないといえます。
　しかし、ユーロ円の場合、ひと昔前の実務的なユーロ円の取引はまずドル円で取引をして、その後ユーロドルで取引するというくらい、ユーロと円の直接的な取引は低調でした。
　そうした実務的なニーズの低さを背景に、ユーロ円を積極的に扱う金融機関が少なかったため、ユーロ円を筆頭とするクロス円取引は、値動きが荒くなる傾向があったわけです。
　近年では、かなり解消されてきているとは思います。しかし、ドル円に比べれば、その荒さは否定できません。言い方を換えると、これまで日本政府がいかに円の国際化を怠ってきたかの証拠でもあります。
　値動きが荒いということは、トレンドにさえ乗れれば、ドル円な

外国為替市場の通貨別シェア推移

通貨	2001年	2004年	2007年	2010年
アメリカドル	89.9	88.0	85.6	84.9
ユーロ	37.9	37.4	37.0	39.1
日本円	23.5	20.8	17.2	19.0
イギリスポンド	13.0	16.5	14.9	12.9
オーストラリアドル	4.3	6.0	6.6	7.6
スイスフラン	6.0	6.0	6.8	6.4
カナダドル	4.5	4.2	4.3	5.3
香港ドル	2.2	1.8	2.7	2.4
スウェーデンクローナ	2.5	2.2	2.7	2.2
ニュージーランドドル	0.6	1.1	1.9	1.6
韓国ウォン	0.8	1.1	1.2	1.5
シンガポールドル	1.1	0.9	1.2	1.4
ノルウェークローネ	1.5	1.4	2.1	1.3
メキシコペソ	0.8	1.1	1.3	1.3
インドルピー	0.2	0.3	0.7	0.9
ロシアルーブル	0.3	0.6	0.7	0.9
ポーランドズロチ	0.5	0.4	0.8	0.8
トルコリラ	0.0	0.1	0.2	0.7
南アフリカランド	0.9	0.7	0.9	0.7
ブラジルレアル	0.5	0.3	0.4	0.7
デンマーククローネ	1.2	0.9	0.8	0.6
台湾ドル	0.3	0.4	0.4	0.5
ハンガリーフォリント	0.0	0.2	0.3	0.4
中国元	0.0	0.1	0.5	0.3
マレーシアリンギット	0.1	0.1	0.1	0.3
その他の通貨	7.3	7.3	8.8	6.7
合計	200.0	200.0	200.0	200.0

出所：BIS「Triennial Central Bank Survey 2010」
※2つの通貨が各取引に含まれるので合計は200%になる

どのメジャー通貨ペアに比べて、かなり多くの収益機会を得られることはたしかです。しかし、それは同時に、逆方向に行った場合は大きな損失を被る可能性があるということでもあります。

流動性

　こうした値動きの激しさは、マーケットプロファイルの形状でも実際に確認できます。しかも、トレンドがきれいに推移しているのです。

　ユーロ円の短期トレードでは、この特徴を生かせると思います。日々の形状は、値動きの良さが鮮明に出るうえに、ドル円など主要通貨ペアと比較すると、24時間一貫した動きとなるケースが多いからです。トレンドをより鮮明に体現しているといえます。

　これは個人的な考えですが、ユーロ円は主要通貨ペアでない分、市場流動性が低いので、その傾向が強いのでしょう。

　繰り返しになりますが、「流動性」は重要な問題です。

　いくら市場参加者が多くても、突如として市場が干上がる場合があります。もはや流動性が高い低いという次元ではなく、この流動性が"なくなった"状態は、パニック状態そのものといえます。例えば、08年のリーマンショックでは、主要欧米金融市場の要と言われる「短期金融市場」で、この「流動性枯渇」が発生しました。

　短期金融市場とは、日常的に主要金融機関が資金繰りのやりとりをしている市場です。こうした市場には流動性があって当然で、なくなるというのは想定できなかったことです。しかし、実際に突然

第3章　FX マーケットプロファイル分析の実践

外国為替市場の通貨ペア別出来高とシェア推移

	2001年		2004年		2007年		2010年	
	金額	%	金額	%	金額	%	金額	%
USD/EUR	372	30	541	28	892	27	1,101	28
USD/JPY	250	20	328	17	438	13	568	14
USD/Oth	152	12	251	13	498	15	445	11
USD/GBP	129	10	259	13	384	12	360	9
USD/AUD	51	4	107	6	185	6	249	6
USD/CAD	54	4	77	4	126	4	182	5
USD/CHF	59	5	83	4	151	5	168	4
EUR/JPY	36	3	61	3	86	3	111	3
EUR/GBP	27	2	47	2	69	2	109	3
EUR/Oth	17	1	35	2	83	2	102	3
USD/HKD	19	2	19	1	51	2	85	2
EUR/CHF	13	1	30	2	62	2	72	2
USD/KRW	8	1	16	1	25	1	58	1
JPY/Oth	4	0	11	1	43	1	49	1
USD/SEK	6	0	7	0	57	2	45	1
USD/INR	3	0	5	0	17	1	36	1
EUR/SEK	3	0	3	0	24	1	35	1
USD/CNY	.	.	1	0	9	0	31	1
USD/BRL	5	0	3	0	5	0	26	1
USD/ZAR	7	1	6	0	7	0	24	1
JPY/AUD	1	0	3	0	6	0	24	1
EUR/CAD	1	0	2	0	7	0	14	0
EUR/AUD	1	0	4	0	9	0	12	0
JPY/NZD	0	0	0	0	0	0	4	0
Other	23	2	36	2	90	3	72	2
All	1,527	100	1,239	100	1,934	100	3,324	100

出所：BIS「Triennial Central Bank Survey 2010」
※4月の1日当たり平均。金額は10億米ドル単位

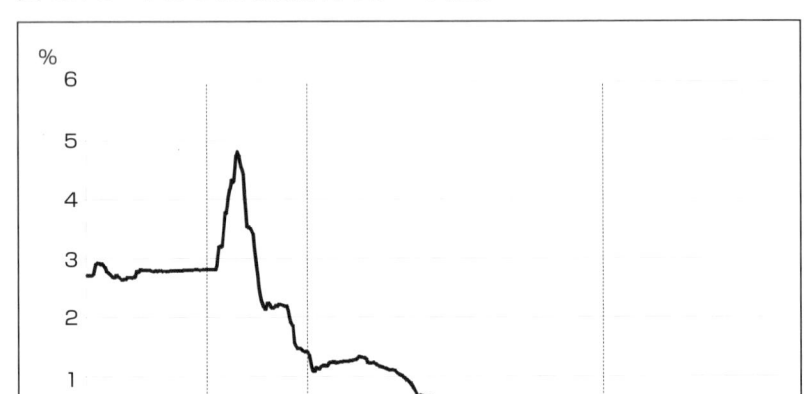

図3.10 ドル3カ月物金利のレート推移

%
6
5
4
3
2
1
0
2008/9 2009/1 2010/1
リーマンショック

流動性がなくなったのです。

「流動性がなくなる」もしくは「なくなりそう」ということを想像してみてください。それはすなわち、自分の利用する金融機関が資金繰りができず、倒産ということにもなるわけです。各金融機関は、そうならないようにそれこそ「死に物狂いで」資金調達をしようとするでしょう。

すると必然的に、限られた市場流動性のなかでの資金調達を余儀なくされます。その場合の金利はどうなるでしょうか。

みんなが欲しがって、限られたなかから調達しなければならない。必然的に、目が飛び出るような高い金利になるわけです。

図3.10はドル3カ月物金利のレート推移を示しています。リー

マンショックのときの金利上昇トレンドの強さは「強烈」としか言いようがありません。欧米主要金融機関が一斉にドルの資金調達に走った結果が、このドル3カ月物金利の急上昇でした。

このように、逆方向にいった場合が怖いので、クロス円をトレードするときには、主要通貨ペアよりも「厳格な」ストップロスポイントの設定が必要になります。

明確なトレンドデーはなくても、着実なレンジ切り上げ（もしくはレンジ切り下げ）が数日続き、その後に揉み合い展開つまりノーマルデー形状展開となると、その後は相場反転を誘う公算が高くなります。その点は、主要通貨ペアと共通する形です。

ユーロ円の事例研究

まず、**図3.11**をご覧ください。2010年1月11日〜15日のユーロ円のマーケットプロファイルです。典型的な形状パターンを示すものとなっています。

12日と14日のマーケットプロファイルを見ると、同じ価格帯、ほぼ同じ形状です。また細かく見てみると、値動きがほぼ同じ方向であると分かります。

同じ価格帯で、また同じ形状なのに、方向性は一緒だった——この意味するところは「上値の重さ」です。

しかも、12日と14日のマーケットプロファイルは、11日の取引レンジ帯を一切上回ることがありませんでした。この2日（間に1日置いていますが）の形状は否応なく、その後の下向きトレンドを示

図3.11 ユーロ円（2010/1/11〜1/15）

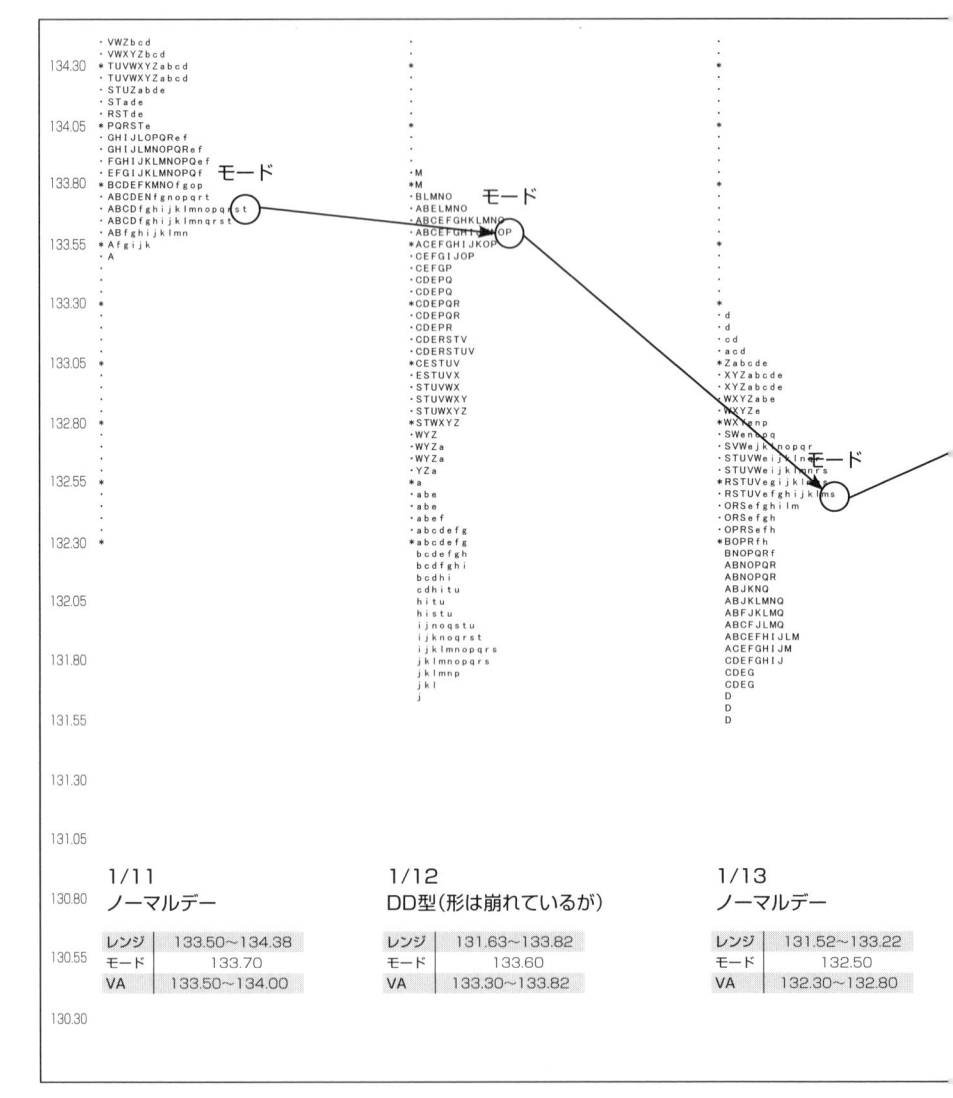

```
         ・VWZbcd                  ・                        ・
         ・VWXYZbcd                ・                        ・
134.30  *TUVWXYZabcd               *                        *
         ・TUVWXYZabcd             ・                        ・
         ・STUZabcd                ・                        ・
         ・STade                   ・                        ・
         ・RSTde                   ・                        ・
134.05  *PQRSTe                    *                        *
         ・GHIJLOPQRef             ・                        ・
         ・GHIJLMNOPQRef           ・                        ・
         ・FGHIJKLMNOPQf           ・                        ・
         ・EFGIJKLMNOPQf      モード ・M              モード      ・
133.80  *BCDEFKMNOfgop             *M                       *
         ・ABCDENfgnopqrt          ・ABELMNO                 ・
         ・ABCDfghijkLmnopqrst    ・ABCEFGHKLMNO             ・
         ・ABCDfghijkLmnqrst       ・ABCEFGHIJKOP            ・
         ・ABfghijklmn             ・ABCEFGHIJKOP            ・
133.55  *Afgijk                    *ACEFGHIJKOP             ・
         ・A                       ・CEFGIJOP                ・
         ・                        ・CEFGP                   ・
         ・                        ・CDEPQ                   ・
         ・                        ・CDEPQ                   ・
133.30  *                          *CDEPQR                  *
         ・                        ・CDEPQR                  ・d
         ・                        ・CDEPR                   ・d
         ・                        ・CDERSTV                 ・cd
         ・                        ・CDERSTUV                ・acd
133.05  *                          *CESTUV                  *Zabcde
         ・                        ・ESTUVX                  ・XYZabcde
         ・                        ・STUVWX                  ・XYZabcde
         ・                        ・STUVWXYZ                ・WXYZabe
         ・                        ・STUWXYZ                 ・WXYZe
132.80  *                          *STWXYZ                  *WXYZenp
         ・                        ・WYZ                     ・SWenpq
         ・                        ・WYZa                    ・SVWejkLnopqr
         ・                        ・WYZa                    ・STUVWejkLmnrs  モード
         ・                        ・YZa                     ・STUVWejkLmnrs
132.55  *                          *a                       *RSTUVegijkLms
         ・                        ・abe                     ・RSTUVefghijkLms
         ・                        ・abe                     ・ORSefghilm
         ・                        ・abef                    ・ORSefgh
         ・                        ・abcdefg                 ・OPRSefh
132.30  *                          *abcdefg                 *BOPRfh
         ・                        ・bcdefgh                 ・BNOPQRf
         ・                        ・bcdfghi                 ・ABNOPQR
         ・                        ・bcdhi                   ・ABNOPQR
         ・                        ・cdhitu                  ・ABJKLMNQ
132.05                             ・hitu                    ・ABJKLMNQ
                                   ・histu                   ・ABFJKLMQ
                                   ・ijnoqstu                ・ABCFJLMQ
                                   ・ijkLmnoqrst             ・ABCEFHIJLM
                                   ・ijkLmnopqrs             ・ACEFGHIJM
131.80                             ・jkLmnopqrs              ・CDEFGHIJ
                                   ・jkLmnp                  ・CDEG
                                   ・jkl                     ・CDEG
                                   ・j                       ・D
                                                             ・D
131.55                                                       ・D

131.30

131.05

         1/11                      1/12                     1/13
130.80   ノーマルデー                DD型（形は崩れているが）      ノーマルデー

         | レンジ | 133.50〜134.38 |   | レンジ | 131.63〜133.82 |   | レンジ | 131.52〜133.22 |
130.55   | モード |    133.70      |   | モード |    133.60      |   | モード |    132.50      |
         | VA   | 133.50〜134.00 |   | VA   | 133.30〜133.82 |   | VA   | 132.30〜132.80 |

130.30
```

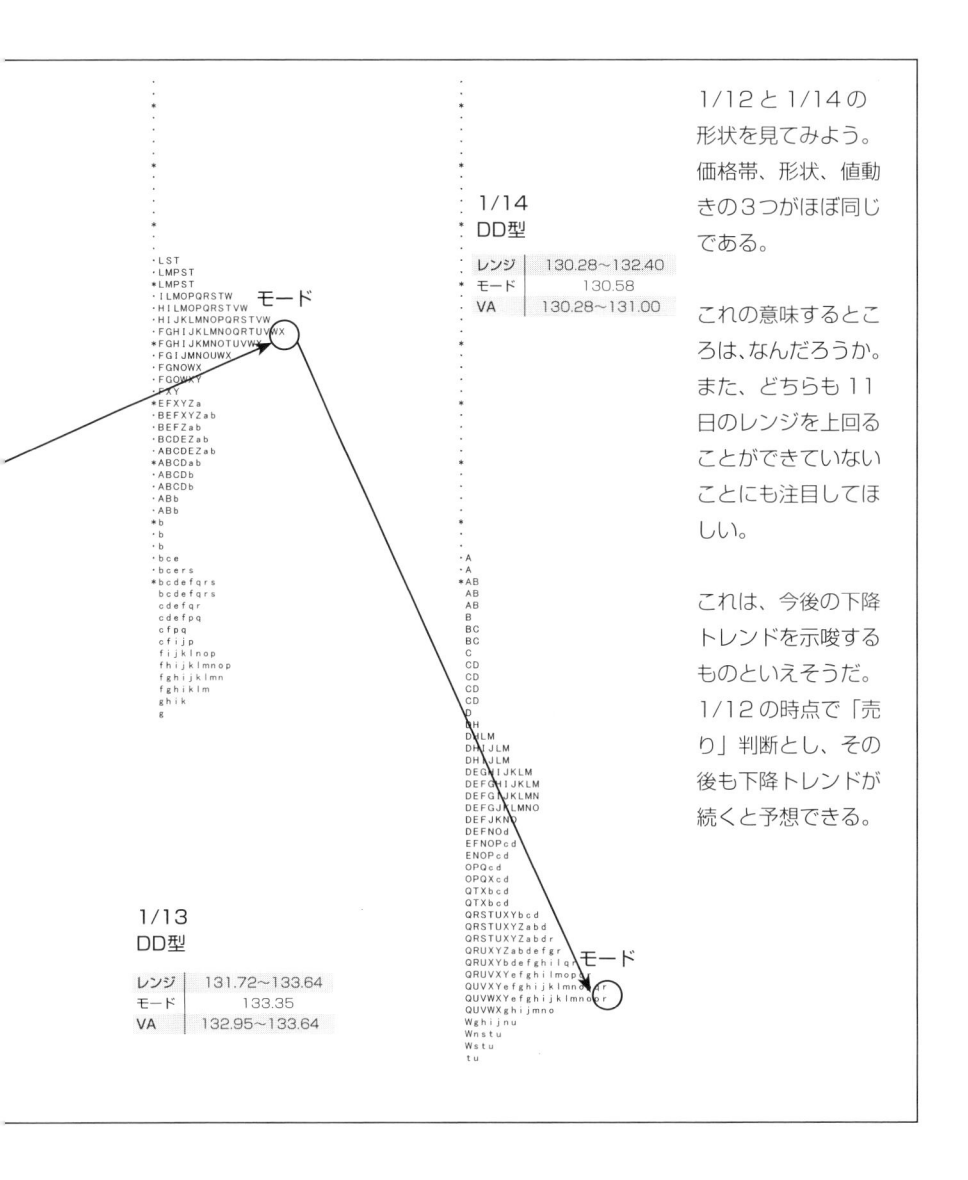

第3章　FXマーケットプロファイル分析の実践

```
         :                              :
         *                              *
         :                              :
         *                              *
         :                              :
         *                              :
         :                              *      1/14
         *                              :      DD型
         ·LST                            *
         LMPST                           :    | レンジ | 130.28～132.40 |
         LMPST                           *    | モード |     130.58    |
         ·ILMOPQRSTW         モード        :    | VA    | 130.28～131.00 |
         ·HILMOPQRSTVW                   *
         HIJKLMNOPQRSTVW                 :
         ·FGHIJKLMNOQRSTUVW              *
         *FGHIJKLMNOTUVWX                :
         ·FGIJMNOUWX                     *
         FGNOWX                          :
         ·FGOOWXY                        *
         *FXY                            :
         *EFXYZa                         *
         ·BEFXYZab                       :
         ·BEFZab                         *
         ·BCDEZab                        :
         ·ABCDEZab                       *
         *ABCDab                         :
         ·ABCDb                          :
         ·ABCDb                          *
         ·ABb                            :
         ·ABb                            :
         *Bb                             *
         ·b                              :
         ·b                              ·A
         ·bce                            ·A
         bcers                           *AB
         *bcdefqrs                       AB
         bcdefqrs                        AB
         cdefqr                          B
         cdefpq                          BC
         cfpq                            BC
         cfijp                           C
         fijklnop                        CD
         fhijklmnop                      CD
         fghijklmn                       CD
         fghiklm                         CD
         ghik                            D
         g                               DHJLM
                                         DHIJLM
                                         DHIJLM
                                         DEGHIJKLM
                                         DEFGHIJKLM
                                         DEFGJIJKLMN
                                         DEFGJIKLMNO
                                         DEFJKNO
                                         DEFNOd
                                         EFNOPcd
                                         ENOPcd
                                         OPQcd
                                         OPQXcd
                                         QTXbcd
                                         QTXbcd
         1/13                            QRSTUXYbcd
         DD型                             QRSTUXYabd
                                         QRSTUXYZabdr
| レンジ | 131.72～133.64 |                  QRUXYZabdefgr       モード
| モード |     133.35    |                  QRUXYbdefghilqr
| VA    | 132.95～133.64 |                  QRUVXYefghijklmnopr
                                         QUVWXYefghijklmnopr
                                         QUVWXghijmno
                                         Wghijnu
                                         Wnstu
                                         Wstu
                                         tu
```

1/12と1/14の形状を見てみよう。価格帯、形状、値動きの3つがほぼ同じである。

これの意味するところは、なんだろうか。また、どちらも11日のレンジを上回ることができていないことにも注目してほしい。

これは、今後の下降トレンドを示唆するものといえそうだ。1/12の時点で「売り」判断とし、その後も下降トレンドが続くと予想できる。

唆するものといえます。事実、15日はそのとおりの展開となりました。

トレンドを読む

ここで述べるセオリーは、ドル円など主要通貨に当てはまるものですが、ユーロ円などクロス円でも十分に使えます。

図3.12は2010年2月8日〜12日のユーロ円のマーケットプロファイルです。

図3.12 ユーロ円（2010/2/8〜2/12）

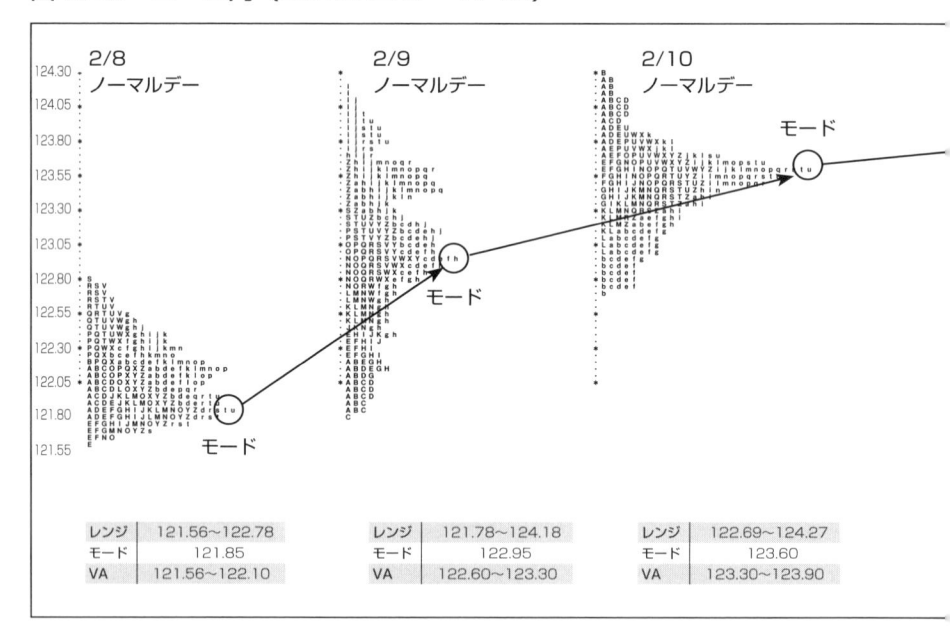

	2/8	2/9	2/10
レンジ	121.56〜122.78	121.78〜124.18	122.69〜124.27
モード	121.85	122.95	123.60
VA	121.56〜122.10	122.60〜123.30	123.30〜123.90

第3章 FXマーケットプロファイル分析の実践

　形状に注目してください。月曜日（8日）から水曜日（10日）まで、モードを上方向に移しながら、ほぼノーマルデー形状で移動しています。

　その後、木曜日（11日）になると、DD型展開を伴う反転下落基調となりました。まさにここが「トレンド転換」の場面であったといえます。

　実は、この応用がその前週で体現されていました。もっと正確にいうと、前々週からの動きです。

　図3.13をご覧ください。2週前の1月25日〜29日のユーロ円の

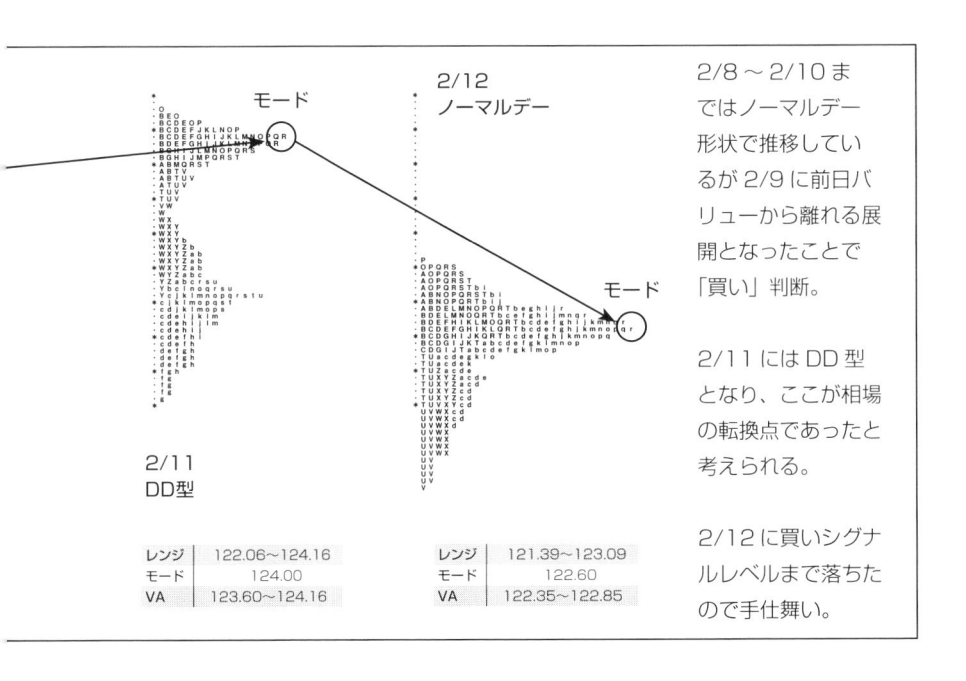

2/8〜2/10まではノーマルデー形状で推移しているが2/9に前日バリューから離れる展開となったことで「買い」判断。

2/11にはDD型となり、ここが相場の転換点であったと考えられる。

2/12に買いシグナルレベルまで落ちたので手仕舞い。

2/11 DD型

レンジ	122.06〜124.16
モード	124.00
VA	123.60〜124.16

2/12 ノーマルデー

レンジ	121.39〜123.09
モード	122.60
VA	122.35〜122.85

169

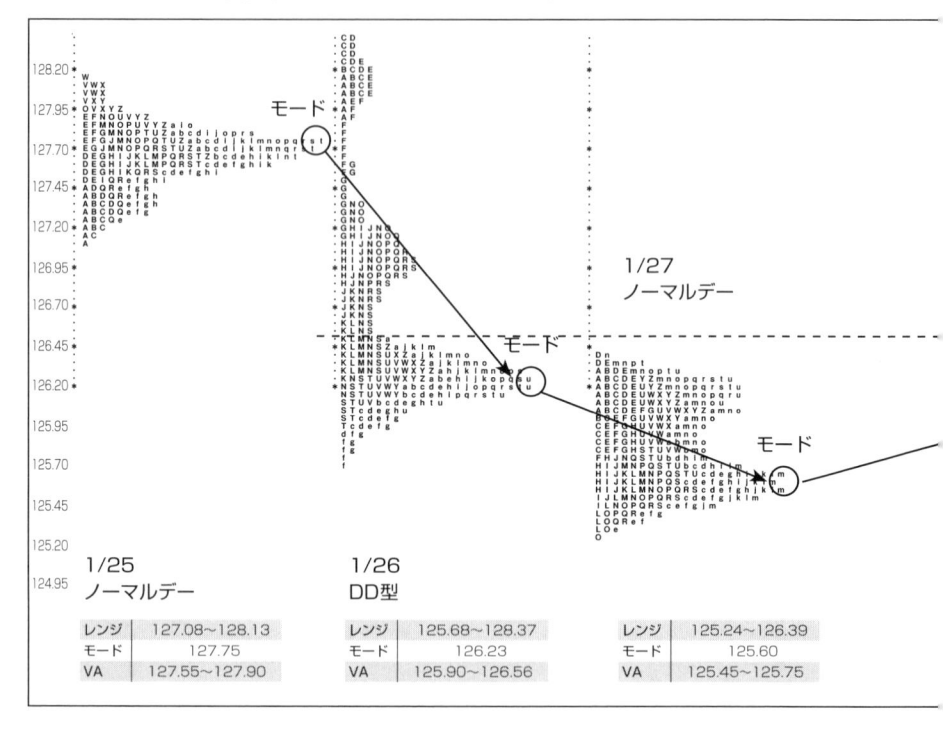

図3.13 ユーロ円（2010/1/25〜1/29）

マーケットプロファイルです。

27日に、前日までの大幅な調整地合いがあったものの、この日は下げ止まりながらもノーマルデー形状でした。ここでいったん相場反発の機会を探ることになりそうに見えます。

そして、それから3日連続で、ほぼレンジを同じくしながらDD型展開となりました。

DD型展開が数日続く場合、トレンドを伴っていることが多々あ

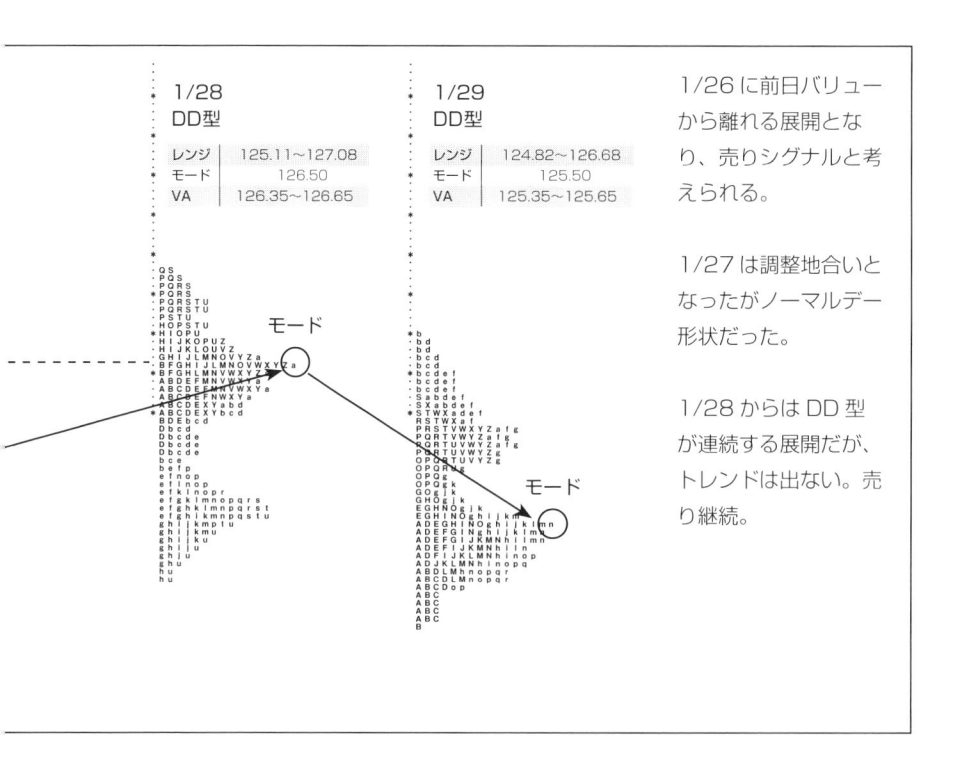

```
                                        1/26に前日バリュー
   1/28           1/29                   から離れる展開とな
   DD型           DD型                   り、売りシグナルと考
   レンジ 125.11~127.08   レンジ 124.82~126.68   えられる。
   モード   126.50        モード   125.50
   VA    126.35~126.65   VA    125.35~125.65
                                        1/27は調整地合いと
                                        なったがノーマルデー
                                        形状だった。

                                        1/28からはDD型
                                        が連続する展開だが、
                                        トレンドは出ない。売
                                        り継続。
```

りまず。しかし、今回はトレンドが出ないなかでDD型が連続することとなりました。

モードを見てください。26日からずっとDD型的な展開が続くなかにあって、モードの位置が下、下、上、下と揉み合っています。ここから相場の戻りの重さを感じられるわけです。

図3.14は翌2月1日～5日のユーロ円のマーケットプロファイルです。

図3.14 ユーロ円（2010/2/1〜2/5）

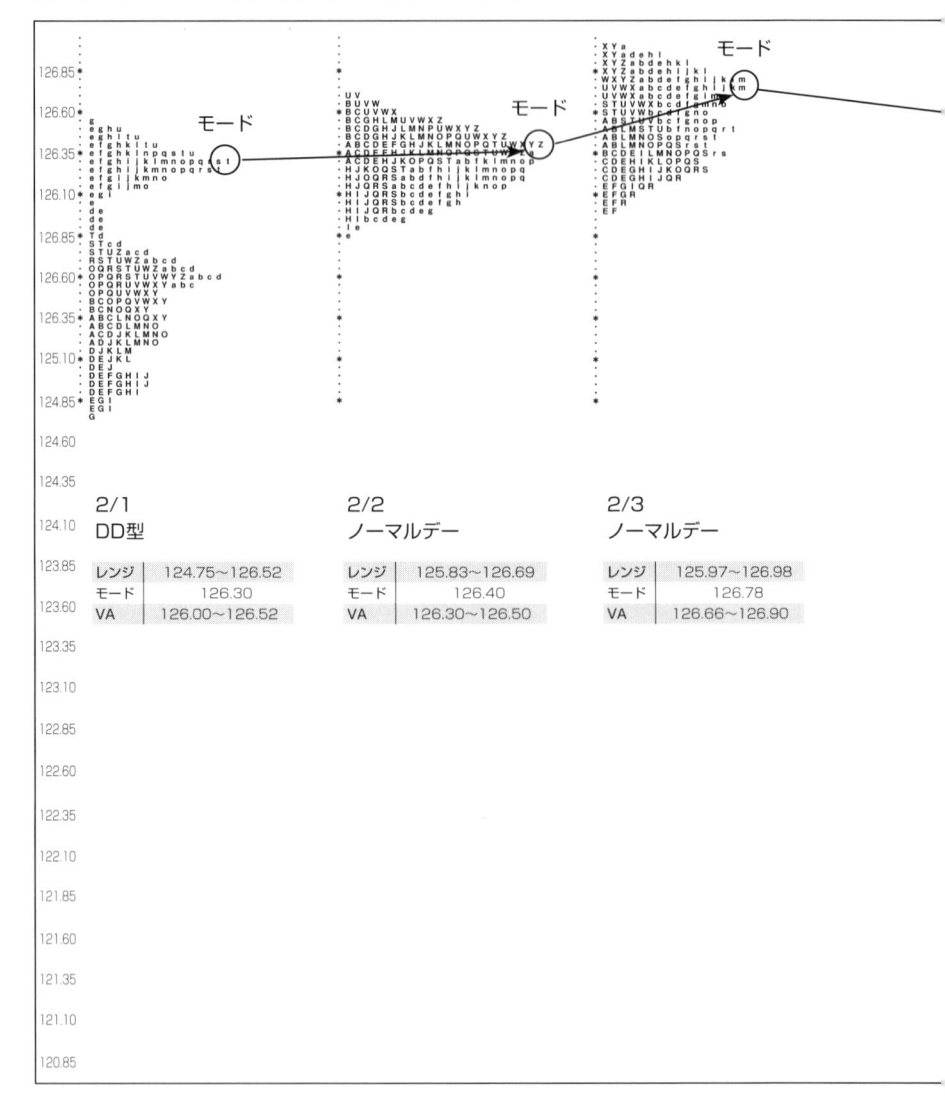

	2/1		2/2		2/3	
	DD型		ノーマルデー		ノーマルデー	
レンジ	124.75〜126.52		125.83〜126.69		125.97〜126.98	
モード	126.30		126.40		126.78	
VA	126.00〜126.52		126.30〜126.50		126.66〜126.90	

第3章　FXマーケットプロファイル分析の実践

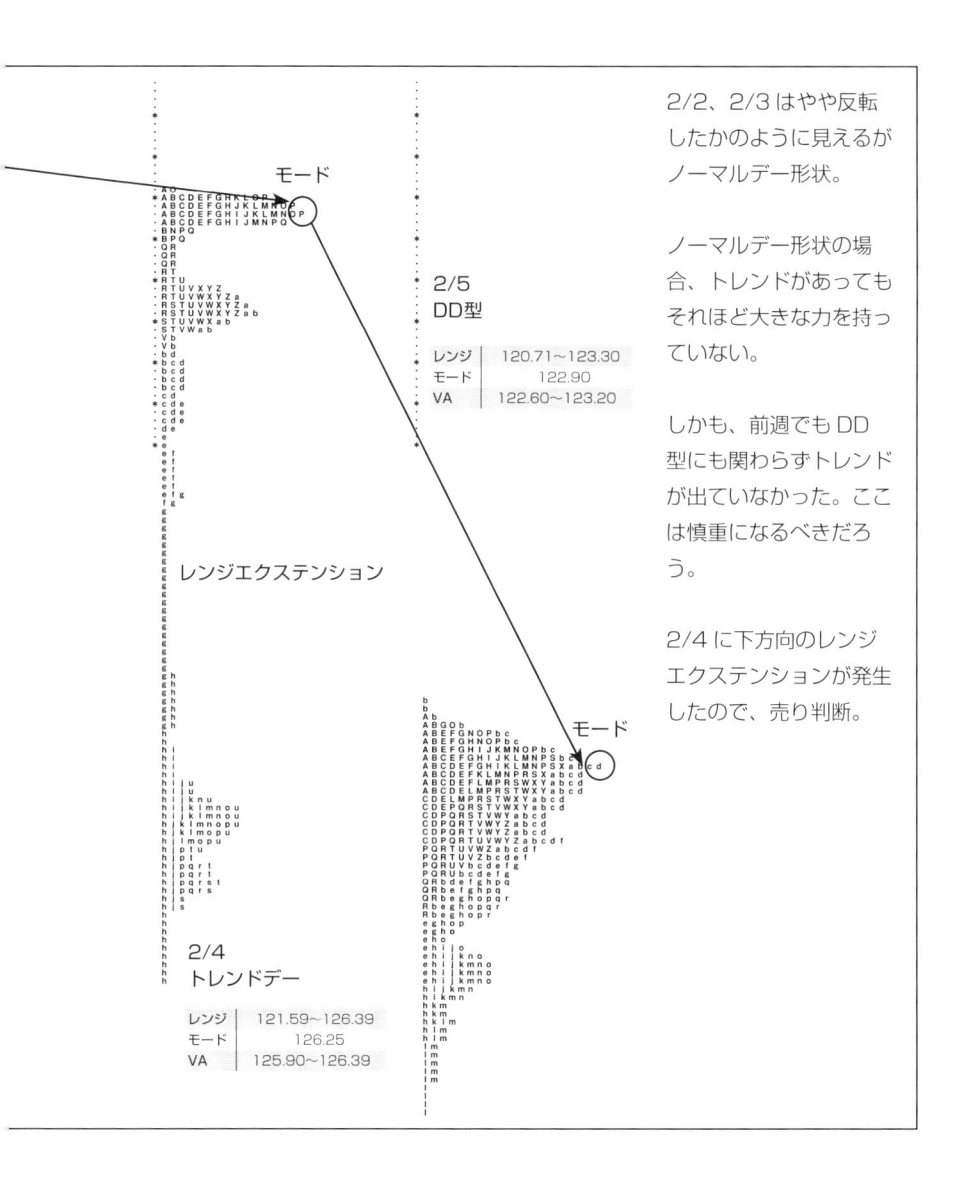

2/2、2/3はやや反転したかのように見えるがノーマルデー形状。

ノーマルデー形状の場合、トレンドがあってもそれほど大きな力を持っていない。

しかも、前週でもDD型にも関わらずトレンドが出ていなかった。ここは慎重になるべきだろう。

2/4に下方向のレンジエクステンションが発生したので、売り判断。

モード

2/5
DD型

レンジ	120.71〜123.30
モード	122.90
VA	122.60〜123.20

レンジエクステンション

モード

2/4
トレンドデー

レンジ	121.59〜126.39
モード	126.25
VA	125.90〜126.39

173

2日、3日と、ノーマルデー形状で多少、相場が反転基調となりました。

トレンドを伴う展開は、ノーマルデー形状での推移よりもDD型での推移のほうが力強いのがセオリーです。ところが、DD型が連続するのにトレンドが出ないということは、相場の頭重さを示唆していると言えます。これは、とりわけクロス円では重要なことですから、よく覚えておいてください。

そして、実際に4日はレンジエクステンションで急落となったわけです。このようなレンジエクステンションは、クロス円の特徴と言えます。ドル円などのメジャー通貨では、これほどの値動きはほとんど見られません。

繰り返しになりますが、レンジエクステンションとは、短時間の間に急速に価格レンジを別のレベルまで移動してしまうことです。

ファンダメンタルズ的な要素もきっかけかもしれませんし、単なるロスカットによるものかもしれません。個々にそれぞれ理由が存在します。

ここで、マーケットプロファイルを駆使する人間としてとらえておくべきことは「そのレンジエクステンションの示唆するものは何か」ということです。

クロス円でレンジエクステンションが発生したとき、その値動きに逆行するようなポジションがあれば、早々にあきらめましょう。

こうした相場急落場面では「みんなロスカットで投げているのだから早々に相場は戻る」と思われるかもしれません。たしかに、それも想定されます。

しかし、超短期で見た場合、その確率はかなり低く、その戻りも仮に時間をかけたとしても限定的です。それは、今回の例からみても明らかでしょう。

このように、それぞれ日々の形状に意味があります。ここでマーケットプロファイル分析の手順を復習しましょう。

①まず、日々の形状をチェック
②そして、モードの推移をチェック
③モードを移動させながら、DD型で推移する場合は、強めなトレンド形成であるとの認識が必要。ノーマルデー型形状タイプでの推移（相場上昇、もしくは下降）は、弱めなトレンドを形成して展開すると考える
④逆にDD型が連続して、その後ノーマルデー形状が出現したら、相場反転のシグナル

もう少し事例研究を進めます。

図3.15は2010年2月22日～26日のユーロ円のマーケットプロファイルです。

この週は典型的な下降トレンドの週だったと言えます。ただし、26日には下げ止まりノーマルデー形状が出現しました。翌週に反転する可能性を視野に入れておかなければなりません。

図3.16は翌3月1日～5日のユーロ円のマーケットプロファイルです。

月曜日（1日）はDD型形状となり、反転の兆しをさらに強く印

図 3.15 ユーロ円（2010/2/22～2/26）

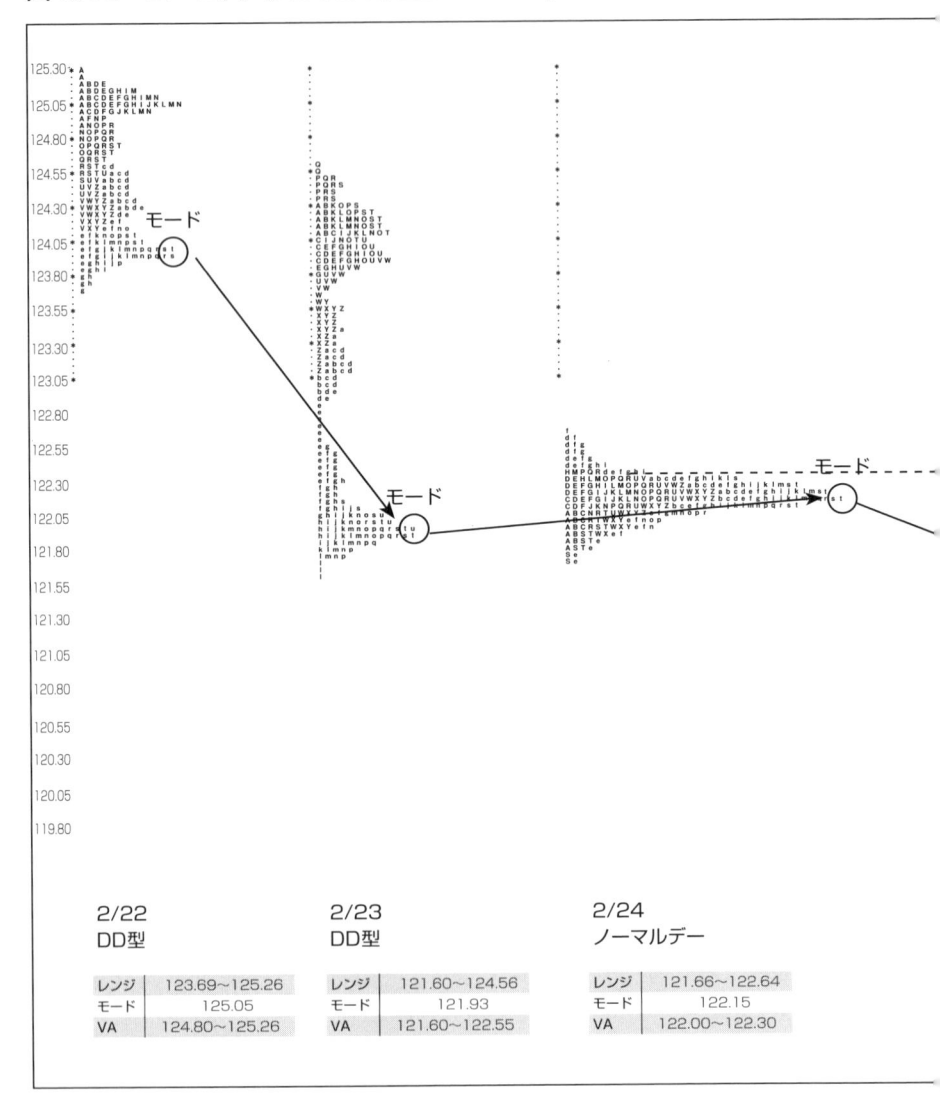

	2/22　DD型	2/23　DD型	2/24　ノーマルデー
レンジ	123.69～125.26	121.60～124.56	121.66～122.64
モード	125.05	121.93	122.15
VA	124.80～125.26	121.60～122.55	122.00～122.30

第3章 FX マーケットプロファイル分析の実践

DD型展開が連続し、下降トレンドの週だった。

2/23に前日バリューエリアから離れる展開となったことで、売り判断。

その後も売り継続。今後は2/24の高い積み上がりを抜けられるかどうかがポイント。

2/25
DD型

レンジ	119.70〜122.31
モード	120.73
VA	120.41〜121.05

2/26
ノーマルデー

レンジ	120.54〜121.68
モード	121.30
VA	121.15〜121.45

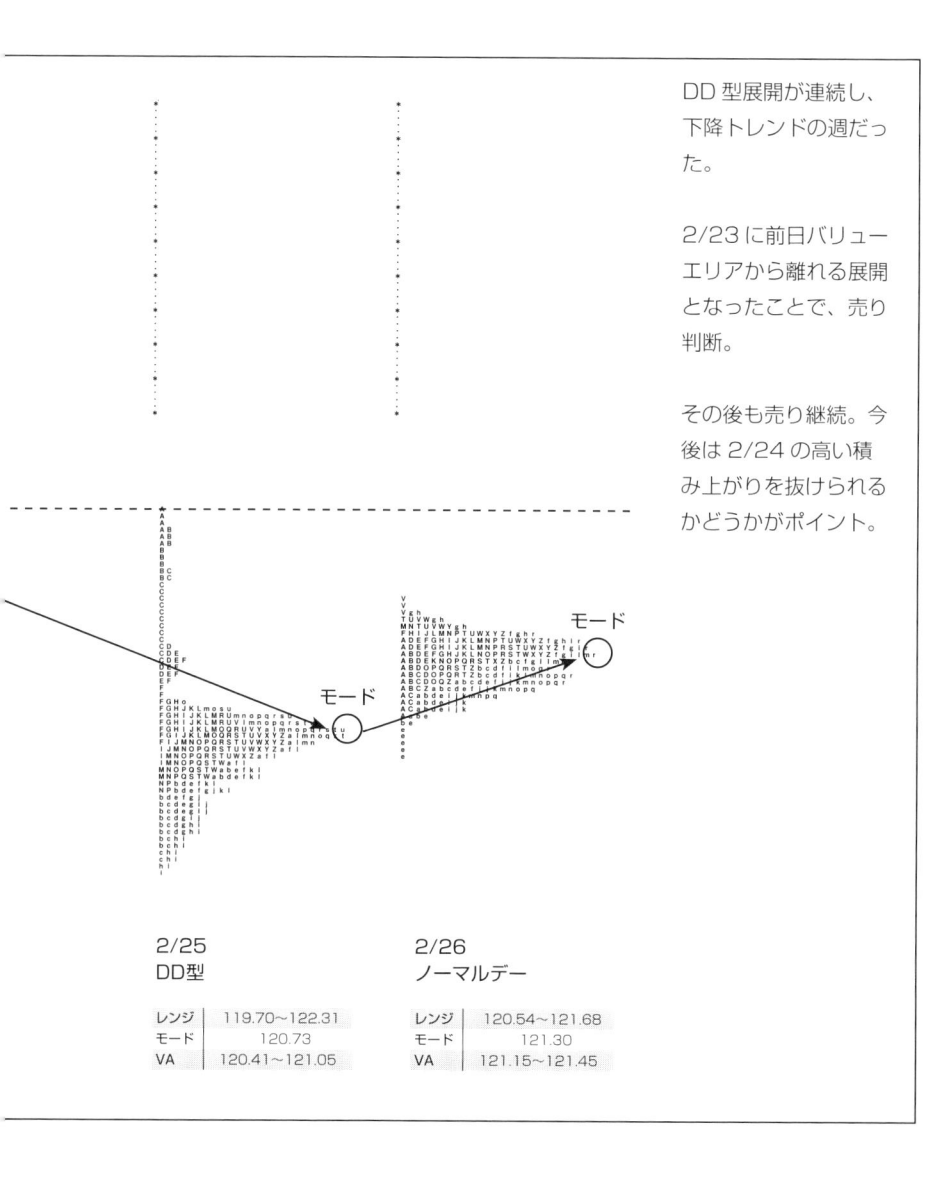

図3.16　ユーロ円（2010/3/1〜3/5）

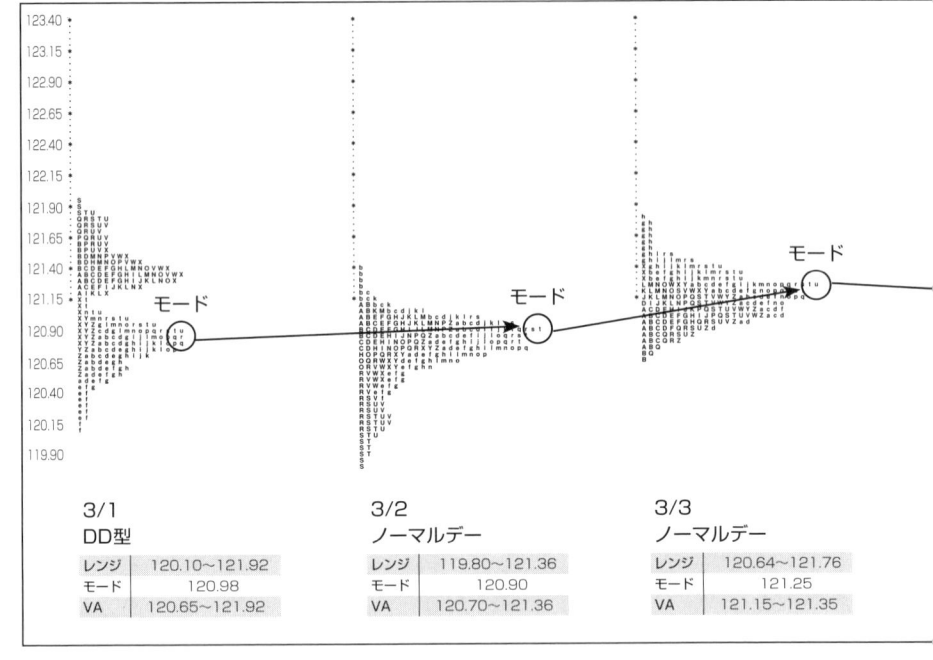

	3/1 DD型		3/2 ノーマルデー		3/3 ノーマルデー
レンジ	120.10〜121.92	レンジ	119.80〜121.36	レンジ	120.64〜121.76
モード	120.98	モード	120.90	モード	121.25
VA	120.65〜121.92	VA	120.70〜121.36	VA	121.15〜121.35

象づけています。これまでの下降トレンド基調に、いったん終止符を打ったようです。

　そして3日連続でノーマルデー形状となりました。ここでのポイントは、モードが着実に切り上がっていたことです。日を重ねるほど、ここから反転の動きが予期されます。

　そして週末の5日に一気にレンジエクステンションを発生させながら相場反転となったわけです。

　この日のマーケットプロファイルは、最終的にDD型となりまし

形状からは読み取りにくいが「モード」が切り上げるそぶりを見せている。

レンジエクステンション
モード

そして3/5に一気に反転した。前日バリューエリアから上方向に離れると同時にレンジエクステンション発生。ここが「買いシグナル」と判断。

モード

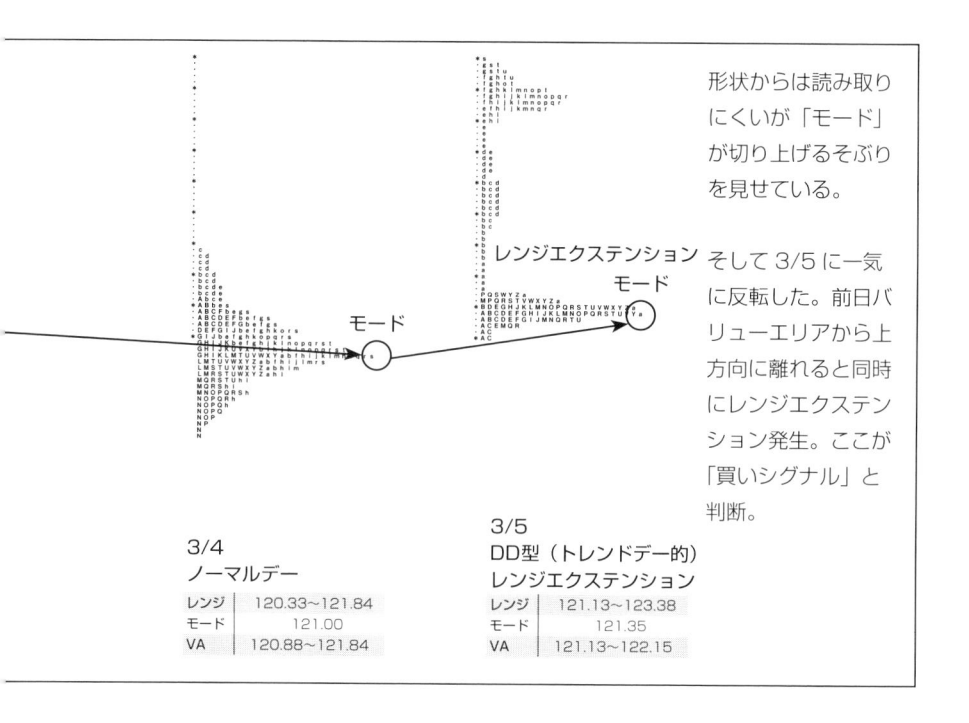

3/4
ノーマルデー

レンジ	120.33〜121.84
モード	121.00
VA	120.88〜121.84

3/5
DD型（トレンドデー的）
レンジエクステンション

レンジ	121.13〜123.38
モード	121.35
VA	121.13〜122.15

た。モードが高値水準へと移行していないので、この上昇が趨勢的なトレンドとなるかは、まだ分かりません。

第4章

応用分析

Market Profile® Analysis for FOREX

4−1　ドルインデックス

ドルインデックスとは、米ドルの総合的な価値を示す指標です。次に挙げる通貨に加重平均をかけて作成された指数がドルインデックスとなります。

ユーロ（EUR）57.6%
円（JPN）13.6%
英ポンド（GBP）11.9%
カナダドル（CAD）9.1%
スウェーデンクローネ（SEK）4.2%
スイスフラン（CHF）3.6%

ただし、この構成比率は2010年9月現在のものであり、変わる公算が高いです。また構成通貨自体が変わる可能性もあります。最も注目されるのは「人民元がどのタイミングで入るか」でしょう。

ドルの尺度

よく耳にする言葉に「円高ドル安（あるいは円安ドル高）」があります。「円が高くなったのだから、ドルは安くなったんだろう」

という声が聞こえてきそうですが、この「円高ドル安」の表現は、ドルが安くなったのか、それとも円が高くなったのかが、ごちゃまぜになっているのです。

通常、日本人は「為替」というと「ドル円」を思い浮かべます。しかし、世界を見渡すと「ドルユーロ」が主流です。欧米人が「ドル安」と言えば「ユーロ高」を意味しています。もっとも、ドルが安くなったのか、ユーロが高くなったのか、ごちゃまぜにしている点では同じですが……。

「そんな細かいこと、たいしたことないでしょ」と思われる方もいるかもしれません。単にドル円の分析だけすればいいのだと思う方もいるでしょう。しかし、ここに"落とし穴"があるのです。

ドル円相場だけを見て、ドルが上がった要因、円が下がった要因を探せば、そのときはたしかに原因が分かった気になるかもしれません。しかし、昨今は「ユーロ」「ドル」「人民元」、それにオマケのように「円」がくっつく状況となりました。ドル円相場だけで語れない場面が増えているのです。

例えば、ドル不信が高まり、ユーロが"次なる基軸通貨"との思惑が働いて、ドルがほかの通貨に対して価値を下げたときがありました。ところが、その間のドル円は、ほとんど凪(なぎ)の状態で、相場水準的に変わらなかったのです。

これは、基軸通貨ドルが弱くなるとともに、円も弱くなったからでした。結果、ドル円相場で見ると凪に近いという状態であったわけです。

この問題を解消するのが、ドルインデックスです。このとき、ド

ルインデックスは下降の一途をたどりました。

　ドルインデックスの値動きを見ていると、ドル円、ユーロドルの動きでは読み取れなかった「ドル自身の動き」が分かるのです。いわば、基軸通貨としてのドルの尺度「ドル指数」といっても過言ではありません。

　たとえ、ドル円だけしか取引しないとしても、ドルインデックスを同時に分析対象としていたほうが、トレードのパフォーマンスは向上するでしょう。つまり、ドルが安くなったから"円高ドル安"なのか、それとも円が高くなったから"円高ドル安"なのか、その判断の一助としてドルインデックスが存在するのです。

　今後、人民元が加わることで、より一層ドルインデックスの重要性は高まっていくことになるのでしょう。

ドルインデックスとドル円の相関性

　図4.1は、ドルインデックスとドル円の「相関性」を示したグラフです。

　相関性が高くなるほど——相関性の指標である「相関係数」が1.0に近いほど、ドル円とドルインデックスは、ほぼ似たような動きをしていることを意味します。相関係数が1.0であれば、完全に一致して動くということです。

　言い換えれば、相関性が低くなるほど、ドル円とドルインデックスは違う動きをしていることを意味します。相関係数が0であれば、まったく異なる動き（非相関）であり、相関係数が－1.0であ

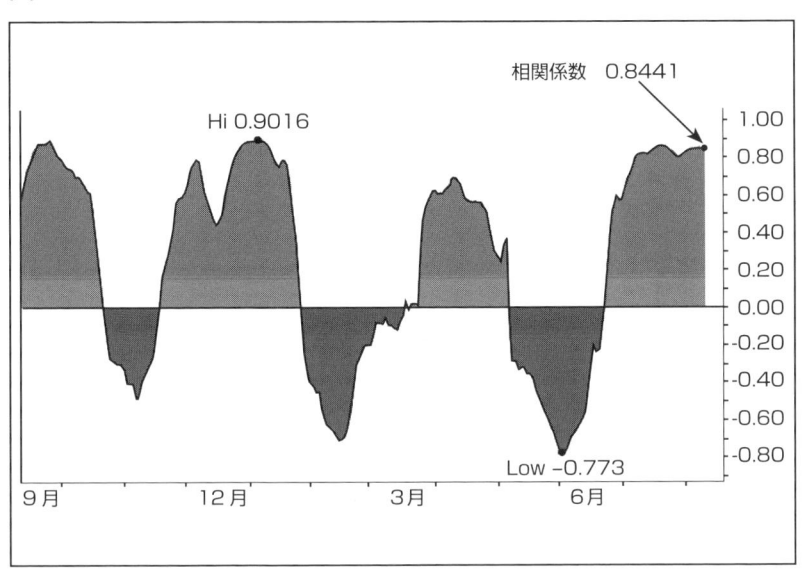

図4.1　ドルインデックスとドル円の相関性

れば、完全に逆に動く（逆相関）ということです。

　このグラフで一目瞭然のように、ドル円とドルインデックスの相関性が周期性をもって変異しています。2009年11月中旬から急激に相関性が高くなり、ピーク時に相関係数は0.90まで高くなりました。相関性がプラスの場面は翌年1月下旬まで続き、その後いったん逆相関となる場面もありました。

　その後、1サイクルを経て、2010年6月21日を大底に、相関性を急速に高めています。なぜ、ドル円とドルインデックスの間に、このような相関性の乱れがあるのでしょうか。

　その原因は、ドルというよりも「円がドルに影響を受けているの

か、それともユーロに影響を受けているのか」に尽きます。

　つまり、ドル円相場を見るときには常に「今はドルに影響を受けての円高なのか、それともユーロに影響を受けての円高なのか、主体はどちらなのか」を意識する必要があり、それが相関係数に表れるわけです。

　ドル円に限らず、為替相場を見るときには、常にドルインデックスを見て、そのトレンドを確認して、それから個々の通貨ペア（ドル円とかユーロ円とか）を見るクセをつけるとよいでしょう。

ドルインデックスの特徴

　ドルインデックスは、文字どおり「インデックス＝指数」です。
　このインデックスは、ユーロや円といった個別レートほど劇的に動くものではありません。逆にいうと、劇的ではない分、得てして趨勢的に動きます。
　ドルインデックスが趨勢的に強含んで展開すれば「ドル主体のドル高傾向」です。その逆は当然「ドル主体のドル安傾向」にあるといえます。ドルインデックスを通じてドルの趨勢を知ることになるのです。
　ただし、ドルインデックスの構成比率でユーロの占める割合が大きいことから、ユーロにつられやすいのは事実です。
　ドルインデックスの下落は、対ユーロの影響力としてドルが弱くなるということで、ユーロ高に近い意味です。そしてドルインデックスの上昇はドルが対ユーロで上昇、つまりユーロ安という意味に

近くなります。これを円も含めて考えてみましょう。

　通貨市場で「円高ユーロ安」となった場合のドルインデックスを見ると「ドルインデックスが上昇しているのに、ドル対円で円高ドル安になる」という場合があります。こうした現象の遠因が、ユーロなのです。つまり、対ドルでは、ユーロが安くなって、ドルインデックスは自動的に上昇傾向となります。

　しかし、ドル円では、ユーロ同様に円が上昇するわけです。なぜか、対ユーロで円が高くなるからです。

　このドルインデックスの上昇と、ドルの下落（対円）は一見すると二律背反のように見えますが、ユーロが下落したことで、円高（対ユーロで）となって、それがひいてはドル円にも影響を及ぼすのです。

　そのため、ドルインデックスが緩やかな下落を続ける場面では、いくらドル円の水準がチャート的に良くても、注意が必要です。

　ドルインデックスのみをマーケットプロファイル分析すると、非常に散漫な動きが多いため、ノーマルデー形状の発生頻度が高くなります。これはインデックスの特徴ともいえるでしょう。

　ただ、このノーマルデーの日々の推移を見るだけでも、実は意味のある分析となります。

マーケットプロファイルの比較

　図4.2は2009年11月30日〜12月4日のドルインデックスのマーケットプロファイルです。そして**図4.3**は同時期のドル円のマー

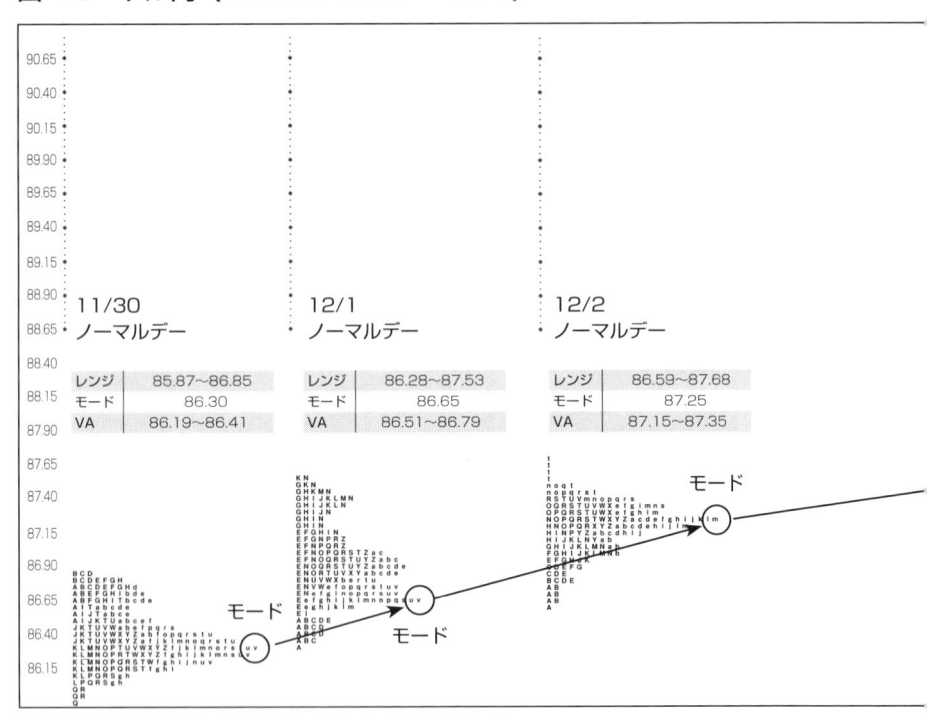

図 4.2　ドルインデックス（2009/11/30 〜 12/4）

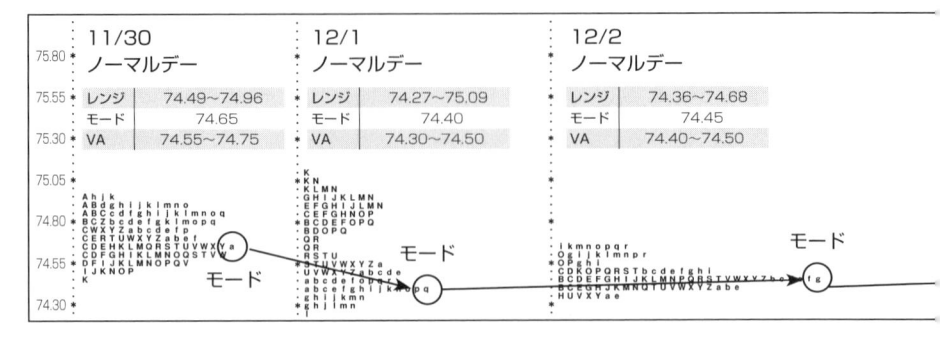

	11/30 ノーマルデー		12/1 ノーマルデー		12/2 ノーマルデー	
	レンジ	74.49〜74.96	レンジ	74.27〜75.09	レンジ	74.36〜74.68
	モード	74.65	モード	74.40	モード	74.45
	VA	74.55〜74.75	VA	74.30〜74.50	VA	74.40〜74.50

図 4.3　ドル円（2009/11/30 〜 12/4）

	11/30 ノーマルデー		12/1 ノーマルデー		12/2 ノーマルデー	
	レンジ	85.87〜86.85	レンジ	86.28〜87.53	レンジ	86.59〜87.68
	モード	86.30	モード	86.65	モード	87.25
	VA	86.19〜86.41	VA	86.51〜86.79	VA	87.15〜87.35

第4章　応用分析

```
                       : n s
                       * n o s
  12/3                 : l n o s          12/4
  ノーマルデー           * l n o p q r s    DD型（トレンドデー的）
                       : l k
                       : h i j k
* レンジ   74.33～74.83  * g h i | k       レンジ   74.60～75.94
  モード      74.50     : f g              モード      74.75
* VA     74.45～74.55  * b c e f          VA           NA
                       : b c d e
                       : b c d
                       * b d                            モード
                       : b                ┌─────┐
                       : b                │     │
                       * C L b            │     │
  : r                  * r                │     │
  : c d e f q r        * B C D E F G H J K L M N b
  : c d e f i j k p q  * B C D E F G H J K L M N O T U W b
  : b c d f h i j k l m n o p * E N O Q R S T U V W X Y a
* B C D E G K M b c g h      * P Q R S T U V W X Y Z a b
  : G H J L N O R S T V X Y Z a
  : N O Q R S T U V W X Z a
  : O P Q R U W X
* P                    *
```

11/30 から 12/4 まで、ほとんどずっと揉み合い状態が続いている。12/4 はトレンドデー的な DD タイプではあるが、モードの切り上げもなし。

```
                       : n
                       * n o
                       : n o
                       : n o r
                       : m n o p r
                       : m n o p q r t
                       * l m q r t u v
                       : l s t
                       : l s t
                       : l s
                       : j k l
                       : g h i k l
                       : f g h i
                       : c e f g h i
                       : c e f
                       : b c d e
                       : b c d
                       : b c d
                       : b c
                       : b                                モード
                       : b                ┌─────┐
                       : b                │     │
  : c d                : b                │     │
  : c d t u            * b                │     │
  : b c e r s t u v    : X Y Z a
  : b c e j l n r s t u v  : D V X Y Z a
  : a b c e f g h i j k l m n o p q r s v  * A D Q U V W X Y Z a
  : a b c e f g h i j k l m n o p q r s t  : A D F G O U V W
  : a b e f g h i                          * A C D E F H I J K L M N O U W
                       モード              * A B C I J K L O P Q R S
  : a                                      * A B I J P Q R S
  : y a
* G H M O V Y Z a
  : D E F G H I L M N O P R S T U V W X Y Z a
  : B D E I J K L N O P R S T
  : A B I J K L N O P Q R T
  : A B Q
* B

  12/3                 12/4
  DD型                 DD型（トレンドデー的）

  レンジ   87.59～88.48   レンジ   88.00～90.77
  モード      87.90       モード      88.20
  VA     87.78～88.02   VA     87.71～88.69
```

上昇トレンドを形成している。

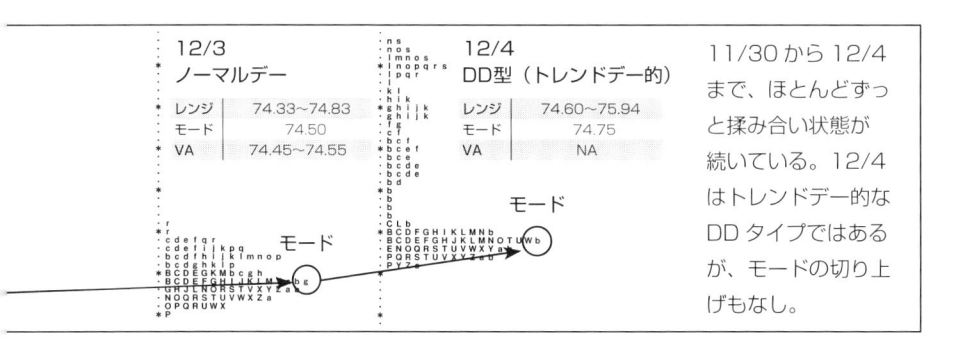

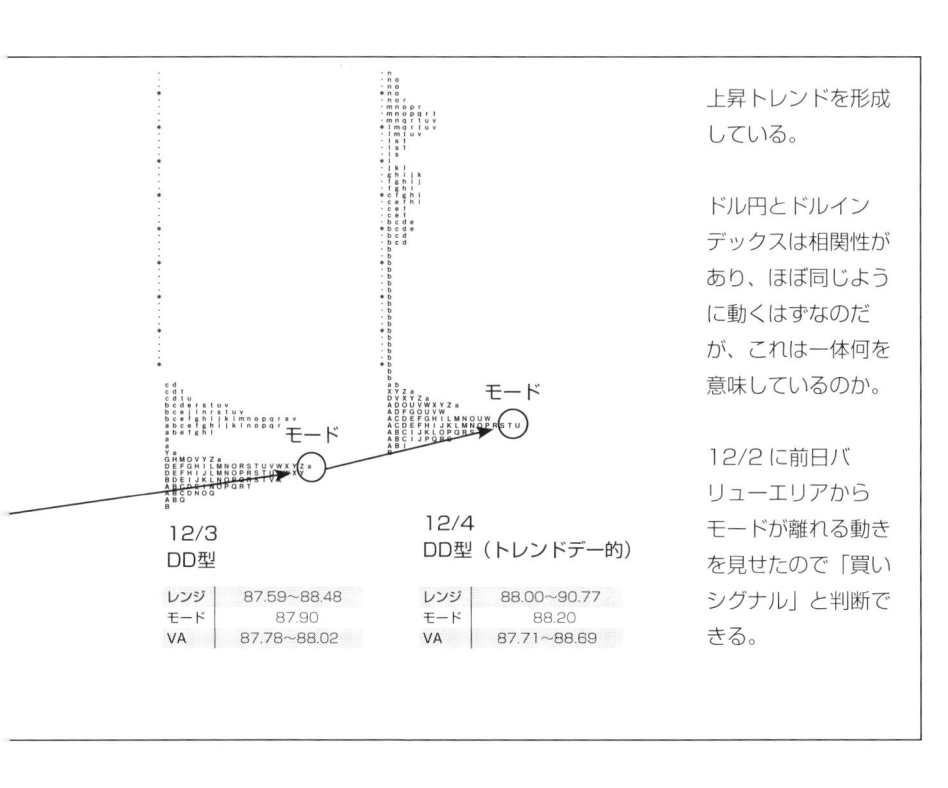

ドル円とドルインデックスは相関性があり、ほぼ同じように動くはずなのだが、これは一体何を意味しているのか。

12/2 に前日バリューエリアからモードが離れる動きを見せたので「買いシグナル」と判断できる。

189

図 4.4　ドルインデックス（2009/12/7 〜 12/11）

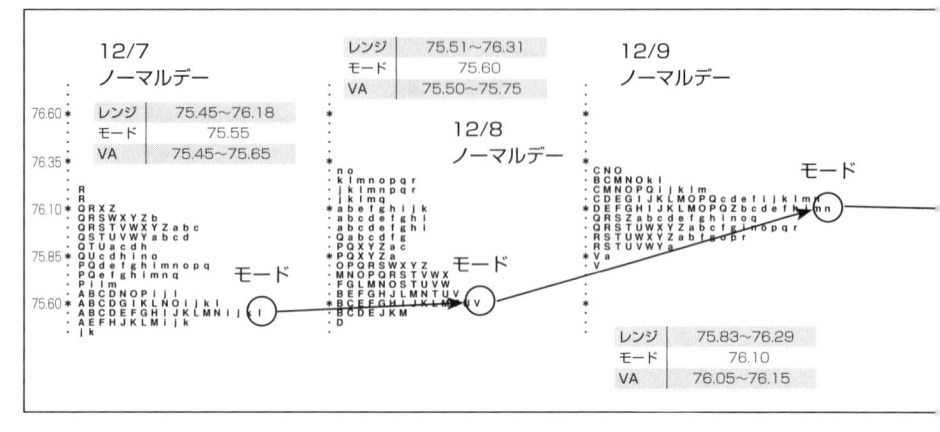

図 4.5　ドル円（2009/12/7 〜 12/11）

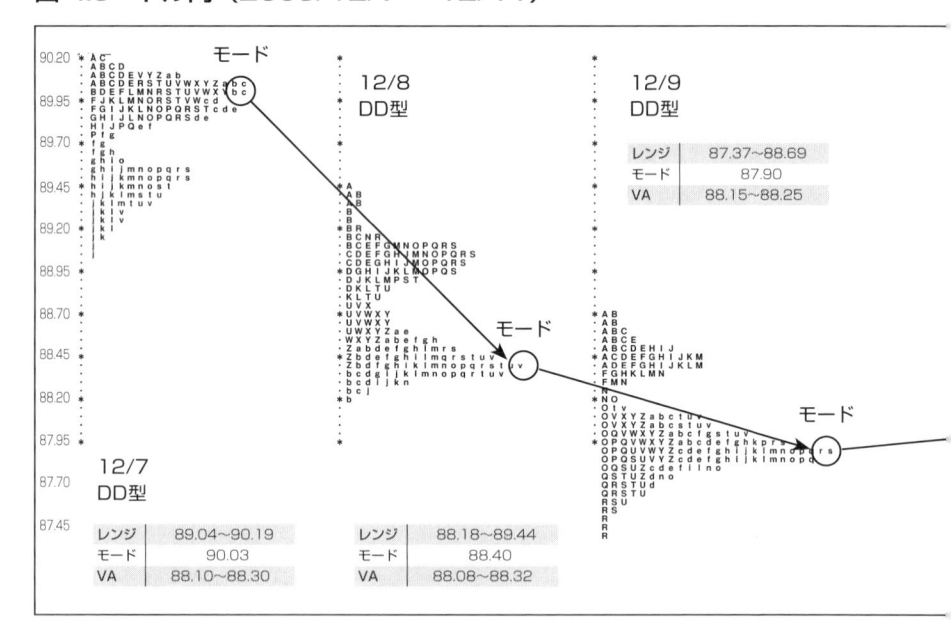

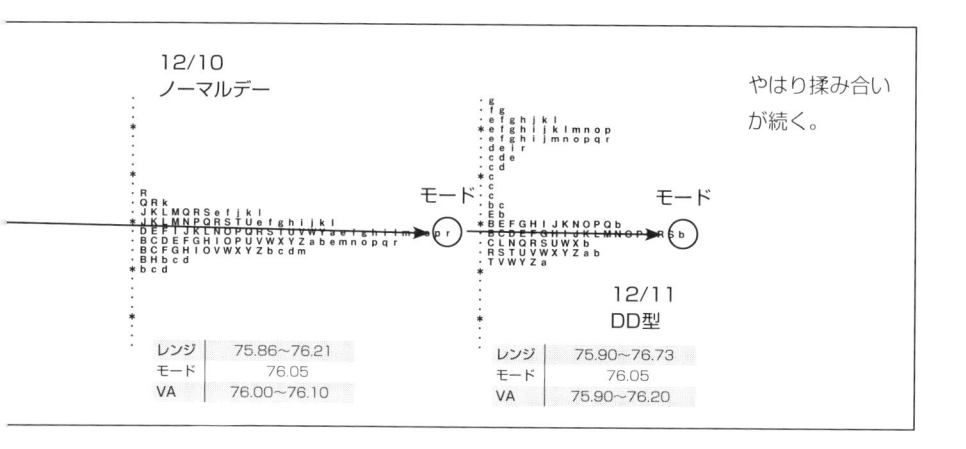

12/10 ノーマルデー

```
.                                       . g
.                                       . f g
*                                       . e f g
.                                       * e f g h i j k l m n o p
.                                       . e f g h i j m n o p q r
.                                       . d e i r
.                                       . c d e
.                                       . c d
*                                       * c
.                                       . c
. R                              モード  . c           モード
. Q R k                          ╱⎯⎯⎯⎯⎯⎯. E b       ╱⎯⎯⎯⎯
. J K L M Q R S e f j k l      ( p r )  * B E F G H I J K N O P Q b ( b )
* J K L M N P Q R S T U e f g h i j k l  ⎯⎯⎯⎯⎯⎯⎯⎯⎯⎯⎯⎯⎯⎯⎯⎯⎯⎯⎯⎯⎯ ⎯⎯
. D C F I J K L N O P Q R S T U V W X Y a e f g h i j    . B C D E F G H I J K L M N O P
. B C D E F G H I O P U V W X Y Z a b e m n o p q r       . C L N Q R S U W X b
. B C F G H I O V W X Y Z b c d m                        . R S T U V W X Y Z a b
. B H I J                                                . T V W Y Z a
* b c d                                                  *
                                                         .
                                                         .    12/11
                                                         .    DD型
```

レンジ	75.86～76.21
モード	76.05
VA	76.00～76.10

レンジ	75.90～76.73
モード	76.05
VA	75.90～76.20

やはり揉み合いが続く。

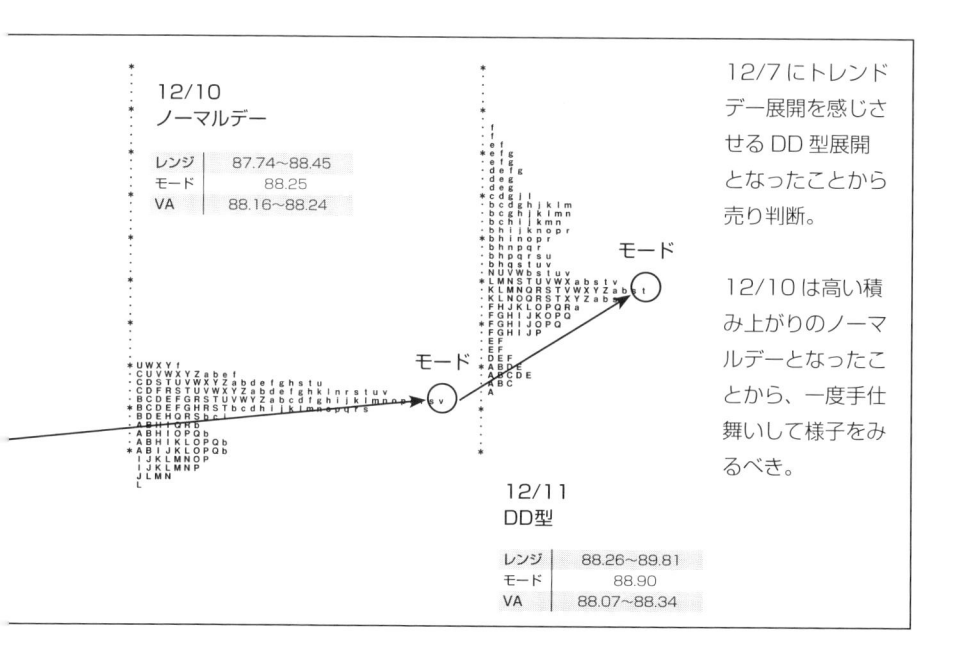

12/10 ノーマルデー

レンジ	87.74～88.45
モード	88.25
VA	88.16～88.24

12/11 DD型

レンジ	88.26～89.81
モード	88.90
VA	88.07～88.34

12/7にトレンドデー展開を感じさせるDD型展開となったことから売り判断。

12/10は高い積み上がりのノーマルデーとなったことから、一度手仕舞いして様子をみるべき。

ケットプロファイルです。それぞれの形状を比べてみると、興味深いことが浮かび上がってきます。

ドル円（**図4.3**）を見ると、11月30日、12月1日、2日、3日と着実にモードを切り上げているのが分かります。ノーマルデーとDD型でモードを上げていく典型的な上昇トレンドです。

ところが、その間のドルインデックス（**図4.2**）は、ほとんどレンジ帯での揉み合いとなりました。

そして4日、ドル円が大幅上昇したとき、ドルインデックスも初めて変化したのです。これは、3日までは円主体でドルが上昇したのに対して、4日はドル主体の上昇（円以外の他の通貨で）で見られたということです。

翌週の形状推移を見てみましょう。

図4.4と**図4.5**は、それぞれ翌12月7日～11日のドルインデックスとドル円のマーケットプロファイルです。

ドルインデックスは、大きく崩れることはなく、揉み合いながら気持ちしっかりの展開となっています。一方、ドル円は途中までDD型展開を伴い、調整色を出す展開だったものの、11日にドルインデックスのさらなる上昇を受け、ドル円も反転上昇する展開となったのです。

ここから12月7日～10日のドル円相場は、ドルではなく、円が主導したものであったということ、そしてその修正が11日に発生したことが浮かび上がってきます。このとき、ドル主体の上昇（ドルインデックス上昇）が円安を誘発したわけです。

ドルインデックスとの対比による短期売買

図4.6は2009年12月3日と4日のドルインデックスとドル円のマーケットプロファイルを対比したものです。上段がドルインデックス、下段がドル円となっています。

両日の形状は、幅は別としても、まさに表裏一体の様相であったことが読み取れます。12月4日のドル円は、まさにトレンドデー展開の様相そのものであったといえるでしょう。

このときレンジエクステンションが発生した時間帯と文字に注目してください。

ドル円のマーケットプロファイルは「a」時間帯というよりも、むしろ「b」時間帯でレンジエクステンションが発生しています。一方、ドルインデックスのレンジエクステンションは明らかに「a」時間帯に発生しているのです。同じ24時間で区切っての「文字=時間帯」ですから「ドルインデックス先行でレンジエクステンションが発生した」といえます。

つまり、ドルインデックスのマーケットプロファイルの細かい展開を監視していれば、ドル円のその後のレンジエクステンションを予想できたかもしれないのです。

繰り返しになりますが、このような劇的なトレンドデー展開では躊躇なく、そのトレンドに沿う形でポジションを積んで行きます。そして、そのトレンドにかげりが見えたら、即刻利食いをし、ドテンの可能性を伺うのです。これこそレンジエクステンションでの短期トレードの醍醐味といえるでしょう。

図4.6　ドルインデックス / ドル円（2009/12/3 〜 12/4）

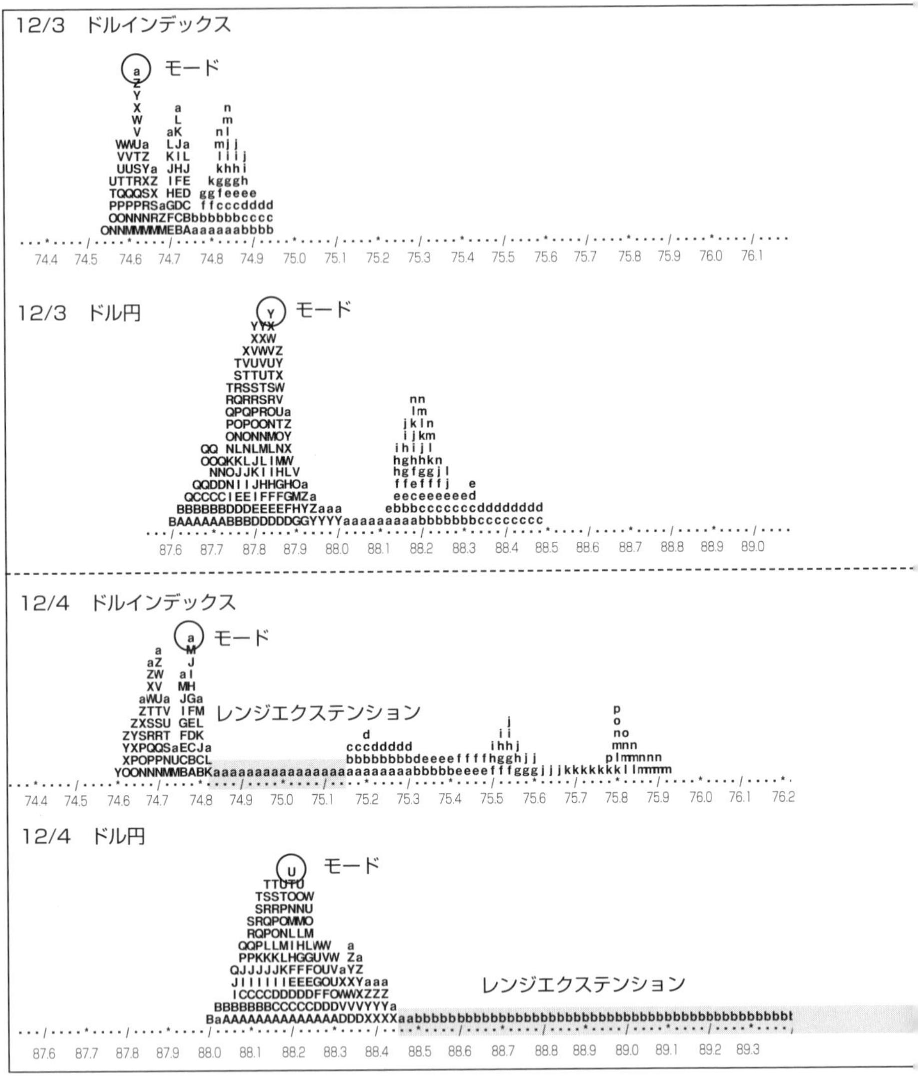

12/3　ドルインデックス

```
            (a) モード
          Y
          X         a         n
          W         L         m
          V        aK         n l
        WWUa      LJa        mjj
        VVTZ      KIL        l l i j
        UUSYa     JHJ        khhi
        UTTRXZ    IFE        kgggh
        TQQQSX    HED        ggfeeee
        PPPPRSaGDC           ffcccdddd
        OONNNRZFCBbbbbbcccc
        ONNMMMMEBAaaaaaabbbb
..........|....*....|....*....|....*....|....*....|....*....|....*....|....*....|....*....|....*....|....*....|....*....|....*....|....*....|....*....|....*....|....*....|
  74.4  74.5  74.6  74.7  74.8  74.9  75.0  75.1  75.2  75.3  75.4  75.5  75.6  75.7  75.8  75.9  76.0  76.1
```

12/3　ドル円

```
                     (Y) モード
              YYX
              XXW
              XVWZ
              TVUVUY
              STTUTX
              TRSSTSW
              RQRRSRV
              QPQPROUa                nn
              POPOONTZ                lm
              ONONNMOY                jkln
           QQ NLNLMLNX                i jkm
              OOQKKLJLIMW             ihijl
              NNOJKIIHLV              hghhkn
              QQDDNIIJHHGHOa          hgfggjl
              QCCCCIEEIFFFGMZa        ffeffffj  e
              BBBBBDDDEEEEFHYZaaa     eeceeeeeed
      BAAAAAABBBDDDDGGYYYaaaaaaaabbbbbbccccccc
..........|....*....|....*....|....*....|....*....|....*....|....*....|....*....|....*....|....*....|....*....|....*....|....*....|....*....|....*....|
  87.6  87.7  87.8  87.9  88.0  88.1  88.2  88.3  88.4  88.5  88.6  88.7  88.8  88.9  89.0
```

12/4　ドルインデックス

```
            (a) モード
          a        M
         aZ        J
         ZW        al
         XV        MH
        aWUa       JGa
        ZTTV      IFM   レンジエクステンション
        ZXSSU     GEL                                                                    p
        ZYSRRT    FDK                     d            j                                 no
        YXPQQSaECJa            cccddddd         ii                                       mnn
        XPOPPNUCBCL            bbbbbbbbdeeeefffhhghjj                 plmnnnn
        YOONNNMMBABKaaaaaaaaaaaaaaaaaaaaaabbbbeeeefffggg j j jkkkkkkk l lmmmm
..........|....*....|....*....|....*....|....*....|....*....|....*....|....*....|....*....|....*....|....*....|....*....|....*....|....*....|....*....|....*....|....*....|
  74.4  74.5  74.6  74.7  74.8  74.9  75.0  75.1  75.2  75.3  75.4  75.5  75.6  75.7  75.8  75.9  76.0  76.1  76.2
```

12/4　ドル円

```
                 (u) モード
              TTUTO
              TSSTOOW
              SRRPNNU
              SRQPOMMO
              RQPONLLM
              QQPLLMIHLWW    a
              PPKKKLHGGUVW  Za
              QJIIIIIEEEGOUXXYaaa
              ICCCCDDDDDFFOWWXZZZ               レンジエクステンション
              BBBBBBCCCCCDDDVVVYYYa
              BaAAAAAAAAAAAAADDDXXXXaabbbbbbbbbbbbbbbbbbbbbbbbbbbbbbbbbbbbbbb
..........|....*....|....*....|....*....|....*....|....*....|....*....|....*....|....*....|....*....|....*....|....*....|....*....|....*....|....*....|....*....|....*....|
  87.6  87.7  87.8  87.9  88.0  88.1  88.2  88.3  88.4  88.5  88.6  88.7  88.8  88.9  89.0  89.1  89.2  89.3
```

```
*..../....*..../....*..../....
76.2   76.3   76.4   76.5   76.6   76.7
```

```
*..../....*..../....*..../....
89.1   89.2   89.3   89.4   89.5   89.6
```

```
..../....*..../....*..../....
 76.3   76.4   76.5   76.6   76.7
```

```
                          i i       k
              eee       ihhiiii jj
          ddddddde    fffffhgghhhhiii  ll
         cccccccdeeeeeeefffggggghhhkkk      mmm
        bbbbbbbbbbbbccccccccccccffffggjjjllllllllllllllmmmmmmmm
..../....*..../....*..../....*..../....*..../....*..../....*..../..
89.4   89.5   89.6   89.7   89.8   89.9   90.0   90.1   90.2   90.3   90.4   90.5   90.6
```

為替介入時のドルインデックス対比

次に、2010年9月の為替介入時のドルインデックスとドル円のマーケットプロファイルを比較してみましょう。

図4.7は9月6日～10日のドルインデックスのマーケットプロファイルです。小動きながらも堅調さを感じさせるものとなってい

図4.7　ドルインデックス（2010/9/6～9/10）

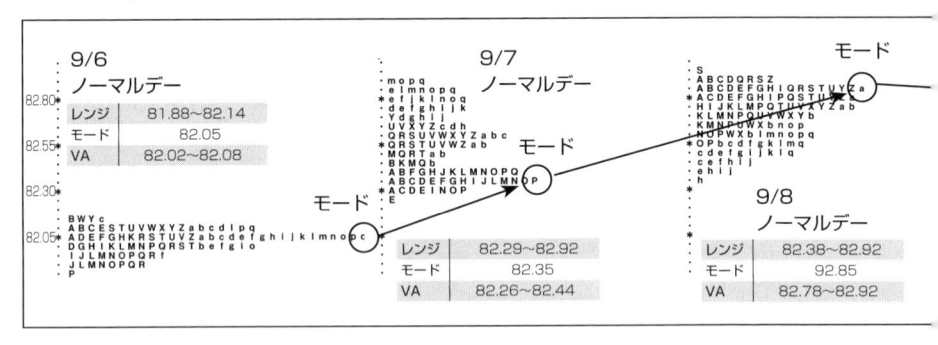

図4.8　ドル円（2010/9/6～9/10）

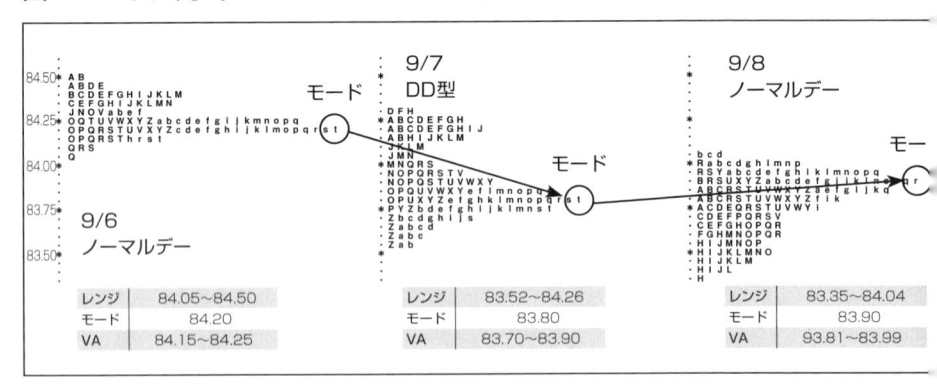

ました。

　このとき、ドル円相場は実に15年来となる１ドル82円台を目前にして、膠着気味となっていました（**図4.8**）。

　しかし、翌週13日に入ると展開は一変しました。この週初めのドルインデックスのマーケットプロファイルは明らかに「下落基調」となっています（**図4.9**）。

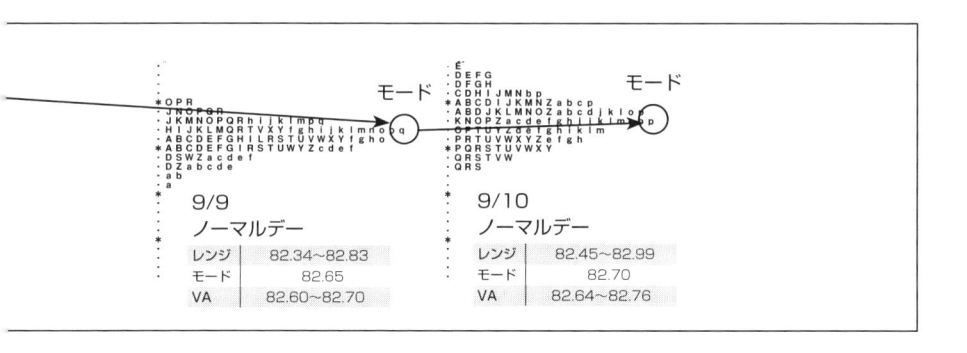

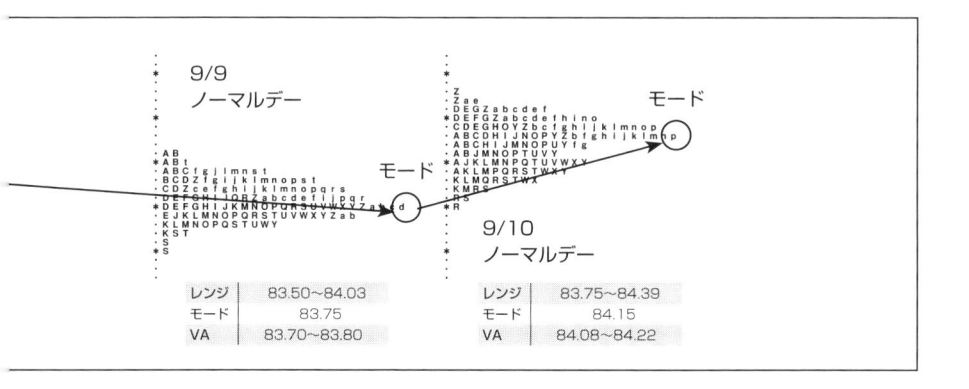

図4.9 ドルインデックス（2010/9/13〜9/17）

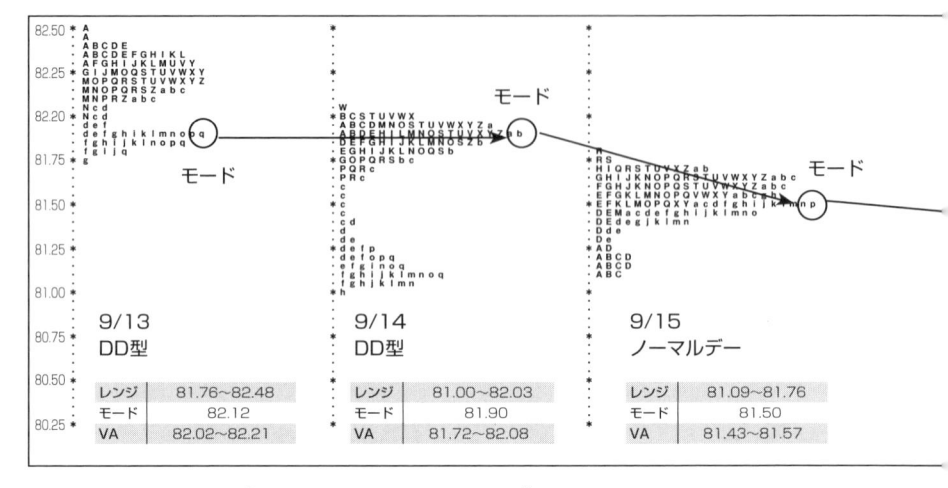

	9/13 DD型	9/14 DD型	9/15 ノーマルデー
レンジ	81.76〜82.48	81.00〜82.03	81.09〜81.76
モード	82.12	81.90	81.50
VA	82.02〜82.21	81.72〜82.08	81.43〜81.57

図4.10 ドル円（2010/9/13〜9/17）

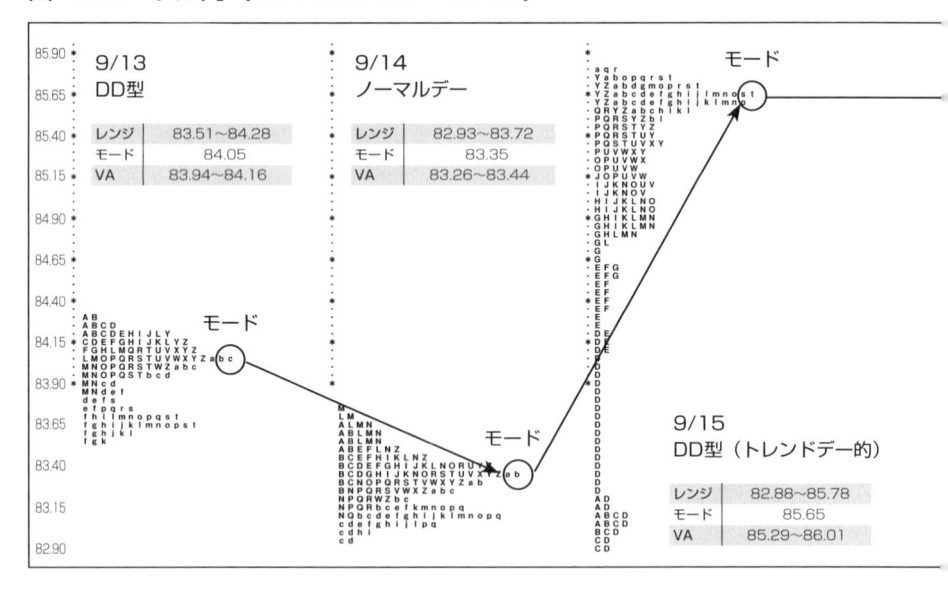

	9/13 DD型	9/14 ノーマルデー	9/15 DD型（トレンドデー的）
レンジ	83.51〜84.28	82.93〜83.72	82.88〜85.78
モード	84.05	83.35	85.65
VA	83.94〜84.16	83.26〜83.44	85.29〜86.01

9/16
ノーマルデー

レンジ	81.07~81.60
モード	81.25
VA	81.18~81.32

```
 .M
 .BCFGHIJKLMN
 .ABCDEFGHIJKLMNOR
 .ACDEFGINOQR
 .ANOPQRZbc
 .OPRZbcfg
*.QPRSZabcfghkong          →  q   モード
*.RSTYZabcefghijklmnpq
 .STUVWXYacdehijklmnp
 .UVWXYcden
 .VWce
 .V
```

9/17
ノーマルデー（DD型）

レンジ	80.87~81.52
モード	81.35
VA	81.26~81.44

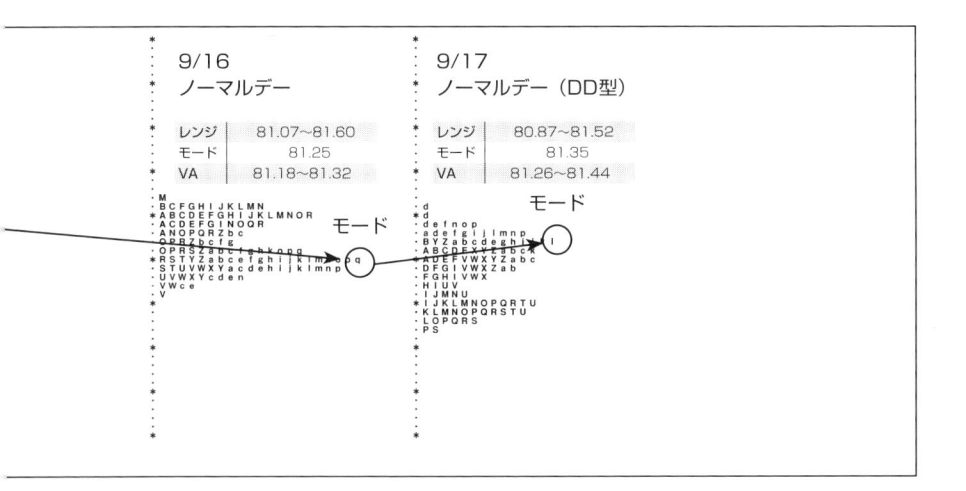

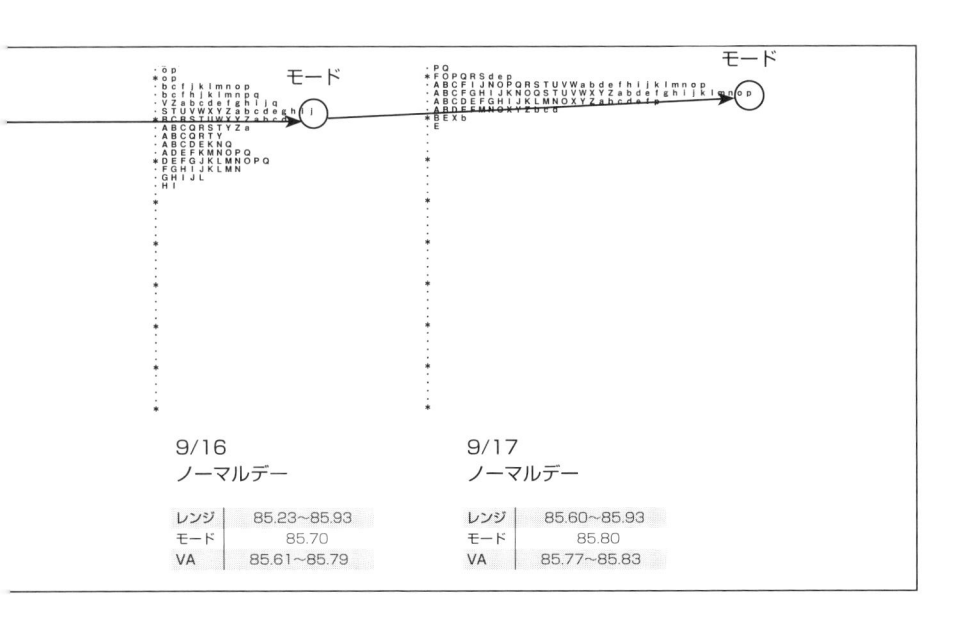

```
 .d
 .d
 .defnop
 .adefgijlmnp
 .BYZabcdeghi
 .ABCDEYzabc         →  l   モード
*.ADEFVWXYzab
 .DFGIVWXZab
 .FGHIVWX
 .HIUV
 .IJMNU
*.IJKLMNOPQRTU
*.KLMNOPQRSTU
 .LOPQRS
 .PS
```

```
 .op
*.op
 .bcfjklmnop
 .bcfhjklmnpq
 .VZabcdefghijq
 .STUVWXYZabcdegh       →  j   モード
*.BCRSTUWXYZabcdegh
 .ABCQRSTYZa
 .ABCQRTY
 .ABCDEKNQ
 .ADEFKMNOPQ
*.DEFGJKLMNOPQ
 .FGHIJKLMN
 .GHIJL
 .HI
```

```
 .PQ
*.FOPQRSdep
*.FOPQRSTUVWabdefhijklmnop
 .ABCFIJNOPQRSTUVWXYZabdefghijklmnop    →  p   モード
 .ABCDEFGHIJKLMNOXYZabcdefg
*.ABDEFMNOKYZbcd
*.BEXb
 .E
```

9/16
ノーマルデー

レンジ	85.23~85.93
モード	85.70
VA	85.61~85.79

9/17
ノーマルデー

レンジ	85.60~85.93
モード	85.80
VA	85.77~85.83

それを継承する動きとなったのが9月14日、つまり財務省・日銀が為替介入を実施する前日でした。8月上旬にいったん割り込んだ「81」をドルインデックスが切ったのです。それも、DD型の展開でした。

　14日のドル円はというと、ノーマルデー的に弱含みとなるなど、ドルインデックスとは微妙に温度差はあったものの、静かにドル円は83円を割り込む「ドル安円高」地合いとなっていました（**図4.10**）。

　そして15日、ドル円はレンジエクステンションを伴いながら、反転上昇、DD型展開となりました。

　ところが、ドルインデックスの戻りの鈍さはドル円のマーケットプロファイルと比べものにならないほどだったのです。DD型にすら発展しない戻りが、それを物語っているといえるでしょう。

　15日以降のドル円マーケットプロファイルを見ると、介入によって、ひとまずドル安円高の危機は去ったかのように見えます。しかし、ドルインデックスのマーケットプロファイルを見ると、15日の介入効果もほとんど感じません。週末17日にかけて早々に15日の安値を割り込む様相となりました。

　ここから分かるのは、やはり「ドルが重い」ということです。このドルの重たさがその後のドル円での円高圧力となって、早晩、盛り上がってくるようにも見えます。

2010年9月14〜15日 経済の主な動き

14日

8時30分	円相場は1ドル=83円64〜67銭付近
9時	日経平均株価が小動き。9319円50銭で開始
9時51分	円が83円25銭と1995年5月31日以来15年3カ月ぶりの高値を更新。代表選で菅首相有利との見方から、投機筋の円買いが膨らむ。円高を受け、日経平均株価は9200円台まで下落
11時03分	野田佳彦財務相が記者会見で「円相場の急伸や長期化は、経済・金融に悪影響を及ぼすので看過できない」と述べる。「必要な時には介入を含めて断固たる措置をとる」とけん制
12時	円売り介入への警戒感から、円は83円30銭台に伸び悩む
15時38分	円が83円09銭、15年ぶり高値を更新
17時28分	円は83円07銭まで上げ幅拡大
23時01分	米連邦準備理事会(FRB)が追加の金融緩和策を実施するとの思惑からドル売りが拡大。円はその後82円92銭まで買われる

15日

5時00分	米ダウ工業株30種平均は5日ぶり小反落。1万0526ドル49セントで終える
6時05分	ニューヨーク市場で、円は83円00〜10銭で取引を終える
8時13分	円は、東京市場でも一時82円台に上昇。83円を挟んで推移
9時	日経平均株価は続落して始まる
10時26分	円が82円台後半に上昇。一時82円82銭と15年ぶりの高値を更新
10時30分	財務省が日銀に円売り介入実施を指示
10時31分	日経平均の下げ幅が100円を超える
10時35分	日銀が円売り介入を実施。円は83円台前半まで急落
10時36分	野田財務相が10時50分から記者会見と伝わる。市場で財務省・日銀が円売り介入実施の観測広がる。円は83円台後半に下落。日経平均は上昇に転じる
10時43分	円が84円台まで下落。日経平均は100円超の上げ幅に
10時55分	野田財務相が会見で円売り介入の実施を認める
11時	日銀の白川方明総裁が談話を発表。「為替市場における財務省の行動が、為替相場の安定的な形成に寄与することを強く期待している」
11時23分	野田財務相が単独介入と認める
12時30分	日経平均の上げ幅が200円を超え、9500円台を回復
13時	三菱東京UFJ銀行、中値を85円02銭に変更
13時12分	円が85円台まで下げ幅を拡大。財務省・日銀は断続的に介入を実施
13時36分	財務省高官が介入について「1回買って終わりではない」と述べる
15時	日経平均は大幅反発。9516円56銭と1カ月ぶりの9500円台で取引終了

引用元:日経QUICK

■ドルインデックスとキャリートレード

　本文で述べた2009年12月7日～10日のケースでは、ドルインデックスの堅調な上昇がドル円相場の調整を誘うということでした。

　しかし、仮にドルインデックスをトレンド分析の基本にとらえていたとするならば、この12月7日～10日までのドルの下落場面（対円で）では、絶好の押し目買い場面であったと想定されます。

　逆説的にとらえると「ドルインデックスに大きなトレンド変化がない場合は、ドル円でもストラテジーの変更はしなくてもよい」ということにもなりそうです。

　ただ、その点で注意が必要なのは、ドルインデックスに目立った下落がないのにドル円で下落し続けるというケースは、場合によって存在することです。

　これは、単純に「円に売られる要素がある」からです。その場合は、足元の金利差（通常はドルLIBOR3カ月物金利と円LIBOR3カ月物金利との差）に着目してみるといいかもしれません。

　LIBOR（London Inter-Bank Offered Rate）は、英銀行協会に参加している金融機関が、そのときの実勢レートと思われる金利をそれぞれ提示し、それを平均化したものです。同協会が毎日、各通貨ごとに算出しています。一般的には、3カ月物のLIBORが、指標としてさまざまな場面で使われます。

LIBORは言い方を変えると、各金融機関の資金調達能力を問われるものといってもよいかもしれません。

　その昔「ジャパンプレミアム」といって、邦銀の資金調達コストだけが上がってしまったことがありました。こうしたジャパンプレミアムの根拠が、このLIBOR３カ月物金利の差であったのはいうまでもありません。

　例えば、ドルLIBOR３カ月物金利よりも円LIBOR３カ月物金利のほうが低いようでしたら、それは着実に「円キャリートレード」が進行しているといえます。特に、オージー円を見てオージードルが対円で上昇していようものなら、円キャリートレードは間違いありません。

　FXをトレードされている方であれば「スワップポイント」はご存じでしょう。それぞれの通貨の金利差のことです。たいていのFX業者は、このスワップポイントを常に提示します。このスワップポイントを算出するために使うのが、ドルLIBOR３カ月物金利と円LIBOR３カ月物金利などです。

　スワップポイントがプラスでその数値が高ければ高いほど、それぞれの通貨の金利が大きいということです。例えば、円をベースに、オージーなどは大体プラスで、それもそれなりの額がプラス幅となっています。

　これが意味するのは、豪ドル金利が円金利よりも高く、円を売って豪ドルを買えば、それはすなわち、豪ドル／円のキャリートレー

ドをしたということになるわけです。

　ですから、相場の方向性とは関係なく、このスワップポイントがプラスであれば、ある一定期間ごとに、そのスワップポイント分のキャッシュが生まれます。

　これがいわゆるキャリートレードというものです。

　日銀がゼロ金利と量的緩和策を行っていた2004～2007年の間は、目をつむって、円を売ってドルを買っていれば、スワップポイントで着実に「キャッシュが生まれて」いました。さらに、これにレバレッジをかけていたら……。想像しただけで、うらやましいかぎりの時代だったわけです。

　この場合、趨勢として円安、そのほかの資源国通貨、ひいては商品市況が上昇したとしても、おかしくはないでしょう。

　なぜなら、円キャリートレードの本質は、低い金利の円で資金を調達し、それをリスク資産に振り向けることにあるからです。円を調達して、その円を売ってドルを買う、そのドルをもとにさらにリスク資産に資金が流れ、その行き先に商品市場があります。

　ここで理解しておいてほしいのは、ドルとか円とか、低金利通貨を使って「キャリートレード」をするということは、自然とリスク資産に流れるということになるのです。

　こうした点を見極めるためも、ドルインデックスの値動きを日々チェックするのは、非常に重要です。

　それには、マーケットプロファイルを使ってドルインデックスを

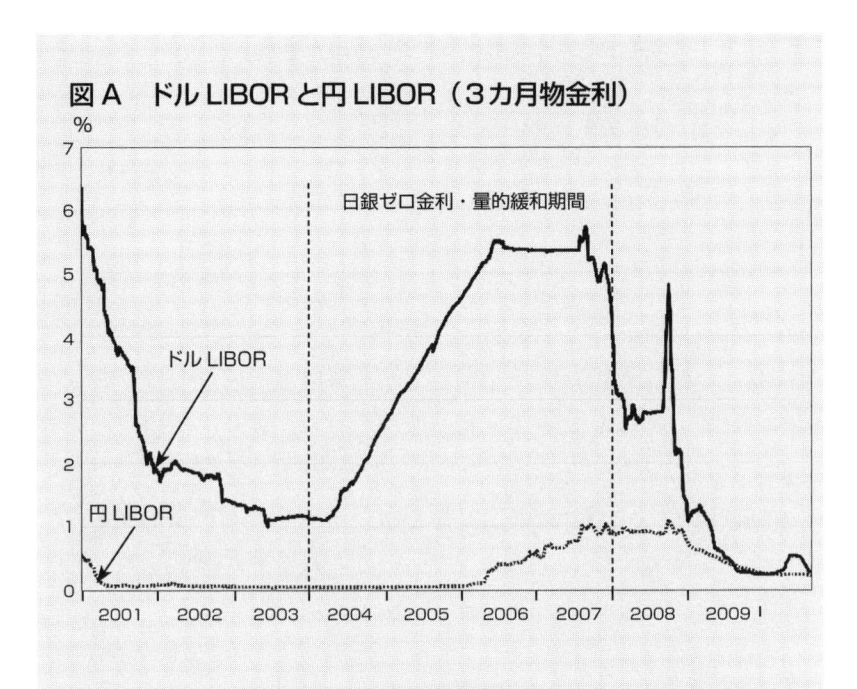

図A　ドルLIBORと円LIBOR（3カ月物金利）

日銀ゼロ金利・量的緩和期間

ドルLIBOR

円LIBOR

日々ウォッチし、トレンドの有無を見ておくのも、FX取引における基本といえるでしょう。

4−2　さまざまな通貨を見る必要性

　もし本格的にFXをトレードするのであれば、FXの値動きを貪欲に幅広く監視することをお勧めします。

　当然といえば当然です。しかし、あえて申し上げたのは「貪欲な幅広い監視」は収益源が「トレード」であるかぎり、必須だと思うからです。

　値動きはすべての要素を網羅します。つまり、あらゆる要素が値段に織り込まれていくということです。それをより顕著に示してくれるツールが、マーケットプロファイルなのです。

ユーロショック

　FXでさまざまな通貨ペアを複合的に監視する必要があることを示した例が、2010年5月の「ユーロショック」です。

　図4.11はドル円、**図4.12**はユーロ円、**図4.13**はオージー（オーストラリアドル）円、**図4.14**はドルインデックスの2010年5月3日～7日のマーケットプロファイルです。

　ゴールデンウィーク期間中は、年末年始と同様、東京市場が長い休日期間に入ることから、ことドル円に関しては、かなり一方的に振れる傾向があります。日本国内の機関投資家などが積極的に動か

ないからです。また、メーカーの財務担当者も休日で不在となります。事前にストップロスなどのリーブオーダーを入れておく程度で、積極的に動かないのです。

さて、ゴールデンウィーク期間に入る直前のトレンドは、対ドルでは、円の下落傾向が顕著でした。これはドルインデックスの値動きから明らかです。

ドルインデックスは、4月中旬から明確に相場上昇トレンドを示していました。ですから、例年どおりであれば、この年のゴールデンウィーク前にも「ドルの対円での上昇」、つまり円安に賭けておくのが一般的な戦略であったといえるでしょう。

ところが、ドル円の場合、5月3日、4日、5日と3日連続でドルの上値が95円手前で抑えられていたのです(**図4.11**)。

厳密に言えば5月3日はDD型展開で、ドルの上値を試すようなムードとなりました。しかし4日には、いびつな形状ながらノーマルデー形状になり、かつ95円の上値が重いことが確認されました。

この4日のドル円のマーケットプロファイルの形状は、ドルインデックスの形状と比較することで、対円でのドルの上値の鈍さが目立ったはずです(**図4.12**)。

むしろ、ドルインデックスの形状は、4日、5日ともに上昇、つまりドルの強含みを示唆する動きが続いていました。

そしてユーロ円を見てみると、円高(ユーロ安)が顕著になり始めたのが4日でした。これはオージー円でも、そうした傾向が見られました。

まとめると、4日は、ドル円がノーマルデー形状で揉み合いとな

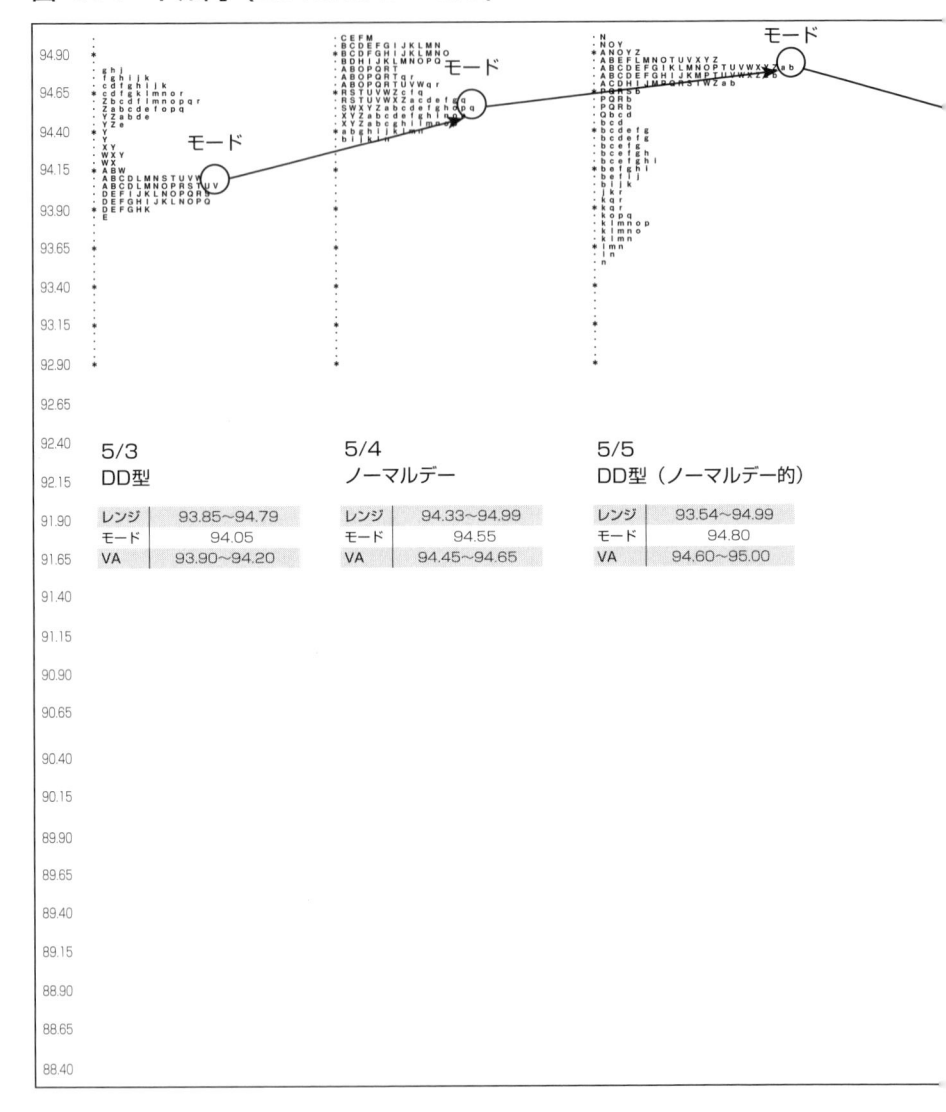

図4.11 ドル円（2010/5/3〜5/7）

```
94.90   :                      . C E F M                        . N O Y                                モード
        *                      . N O Y                          . A N O Y Z
        : g h i j k            * B C D F G H I J K L M N        . A B E F L M N O T U V W X Y Z
94.65   . f g h i j k          * B D H I J K L M N O P Q        . A B C D E F G I K L M N O P Q
        . c d f g h i j k      . A B O P Q R T                  . A B C D E F G H I J K M P T U V W X Z a b
        * c d f g k l m n o r  . A B O P Q R T U V W q r        モード
        . Z b c d f l m n o p q r              モード            * P Q R S b
        . Y Z a b c d e f o p q  . R S T U V W X Z a c d e f g q . P Q R b
94.40   . Y Z e                . S W X Y Z a b c d e f g h o p q . Q b c d
        * Y                    . X Y Z a b c d e f g h i        . b c d e f g
        . X Y                  * a b g h i j k l m n            . b c d e f
        . W X Y                . b l j k l m n                  . b c e f g h
94.15   * W X                                                   * b e f g h i
        . A B W                                                 . b e f i
        . A B C D L M N S T U V                                 . b l j k
        . A B C D L M N O P R S T U V                           . k q r
93.90   . D E F I J K L M N O P Q                               . k o p q
        . D E F G H I J K L N O P Q                             . k l m n o
        * E                                                     . k l m n
93.65   :                                                       * l m n
        :                                                       . l n
        :                                                       . n
93.40   *
        :
93.15   :
        :
92.90   *

92.65

92.40          5/3                        5/4                        5/5
92.15          DD型                       ノーマルデー                DD型（ノーマルデー的）

91.90     | レンジ | 93.85〜94.79 |   | レンジ | 94.33〜94.99 |   | レンジ | 93.54〜94.99 |
          | モード |       94.05  |   | モード |       94.55  |   | モード |       94.80  |
91.65     | VA    | 93.90〜94.20 |   | VA    | 94.45〜94.65 |   | VA    | 94.60〜95.00 |
```

	5/3 DD型	5/4 ノーマルデー	5/5 DD型（ノーマルデー的）
レンジ	93.85〜94.79	94.33〜94.99	93.54〜94.99
モード	94.05	94.55	94.80
VA	93.90〜94.20	94.45〜94.65	94.60〜95.00

第4章 応用分析

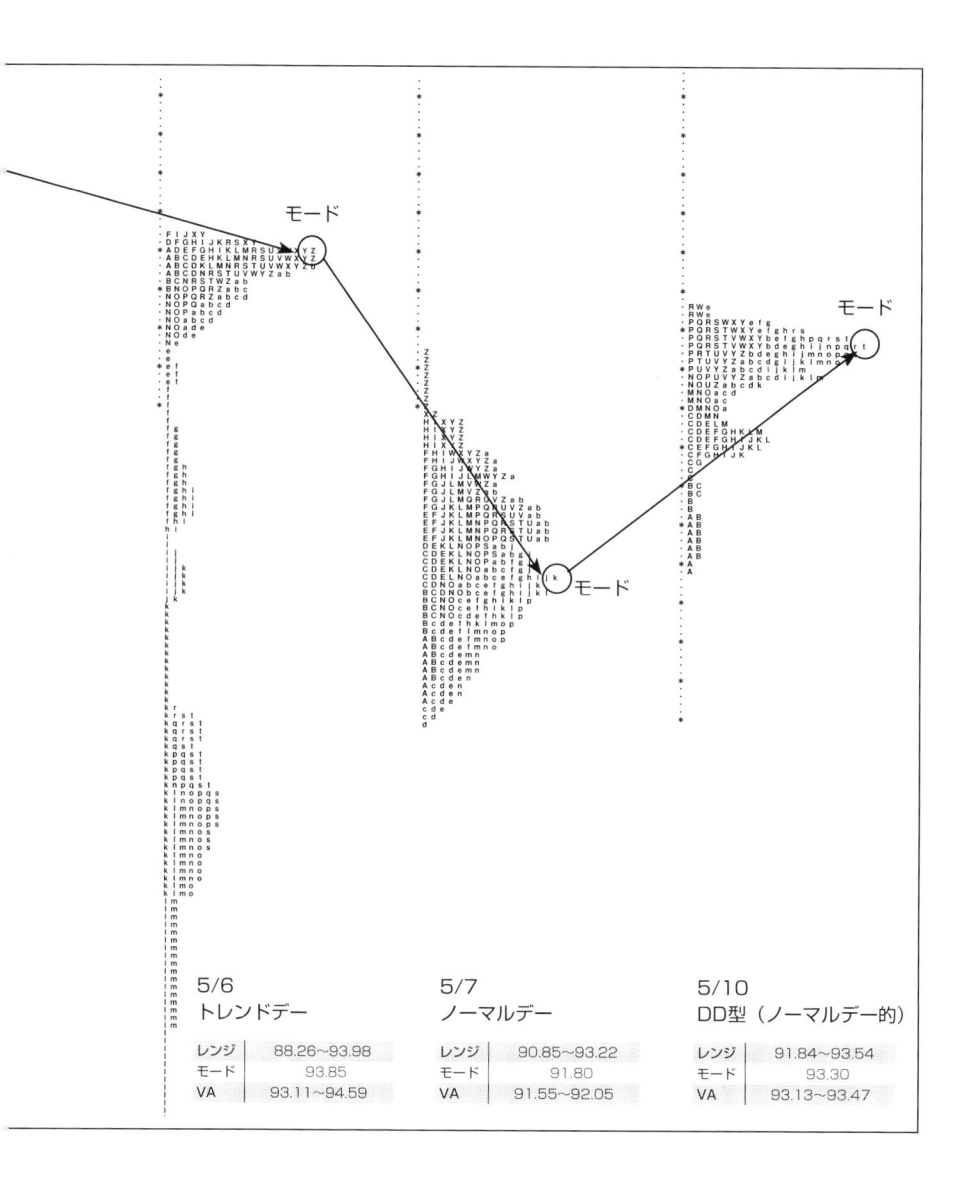

	5/6 トレンドデー	5/7 ノーマルデー	5/10 DD型（ノーマルデー的）
レンジ	88.26〜93.98	90.85〜93.22	91.84〜93.54
モード	93.85	91.80	93.30
VA	93.11〜94.59	91.55〜92.05	93.13〜93.47

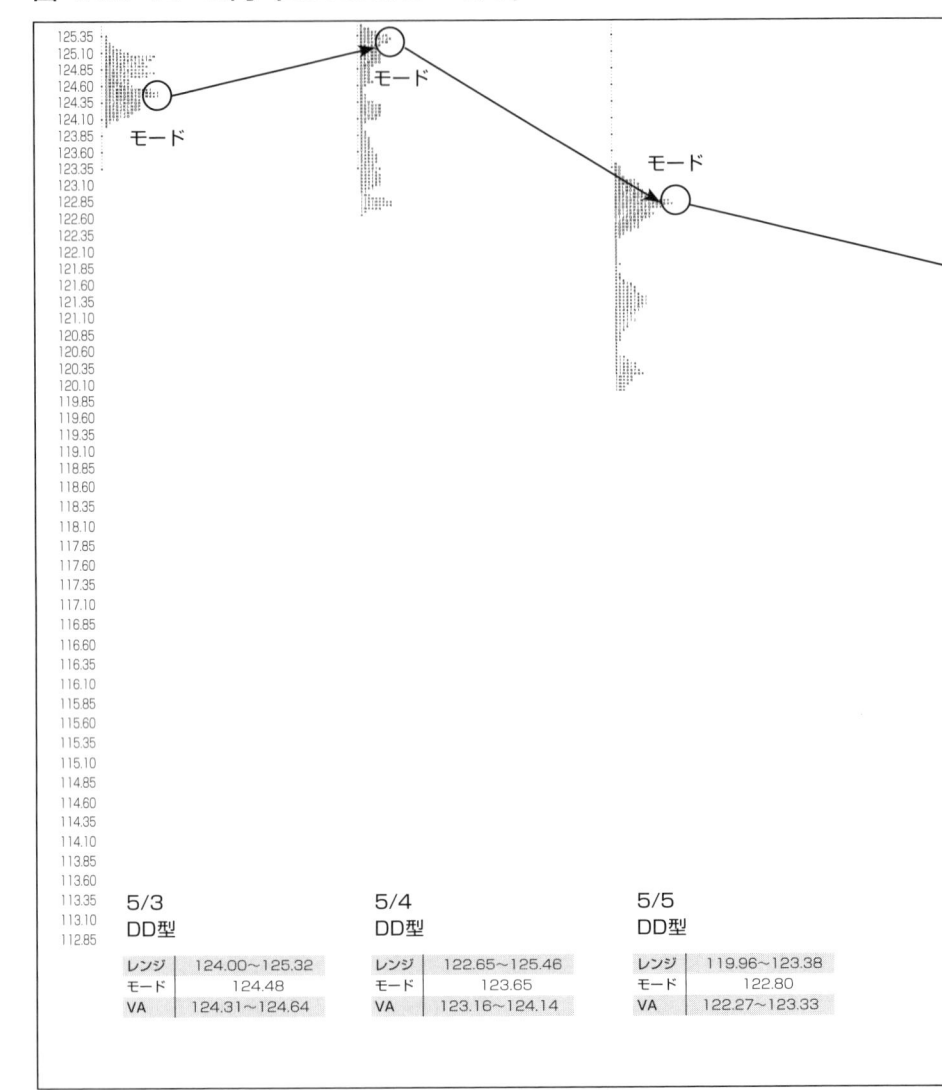

図4.12 ユーロ円 (2010/5/3 〜 5/7)

	5/3 DD型	5/4 DD型	5/5 DD型
レンジ	124.00〜125.32	122.65〜125.46	119.96〜123.38
モード	124.48	123.65	122.80
VA	124.31〜124.64	123.16〜124.14	122.27〜123.33

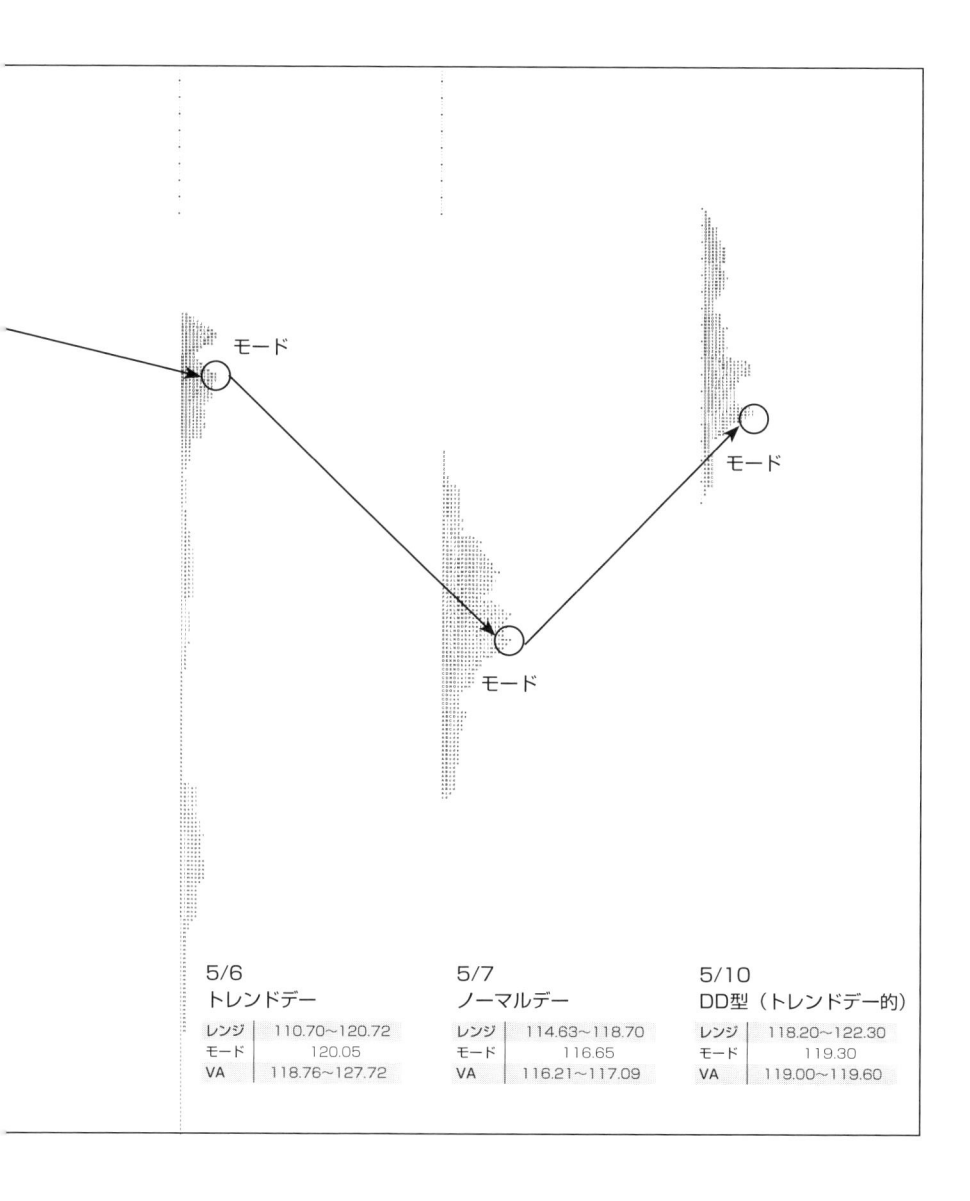

5/6		5/7		5/10	
トレンドデー		ノーマルデー		DD型（トレンドデー的）	
レンジ	110.70～120.72	レンジ	114.63～118.70	レンジ	118.20～122.30
モード	120.05	モード	116.65	モード	119.30
VA	118.76～127.72	VA	116.21～117.09	VA	119.00～119.60

図4.13 オージー円（2010/5/3～5/7）

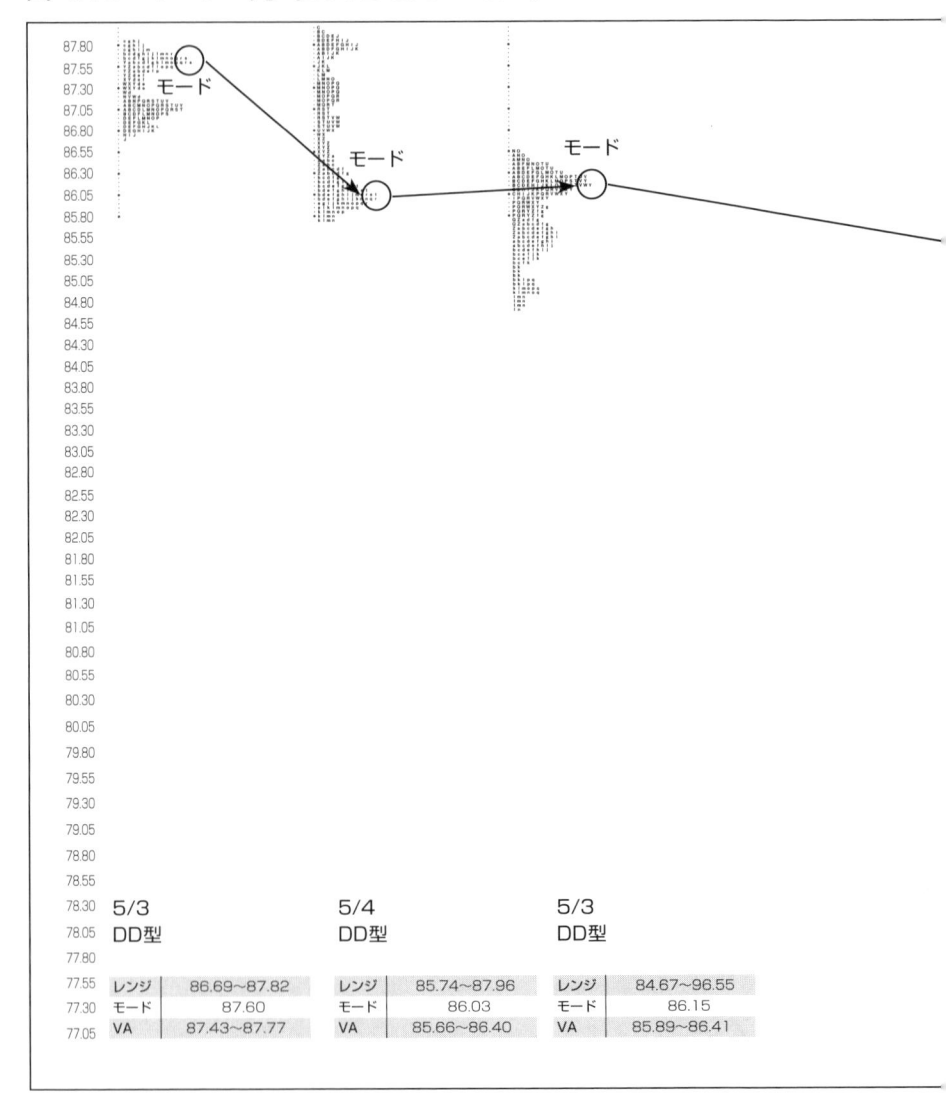

	5/3		5/4		5/3	
	DD型		DD型		DD型	
レンジ	86.69~87.82		レンジ	85.74~87.96	レンジ	84.67~96.55
モード	87.60		モード	86.03	モード	86.15
VA	87.43~87.77		VA	85.66~86.40	VA	85.89~86.41

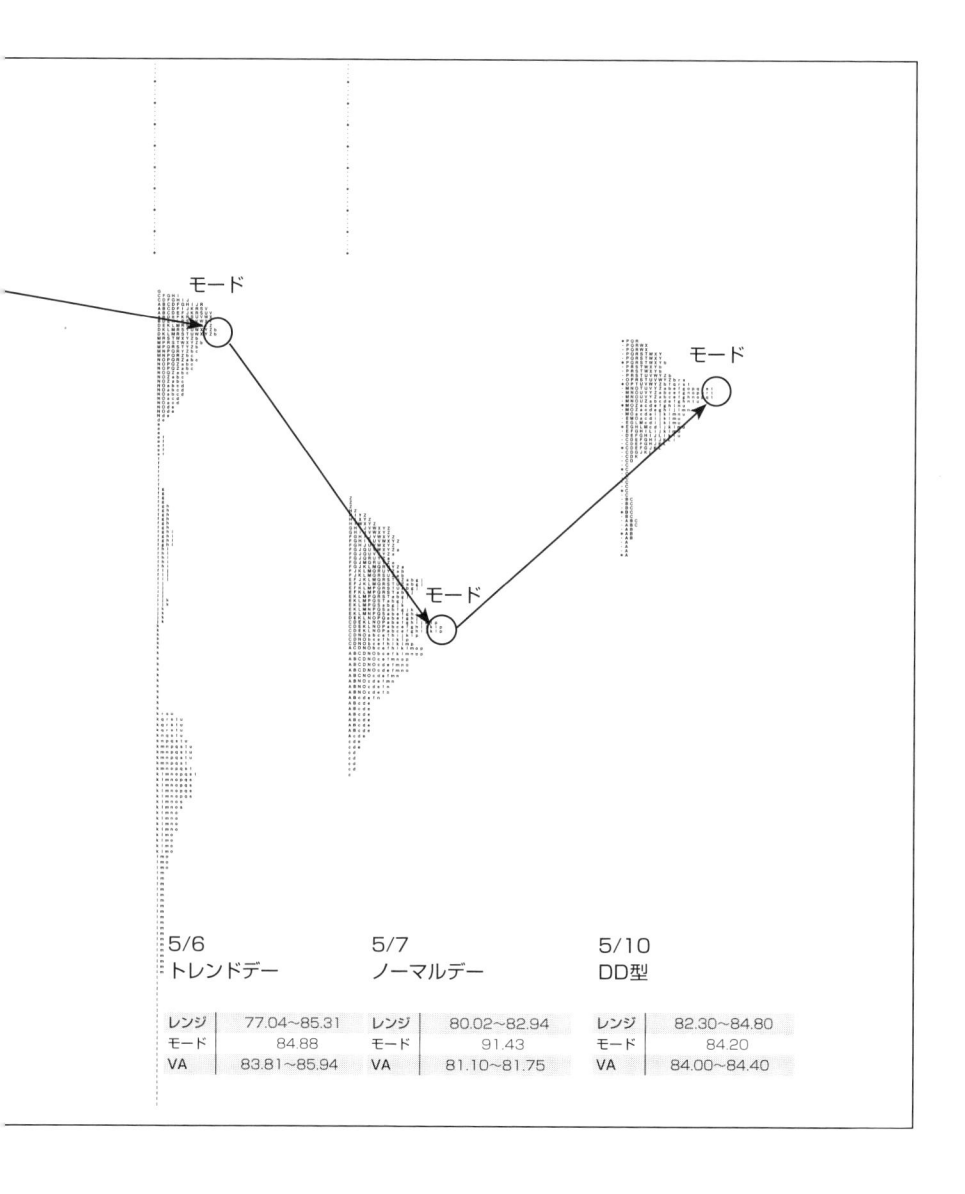

	5/6 トレンドデー	5/7 ノーマルデー	5/10 DD型
レンジ	77.04〜85.31	80.02〜82.94	82.30〜84.80
モード	84.88	91.43	84.20
VA	83.81〜85.94	81.10〜81.75	84.00〜84.40

図 4.14　ドルインデックス（2010/5/3～5/7）

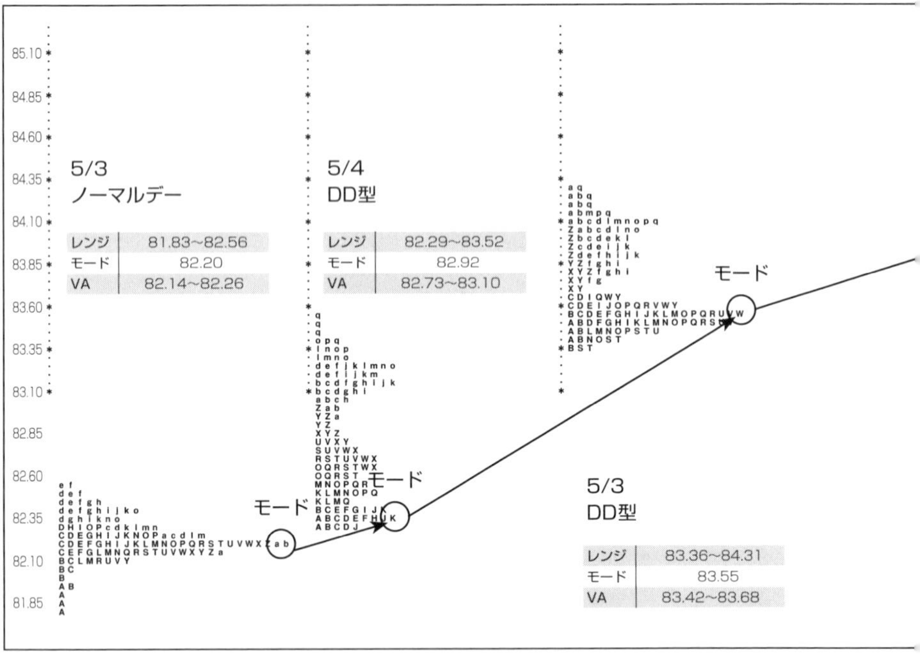

85.10
84.85
84.60
84.35
84.10
83.85
83.60
83.35
83.10
82.85
82.60
82.35
82.10
81.85
5/3
ノーマルデー
レンジ　81.83~82.56
モード　82.20
VA　82.14~82.26
5/4
DD型
レンジ　82.29~83.52
モード　82.92
VA　82.73~83.10
モード
モード
モード
5/3
DD型
レンジ　83.36~84.31
モード　83.55
VA　83.42~83.68

り、ドルインデックスは上昇トレンドを継続、ユーロ円とオージー円はともに円高方向でのトレンドデー形状となりました。

そして５日にすべてのベクトルがつながることとなったのです。

この日、ドル高、ユーロ安、そして円高で動いたため、ユーロ円が一番強烈に反応する格好で円高となりました。それについでオージー円が円高で反応し、ドル円は“３番煎じ”のようにドル安円高になったのです。その動きが最高潮となったのが、翌６日でした。

このように、ドルインデックスの形状とドル円の形状の差に着目

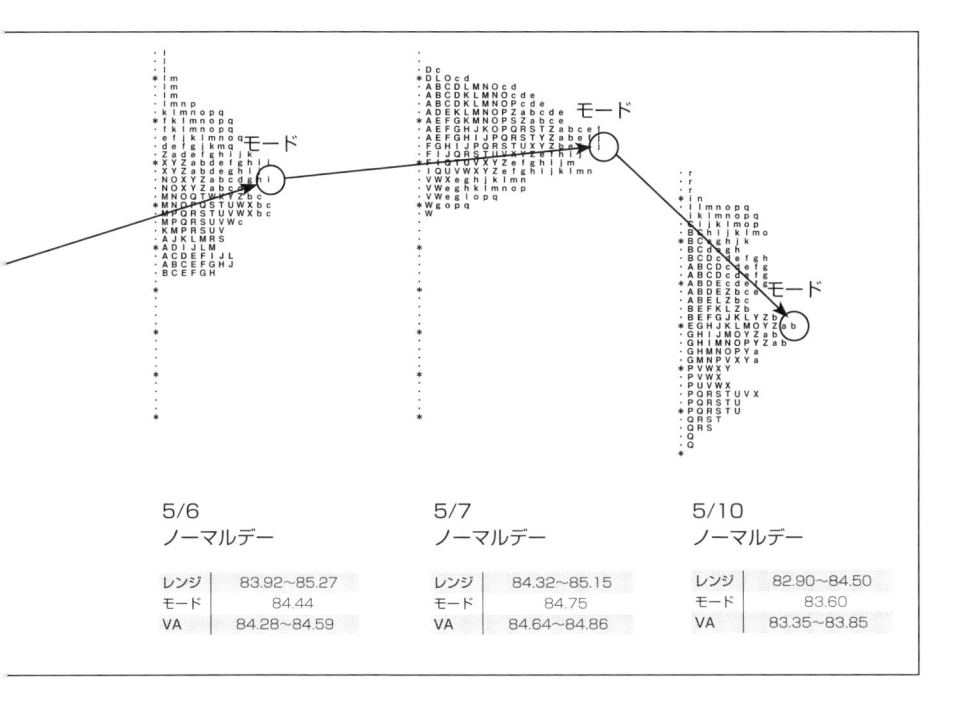

5/6	5/7	5/10
ノーマルデー	ノーマルデー	ノーマルデー
レンジ　83.92〜85.27	レンジ　84.32〜85.15	レンジ　82.90〜84.50
モード　84.44	モード　84.75	モード　83.60
VA　84.28〜84.59	VA　84.64〜84.86	VA　83.35〜83.85

し、ユーロ円やオージー円などの形状で、トレンドの背景を冷静に見ていきます。

　この場合、そのトレンドの端緒となったユーロ円で、早ければ4日に「ユーロ売り円買い」を仕掛けられたはずです。そうすれば、その後のユーロ円の急落場面で、かなりたくさんの収益機会があったと考えられます。

　なお、この例は「ユーロ発のショック」であったため、オージー円などのいわゆる資源国通貨は、ユーロ円に引きずられる程度に動

きました。しかし、こうした傾向は永続的ではありません。この点も見逃さないようにしてください。

その意味でも、ドルインデックスを中心に、細かく複数の通貨ペアのマーケットプロファイルを分析する意義があります。別の場面では、資源国通貨が主体となり得ます。

6日のように強烈なトレンドデー展開は久々でした。言い換えれば、こうした数少ない"好機"をいち早く把握しておくことが非常に重要です。複合的にマーケットプロファイルを監視し、形状が示唆するものが何なのか分析を続ける必要があるといえるのです。

少なくともFXを分析するのであれば、まずはドルの分析があって、次にユーロの分析があり、そして最後に円の分析とすべきでしょう。なぜこの順番なのかと言いますと、繰り返しになりますが、日本の存在感が薄れてきているからです。

現在、円を材料に為替相場が動くことは極端に減ってきています。外交も政策もすべて主体性をもって行ってこなかったツケとでもいうべき部分でしょう。

そうした分析の先にあるのが、各通貨市場でのマーケットプロファイル分析であり、形状の差などをつぶさに見極めれば、より一層の収益拡大が望めると思います。

まとめ
- ドルが強いのか、ユーロが強いのか、円が強いのかを見極める
- ドルインデックスのトレンド性はどうなっているか

短期売買

　急激すぎるトレンドデー展開は、その急激さゆえに、大きな反動を伴います。
　そこで気になるのが、その急激な反動はいかほどなのかということです。マーケットプロファイルは、こうした「押し戻りの局面」を見極めるツールとしても有効といえます。とりわけ、短期的な値動きに対して有効です。
　ここでは、先ほどの2010年5月のユーロショック時での短期的な対応について検討してみたいと思います。**図4.11**のドル円、**図4.12**のユーロ円、**図4.13**のオージー円の6日のマーケットプロファイルの形状を見てください。
　山が2つなのでDD型展開だと分かります。しかし、2つ目の山は、モードを形成した山と比べると、明らかに低いです。モードの移動を伴わないDD型展開であったといえます。もちろん、111円85銭以下のユーロ円の下落は、完全にテールです。
　そして、こうした6日のDD型の出現に対して、翌日7日の形状はどうなったでしょうか。
　この場面で往々にして発生するのが、そのDD型の山と山の間を埋める展開です。そして、まさにそのセオリーどおりの戻しとなり、ノーマルデー形状となりました。
　なお、その翌週明けの10日はどうだったかというと、6日のバリューエリアを越える戻りとなりました。
　こうしたパターンの場合、どのタイミングで「逆張り」が有効に

なるでしょうか。

　最善のタイミングは6日のDD型で、ユーロ円の場合、111円85銭以下でテールが出現した場面です。もっとも、この「111円85銭以下」というのは、滞空時間がかなり限定的といえます。

　次善の逆張りポイントは、モードを移さない形でDD型が確認できた場面です。ユーロ円で言えば、114円85銭〜113円10銭あたりのレンジで逆張りをして、戻しを狙います。

　もし、それもできなかった場合は、7日のノーマルデー形状展開から明らかに下値が固いと読めるので、そこで買いポジションを仕掛けることが考えられます。目先は、6日のバリューエリアである118円76銭から120円72銭の価格帯が、目標といえそうです。

　繰り返しになりますが、マーケットプロファイル分析は短期的行き過ぎや、あや戻しの場面で非常に便利なツールです。とりわけレンジエクステンションが発生したときには役に立つといえるでしょう。

■為替介入②　スイスフランに学ぶこと

　2010年夏、ドル円が「80円を割り込むか？」という15年ぶりの水準となり、日本国内では日銀による単独介入が噂され、期待されました（結局、本書執筆中の９月15日に単独介入が実施されました）。

　こうしたなか、日本と同様に自国通貨高で苦しむ国がありました。スイスです。円高と同時期に、スイスフラン高が止まらない状況が続いていたのです。

　８月31日には、スイスフランが対ユーロで上昇し、１ユーロ1.285フランの過去最高値に到達しました（**図A**）。

　この日の市場では、スイス国立銀行（SNB）がユーロ買いで介入するという期待感が高まっていました。しかし、実際にはチューリッヒタイム朝４時半を越えても、SNBの介入がなかったのです。

　これまでのSNBの行動パターンから考えると、欧州時間で朝方の４時半から５時にかけての通貨介入が定番でした。しかし、30日と31日のこの時間が「期待はずれ」となり、その失望感からフラン高が一気に進行したのです。

　このスイスフランから「逆説的」に学ぶべきことがあります。

　この日からさかのぼること６月、SNB総裁のフィリップ・ヒルデブランド氏は「同国のデフレリスクが後退した」として、「これ以上の通貨介入」に否定的な見解を示しました。

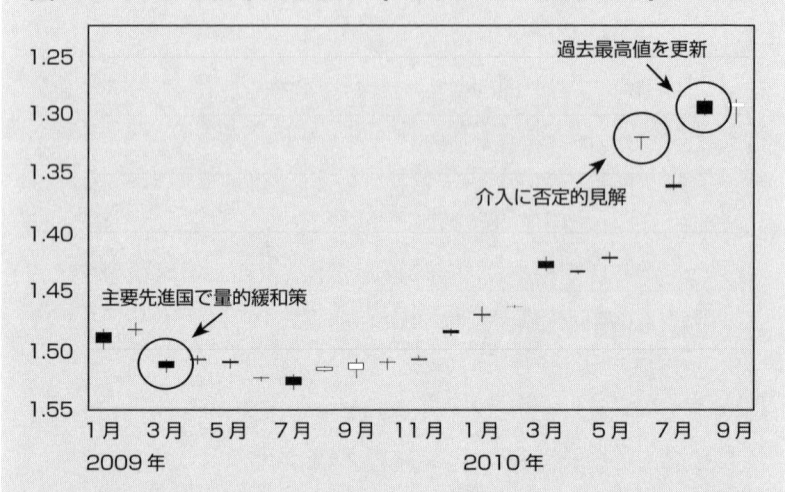

図A　ユーロ / スイスフラン（2009/1 〜 2010/9）

こうした発言を見透かしたかのようにフラン高が続き、8月下旬には「為替介入にも限界」との発言もあり、そして前述の失望感から、さらなるフラン高を招いたというわけです。

これが将来の「日本円」の姿に重なるように思えるのは、私だけでしょうか。

リーマンショック後のスイスフラン高と円高の起点は、2009年3月のG20（20カ国・地域首脳会合）だったといっても過言ではないでしょう。このときを境に、主要先進国はこぞって量的緩和政策を打ち出したからです。このG20の前から、欧米市場には異様なほど「量的緩和期待」が高まっていました。

ただ、この当時の「量的緩和期待」の主役は、各国の「国債買い取り」でした。市場に出まわっている国債を主要各国の中央銀行が買い取るというものです。

　こうすることで、市場は「一段の金融緩和策」と好感しますし、国債価格の上昇、つまり長期金利の低下を促すことで、低金利を好感した各主要国株式市場の相場も上昇します。

　これはつまり「自国通貨安政策」と考えてよいでしょう。ただし各国の政策金利の微妙な差、緩和度合いによって、自国通貨安政策の度合いは異なります。

　なぜ主要先進国は、そうした政策を打ち出したのでしょうか。

　それは、市場の安定という以上に「輸出振興」という目的があったからです。リーマンショック後、国内需要は急速に縮小し、それを輸出需要で補いたいという意向が、主要先進国では顕著に見られました。

　ただ、こうしたなか「露骨な自国通貨安政策」を打ち出した国はありませんでした。ここでいう「露骨」とは「自国通貨売り、他の主要国通貨買い」という為替介入政策のことです。

　しかし、2009年3月、露骨な自国通貨安政策を打ち出した国がありました。スイスです。

　スイスは、ほかの先進国が国債買い取りにとどめているのを横目に、早々に自国通貨安政策として「スイスフラン売り介入宣言」を高々と掲げたのです。

各国の金融緩和策の多くは、足元の景気後退懸念だけでなく、金融安定化を意図した部分もありました。つまり、自国の金融機関への間接的な支援策という面も少なからずあったのです。

　金融機関といっても、その体力や規模はまちまちで、必然的に対応も違ったものとなります。

　"純粋"に量的緩和策を実行に移した英国の場合、民間銀行の資産規模はGDP比で4倍程度でした。一方、量的緩和だけでなく自国通貨安政策を打ち出したスイスのそれは、8倍もありました。

　この点を考慮すると、当時のスイスにとって「自国通貨安戦略」は必須だったとも解釈できます。

　しかし、実際にスイスが単独介入を繰り返した結果、2010年1～6月期に143億スイスフランの損失が発生しました。それが6月の「介入休止宣言」につながり、その後一段のフラン高を誘ったのです。

　この例を見ても、単独介入には長期的な効果を期待できません。期待できるとしても1年程度の効果でしょう。**図A**のユーロ／スイスフランのチャートを見ても、一目瞭然です。

4−3　長期分析

　通常のマーケットプロファイルは、30分高安をベースに、1日単位で文字を積み上げていきます。このプロファイルの文字（A〜v）を、例えば1月1日はすべて「A」に、翌2日はすべて「B」に、3日はすべて「C」、4日はすべて「D」……と月末まで変換し、それを月単位で積み上げたもの、それが「長期マーケットプロファイル」です。

　1日を1文字として積み上げ、月間ベースで形状を分析することで何が判明するのでしょうか。ひと言でいえば、長期的なスタンスに立って値動きのトレンド性を探ることができます。

長期マーケットプロファイル分析

　この手法を使ってどのようにトレードするのか、詳しく見ていきましょう。

①第3標準偏差を狙う
　長期マーケットプロファイルの基本は「前月のプロファイルの第3標準偏差のブレイクを狙う」ことです。相場が新たな水準を試す場面となるのが、この第3標準偏差なのです。

②レスポンシブ系かイニシャティブ系になるのか

　前月のモードから、レスポンシブ系になるのか、イニシャティブ系になるのか。これが、相場のトレンドの強さを探るうえでの重要なポイントです。

③ブレイクアウト

　後述するように、形状が積み上がっていく過程で、明らかな下値支持（サポート）、上値抵抗（レジスタンス）が、モードや形状から浮かび上がってきます。

　これは、ローソク足のチャートでも分からなくもありません。しかし、長期マーケットプロファイルに置き換えると、比べものにならないほど鮮明かつ明確に分かるのです。

長期分析の事例

　では、具体的な例で見ていくことにしましょう。

　図4.12は、ドル円の2002年2月の長期マーケットプロファイルと3月19日時点の3月の長期マーケットプロファイルです。

　まずは2月のプロファイルをご覧ください。かなりの積み上がりです。これはエネルギーがたまっていることを示唆しています。

　その結果、3月6日から7日に、これまでの鬱憤（うっぷん）を晴らすかのように一気に爆発した格好でドルが下落しました。2月プロファイルの第3標準偏差の突破が、その力強さを明らかにしています。

　その後、3月に入って、順当に2月のモードを中心に始まったわ

けです。その後、B日、C日と順当に見て行きますと、B日には2月の第3偏差水準まで下落し、それを割り込んだことで、E日において強烈なレンジエクステンションが発生したわけです。そして、それが126円50銭をも割り込みました。2月の形状と比較しても、このEの日付のレンジエクステンションがいかに強烈だったことが分かるというものです。

　そしてその後、同じくネガティブトレンドが継続されたかというと、反転しています。その反転の結果が126円50銭付近の「E」のテールとして体現されています。Eの時点でいったん127円あたりでモードを形成しているのが分かります。

　これらのことから、すでに127円あたりまでのドルの下落は「少し行きすぎではないか」という「迷い」が形状的に体現されていると考えられます。

　この2月の第3標準偏差を下抜けした場面が、イニシャティブ系の展開といえ、その結果がEのレンジエクステンションだったといえますが、それがその後否定されたことで、その後の2月の第3偏差、正確にいうと、2月のバリューエリアに引き戻されるレスポンシブ系の展開となっています。

　ここから次のような対応が考えられます。

　＜短期的ビュー＞（1週間～2週間程度）
　　131円までの戻しとなったが、短期的には132円付近までの戻しは視野に入ってきた。132円までドル買い推奨。

図4.12　ドル円（2002/2/1〜3/18）

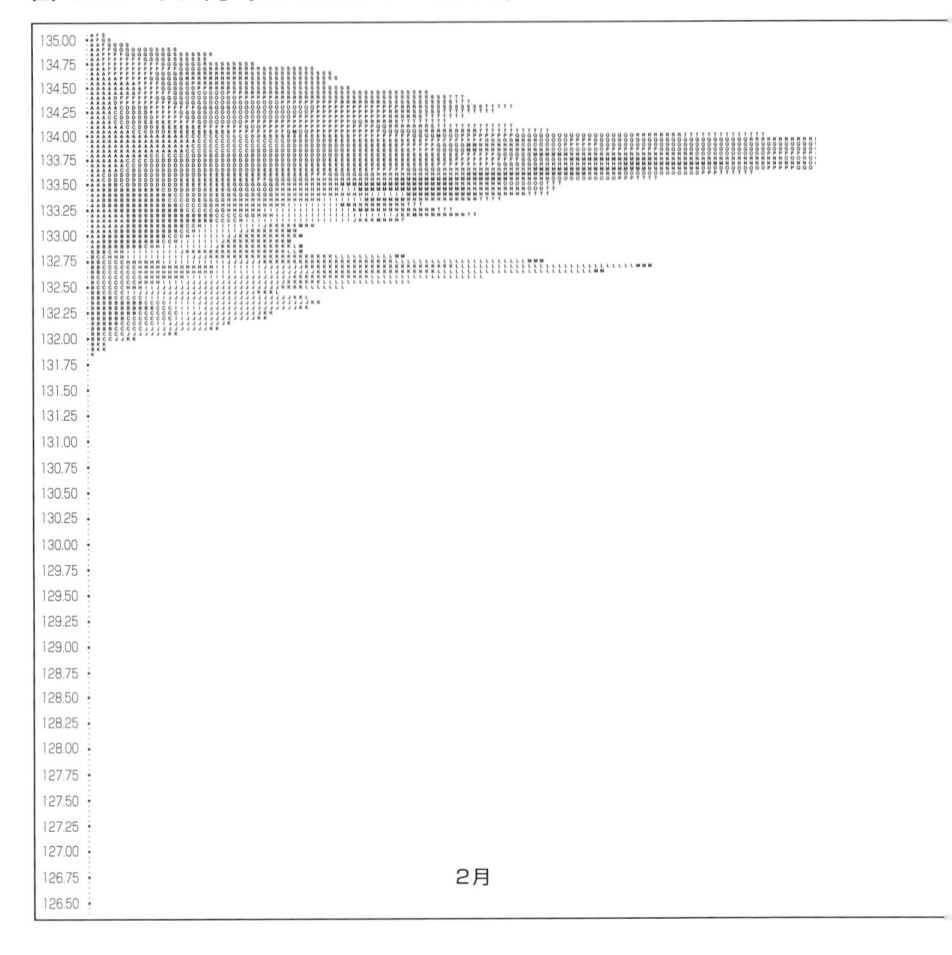

＜中期的ビュー＞（１カ月程度）

　133.75円付近までの戻しは想定される。しかし、それ以上の戻しは想定されにくく、133円のせでは戻り売り戦略が一考できる。

第4章 応用分析

モード

モード

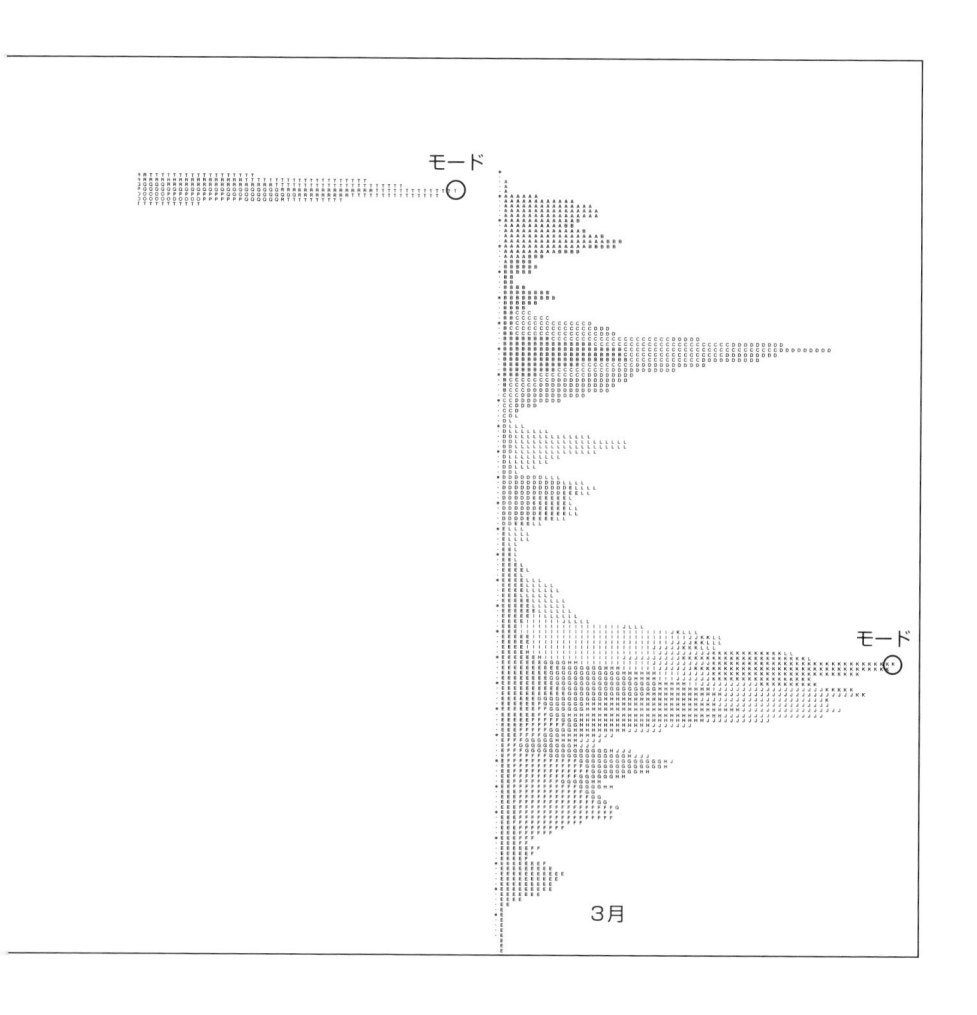

3月

それでは、実際のドル円はどのように展開したでしょうか。

3月のプロファイル

図4.13は3月29日のNY市場までのデータで作成した2002年3月の長期マーケットプロファイルです。

3月は2月の形状と比較して明らかなように、ボラタイルな展開となりました。そして、3月のモードである133円75銭を明確に越えるまでには至りませんでした。この事実と、ここ数カ月、ドル上昇場面で135円付近が上値抵抗となっていたことから、相場の頭重さを確認できます。

＜短期的ビュー＞（1週間～2週間程度）
19日に指摘していた以上のドル高展開となった。しかし2月のモードを越えらなかったことから、4月に入ってからは、130円割れまでの調整モードが想定される。したがって、134円50銭付近までドル上昇がないかぎり、ドル売り戦略を実行したい。

＜中期的ビュー＞（1カ月程度）
129円25銭付近でドルの下値支持が存在すると想定されることから、ドル売り戦略は、この129円25銭レベルを目標に終了したい。

問題はこの後だ。再度ドル上昇に転じるのか、当面のドル上昇地合いの終了となるのか。筆者は後者をイメージしているが、現時点では、その判断は難しい。

第4章 応用分析

図4.13 ドル円（2002/3）

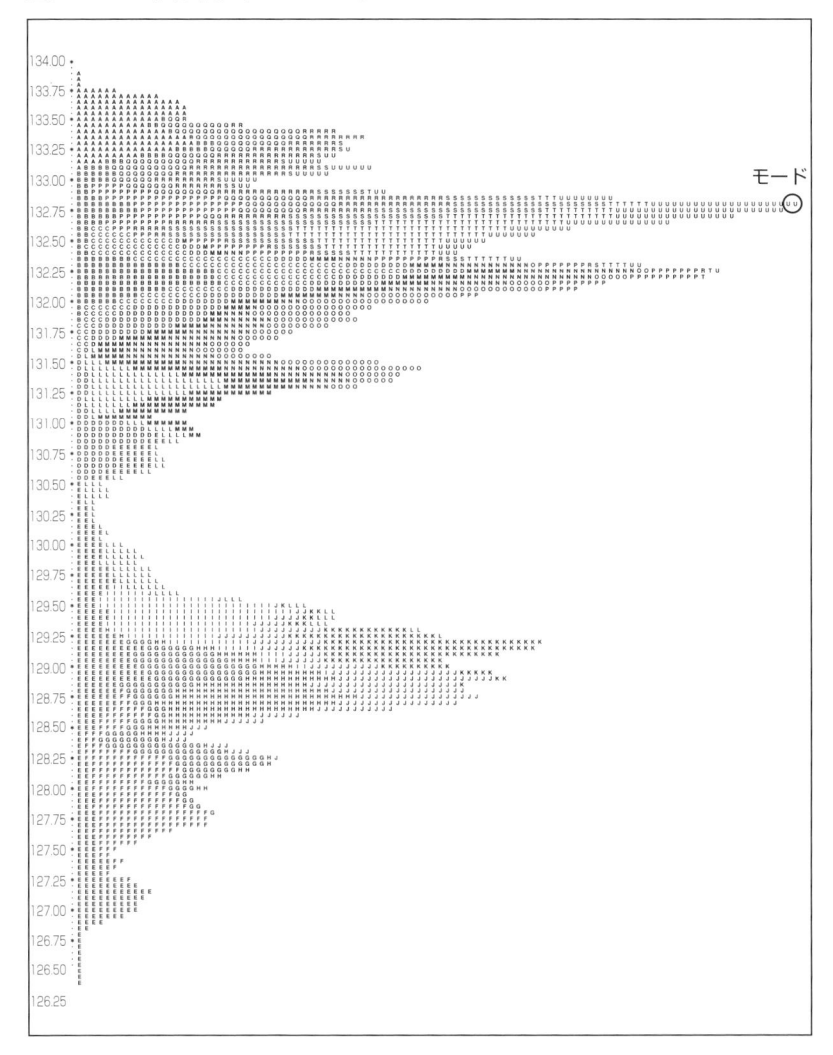

モード

■ドル崩壊という戯言(たわごと)

「ドルが崩壊する」──。なんとも印象的で、良くも悪くも人々をひきつける言葉です。それゆえ2008年9月のリーマンショック直後は、ドル崩壊をテーマとした書籍や雑誌が街中に氾濫して「ドル崩壊だ、ドルを売れ」という流れになっていきました。

そうしたあおりを受けて、ドルからの退避先としてドル以外の通貨、つまりユーロや円であったり、はたまた金(ゴールド)に資金が流れていったわけです。

実際にはどうだったのでしょう。リーマンショック以降、ドルは下落したのでしょうか。

図Aのドルインデックスを見てください。リーマンショック以降、ドルインデックスは右往左往していることが分かります。

さすがにリーマンショック直後は下げたものの、すぐに急騰しました。さらに2009年3月にかけて一段と上昇していますから、その間「ドル崩壊」という文言は、不適切といっても過言ではないでしょう。

ここで、まず理解してほしいのは、ドルは依然として「基軸通貨」であることです。

1971年以降、ドルは金との連動性をなくしました。しかし、それ以降もドルは基軸通貨なのです。このことを常に意識しておく必要があります。

図A　ドルインデックス（2008年1月〜2010年9月）

（縦軸：70〜95、リーマンショックの矢印あり。横軸：1月2008年、9月、1月3月2009年、1月2010年）

　そして、次に理解すべきは「相互確証破壊」という言葉です。これは冷戦時代、特に1970年代から1980年代にかけての米国の核戦略を指します。

　米国、旧ソ連ともに相手国を消滅できる核兵器を持っていることが認識されていると、双方、相手を攻撃できなくなる……、つまりお互いの核戦略が拮抗している状態では「抑止力」が互いに働き、その結果、米ソ間で表面上「平和」が訪れるという戦略です。

　冷戦下では、この相互確証破壊状態による平和が実現していました。

　これを米中間の「通貨戦争」で応用したのが、ジョセフ・ジョフィ

（独ツァイト紙共同編集長）です。2009年の「フォーリンアフェアーズリポート（No.10）」に、次のような同氏の論文が掲載されました。

　"中国にとっては、保有するばく大な規模の米債を手離せば、それがきっかけとなってドルが暴落し、手元のドル資産がもたらした中国の貿易黒字（ドルベースの）が消滅することになる。それは中国自身望まないことだが、かといってドルが崩壊するのも怖い。
　したがって、いくら米国が中国に対して「為替操作だ」と強く指摘して中国にプレッシャーをかけても、中国は米債を売れないし、また米国も、強く「為替操作だ」と中国を責め続けることもできない"

　そして、その間も粛々と中国人民銀行は米債を買い続けていました。こうした微妙なバランスの上に立っているのが米中関係であり、この米中関係が「相互確証破壊状態」にあるというわけです。
　基軸通貨が崩壊するなどということは、時間をかけて起きることです。ある日突然起こることではないし、米中関係で「相互確証破壊状態」が維持されています。この点は十二分に理解しておいてほしいと思います。

第5章

資源国通貨の
マーケット
プロファイル

Market Profile® Analysis
for FOREX

5−1　オーストラリアドル

　最近のFX市場では「資源国通貨」という言葉をよく耳にするようになりました。代表的なのが、オーストラリアドル（豪ドル）、カナダドル、ニュージーランドドル、南アフリカランドです。

　2008年の世界金融危機で、各国の経済規模は一斉に縮小しました。しかし、その後のいわゆる「戻し」で、資源国は主要国に先んじて景気を回復基調に乗せます。そして、先進国がゼロ金利、もしくはそれに準じる低金利に甘んじているのを横目に、各資源国は着々と金融引き締めを進めていったのです（**図5.1**）。

　その結果、高金利の魅力や、世界的な資源高警戒を材料に、資源国通貨に世界のマネーが集まるようになりました。日本でも多くの個人投資家や個人トレーダーが、金利差狙い（キャリー）で買っており、それがいっそう資源国通貨を盛り上げています。

　しかし、こうした資源国通貨は、米ドルなどの主要国通貨とは比較にならないほど、さまざまな面で高いリスクがあります。このことをきちんと理解している方は思いのほか少ないようです。詳しくは、本章のあとにコラム「資源国通貨に潜むリスク」を掲載しましたので、そちらをご覧ください。

　ここでは、そのリスクを認識したうえで、資源国通貨としての特徴をマーケットプロファイル的な見地から述べていきます。

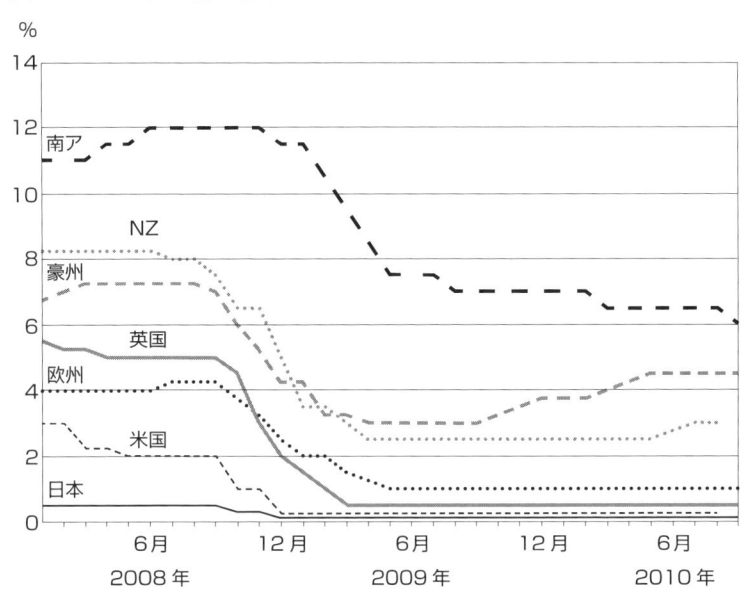

図 5.1 政策金利の推移

本節で取り上げるのは豪ドル／円、通称「オージー円」です。

オージー円

オージー円は、市場流動性という点でドル円と対比した場合、雲泥の差があります。

それはスプレッド（FX業者の提示する買値(ビッド)と売値(オファー)の差）からも明らかです。業者によっては、ドル円のスプレッドが1銭を切るところもあるのに対して、オージー円のスプレッドは3銭ぐらいでも

わりと良いほうといえます。それだけ主要国通貨と比較して、オージー円など資源国通貨は、値動きが荒くなる傾向があるわけです。

ただ、値動きが荒いからといってランダムに激しく動く相場かというと、そうではありません。ここでいう値動きが荒いというのは「トレンドは発生しやすいものの、そのトレンドが猫の目のごとく変化が激しい」ということです。

マーケットプロファイル的見地では、オージー円など資源国通貨の特徴として、次の2点が挙げられます。

●レンジエクステンションが発生しやすい
●趨勢的トレンドが出やすい

これはFXのトレーダーにとっては、妙味のある通貨といえるでしょう。なぜなら短期もしくは中期のトレンドにうまく乗れれば、相場上昇で儲けて、反転したら今度は相場下落で儲けてと、まさに両得狙いも可能となるからです。

レンジエクステンションの例

これはあくまでも筆者の主観ですが、資源国通貨でレンジエクステンションが発生する場面は、トレンドデー展開が発生する場面以上に多いようです。これは主要国通貨よりも流動性が低いので、少しのきっかけで発生しやすいからでしょう。

レンジエクステンションが発生した場合、主要通貨の場合と基本

的に同様の対応が必要といえます。つまり、自身のポジションと逆にレンジエクステンションが発生したら、早々に損切りします。

　一方、自身のポジションにとって好都合な方向へのレンジエクステンションであったら、場合によってはドテン場面を探ることもできるでしょう。

　資源国通貨はレンジエクステンションが発生すると、主要国通貨以上に値幅がつきます。裏を返せば、大きな損失の可能性もあるわけです。したがって、資源国通貨の取引では主要通貨以上にストップロスを厳格にセットしておくべきということになります。

　また値動きがボラタイル（大きく変動しやすい）なほど「行き過ぎ」が発生しやすいため、相場反転も分かりやすいといえます。レンジエクステンションからの反転が非常に分かりやすいのです。

　図5.2は2009年2月1日〜5日のオージー円のマーケットプロファイルです。まさに「行き過ぎ」の典型的な例です。

　1日、2日と、全く逆の方向性ながらも、同じレンジでDD型展開となりました。これば1日と2日が気迷い相場であることを示唆しています。

　翌3日は、両日のDD型の穴を埋めるかのようなノーマルデー形状となりました。

　そして翌4日には、前日のノーマルデー形状に近いレベルを基点とした、下げサイドのトレンドデー展開に発展したわけです。

　ただし、ここでは「テール」を形成しました。テールとはある価格帯に到達したもののなんらかの理由により跳ね返された価格帯と言えます。ローソク足でいう「ヒゲ」のように伸びた価格帯です。

図5.2 オージー円（2010/2/1～2/5）

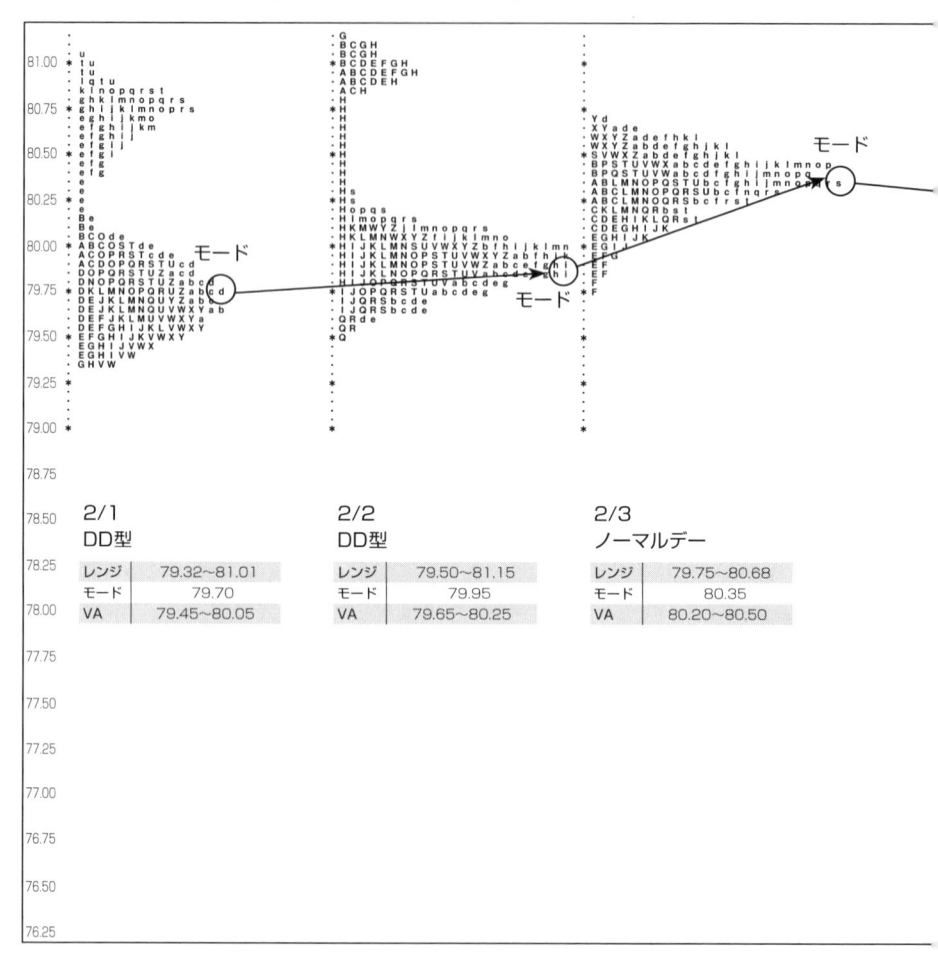

	2/1 DD型		2/2 DD型		2/3 ノーマルデー	
	レンジ	79.32～81.01	レンジ	79.50～81.15	レンジ	79.75～80.68
	モード	79.70	モード	79.95	モード	80.35
	VA	79.45～80.05	VA	79.65～80.25	VA	80.20～80.50

　4日と5日の連日にわたって、面白い現象が発生しています。ほぼ同じ価格帯でテールが出現しているのです。つまり、連日76.35

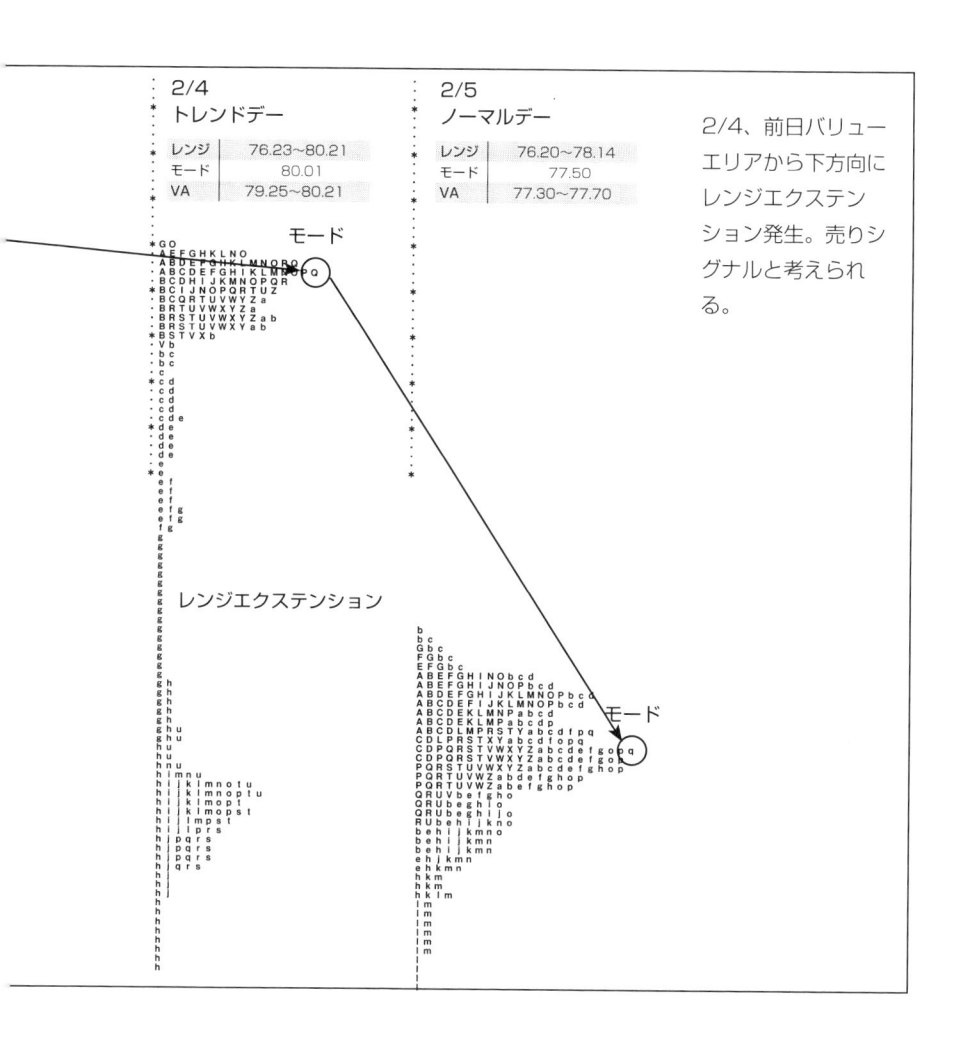

第5章 資源国通貨のマーケットプロファイル分析

2/4		
トレンドデー		
レンジ	76.23〜80.21	
モード	80.01	
VA	79.25〜80.21	

2/5		
ノーマルデー		
レンジ	76.20〜78.14	
モード	77.50	
VA	77.30〜77.70	

2/4、前日バリューエリアから下方向にレンジエクステンション発生。売りシグナルと考えられる。

（プロファイルチャート：2/4トレンドデーと2/5ノーマルデーの比較。2/4にモードとレンジエクステンションの領域が示され、2/5にもモードが示されている）

円レベルで「跳ね返された」結果としてテールが出現したのです。
そして、跳ね返された結果、どうなったでしょうか。

239

結論から先に言ってしまうと、4日のトレンドが持続するかと思いきや、ここで下げ止まってしまいます。それ以降は逆に息の長い上昇トレンドを持続させる展開となっていったのです。

趨勢的トレンドの例

　図5.3は翌2010年2月8日～12日のオージー円のマーケットプロファイルです。見てのとおり、強い反転基調を示しています。

図5.3　オージー円（2010/2/8～2/2/12）

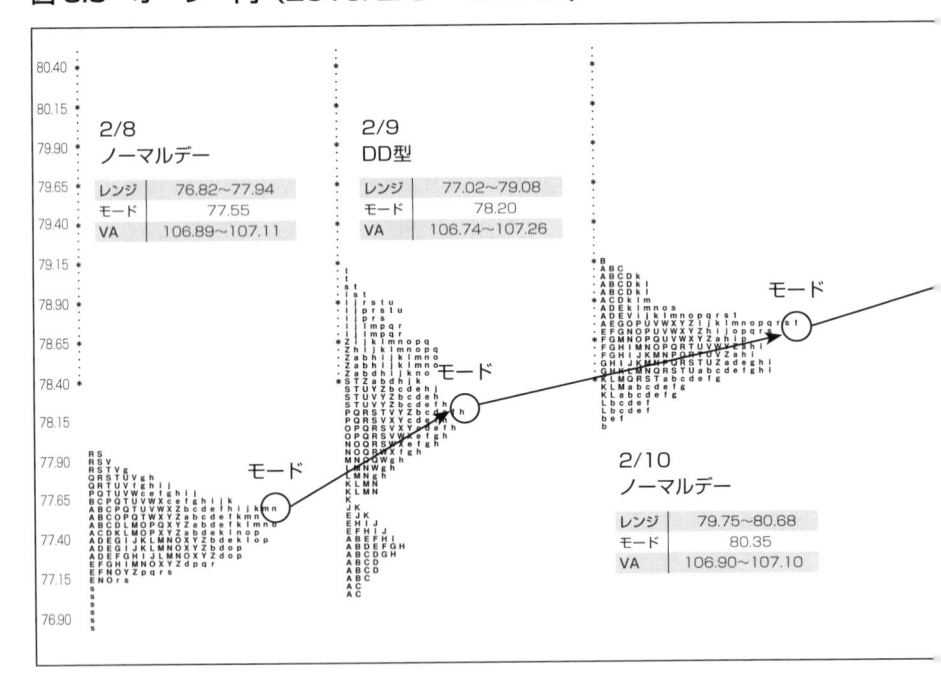

第5章 資源国通貨のマーケットプロファイル分析

　このようにオージー円のレンジエクステンションは比較的分かりやすいため、本書で再三紹介している「順張り→ドテンで逆張り」の短期トレードにも合っているといえます。

　さらに、値動き的には鈍いものの、ノーマルデーが連続し、着実にモードを移動させています。冒頭でも説明したように、マーケットプロファイル分析での趨勢的なトレンドとは、単にDD型展開が続くというわけではなく、モードを着実に同じ方向に移動するということです。このトレンド性は主要通貨以上に明白に出ます。

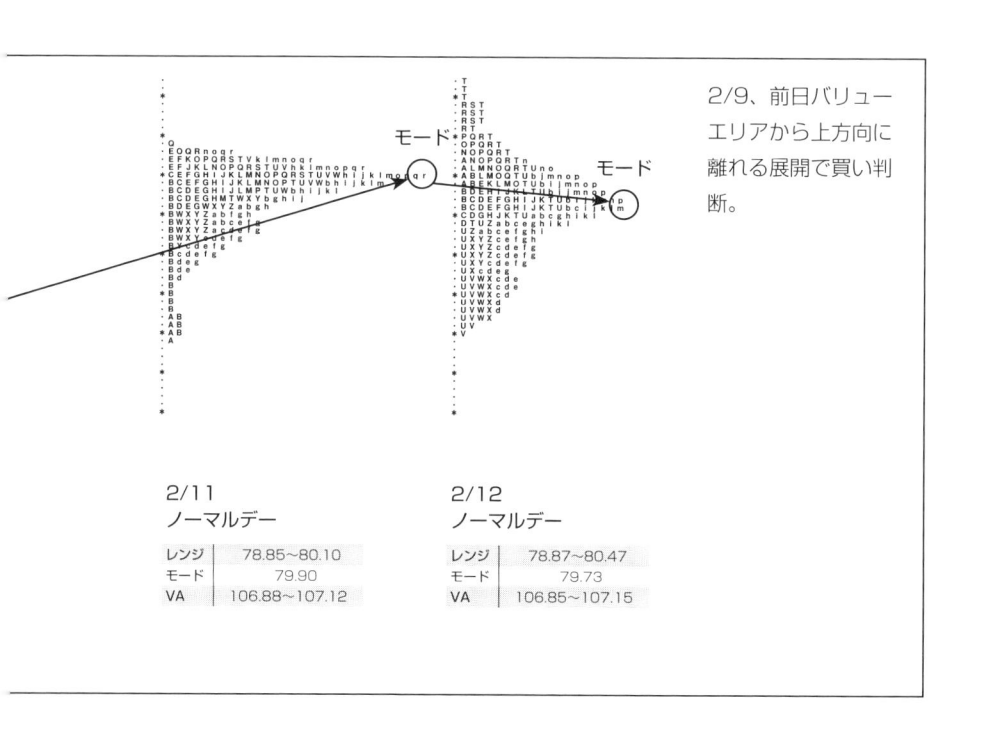

モード　　　　　モード

2/9、前日バリューエリアから上方向に離れる展開で買い判断。

2/11
ノーマルデー

レンジ	78.85〜80.10
モード	79.90
VA	106.88〜107.12

2/12
ノーマルデー

レンジ	78.87〜80.47
モード	79.73
VA	106.85〜107.15

■資源国通貨に潜むリスク

　08年のリーマンショック後、経済は急速に持ち直し、2010年には中国をはじめブラジル、オーストラリアなどの資源国が、国内のインフレ抑制に躍起となりました。

　その一環が「金融の引き締め」です。そのため多くの資源国の政策金利が、気がつけば先進国とは比較にならないほど高くなりました（本文の**図5.1**参照）。

　しかし、資源国通貨各国は積極的に金融引き締めをしているかというと、そうではありません。むしろ、高金利につられて外貨がどんどん流入してくるので、資源国の資産バブルを発生させるという悪循環が生み出されます。同時に、主要国通貨で資源国通貨が買われていけば、ひいては自国通貨高につながってしまうことが警戒されました。

　自国の通貨が高くなると、自国生産物の世界競争力の低下を招くことにもなります。それは資源国が世界競争に脱落することを招く可能性があるわけです。

　それを避けるべく、資源国は金融引き締めに加えて「外貨資金の流入制限」という手段をとることもあります。

　こうした外貨流入規制が行われれば、当然、その通貨は急落するでしょう。そうなればFXトレーダーはひとたまりもありません。こうしたリスクが資源国通貨には内包されているのです。

例えば、2009年10月、ブラジル財務省は「金融市場への投資を目的とした海外からブラジルへの送金に一律2％を課税する」と決定しました。課税対象となったのはブラジルの株式、先物、国債、社債の購入を目的とした送金です。

　新興国への成長期待からブラジル株式市場への資金流入が続き、急速な通貨レアルの上昇を招いたため、ブラジルは輸出産業への影響を懸念しました。そして、この課税によって投機的な資金の流入を抑制するつもりだったようです。

　実際、ブラジル財務省は「行き過ぎたレアル高の抑制が狙いだ」と説明しています。設備投資など直接投資を目的とした資金については、課税の対象外としました。

　こうした資本規制がいつどのタイミングでアナウンスされるかは分かりません。こうしたアナウンスがあった場合には、すぐにでもその通貨から逃げ出さざるを得ません。

　とはいえ、こうした発表後も、しばらくすれば再度資金流入が起こり、気がつけばまた自国通貨高になっているという構図が続くようです。

5-2　南アフリカランド

　本書執筆にあたって、編集者から「南アフリカの通貨であるランドについて、ぜひともマーケットプロファイル分析（手法など）を公開してほしい」という提案がありました。

　筆者としては、正直迷いました。なぜなら「果たして、南アフリカランドがマーケットプロファイル分析の対象となり得るのか？」と思ったからです。

　南アフリカランドは資源国通貨のなかでもマイナーです。こうしたマイナー通貨は、どうしても流動性が低く、そのため極めて短時間で値段が大幅に動く可能性があります。つまり「値が飛ぶ」ことがあるのです。

　マーケットプロファイルの場合、本来1円単位で動いているものが、10円、20円と飛んだとき、それを高値・安値ととらえていいのかという問題があります。高安のレンジをすべて記入するのではなく、ついた値段だけを記入していかないと、プロファイルの意味をなさなくなっていきます。

悪いニュースが出たら売れ

　筆者は通常、金利関係を主体にマーケットを見ているため、日米

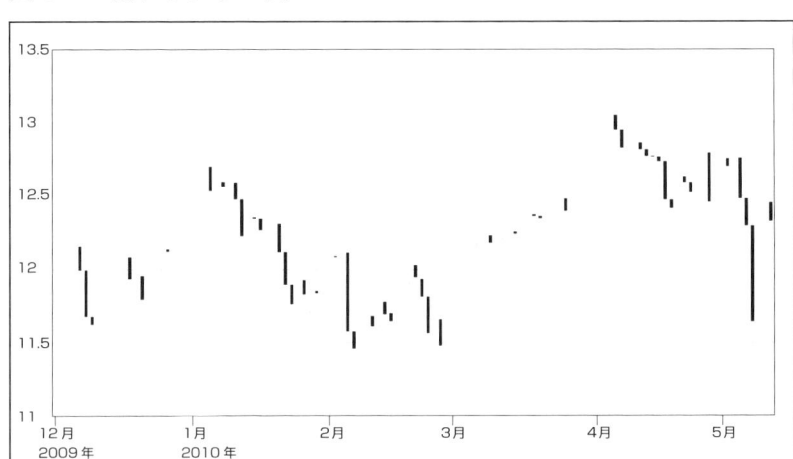

図5.4 南アランド／円

欧の金利市場に関連する為替相場を監視するのは必然的です。豪ドルを見ることもあります。しかし、ランドはカバー範囲ではありません。やや戸惑いつつも、情報端末を通じてランド円のチャートを見てみることにしました（**図5.4**）。

チャートを見て、真っ先に思い出した言葉があります。

> "*小さい市場では、悪いニュースが出てきたら売るほうが簡単だ。*"
> ――*英エコノミスト誌（2010年5月22日号）*

この言葉は、まさにランド円のためにあるといっても過言ではないでしょう。

値が飛ぶ問題も、10年前だったらプロファイル分析は無理だった

でしょうが、現在はさほど問題のないレベルだと判断しました。
　このチャートを見るかぎり、正直に言って「いくらランドが高金利でも、ランド円の金利差を狙ってコツコツというのは、ありえないな」という印象です。プロファイル的に許容できる流動性があるとはいえ、金利差を狙えるレベルには達していません。
　こうした感想を抱きつつも、ひとまずマーケットプロファイル作成にあたってみたわけです。

ランド円

　当初、ランド円のマーケットプロファイル化したものをいくつか見た筆者の感想は「日足のチャートを見るよりは、いくぶんマシ」という印象でした。
　傾向としては、主要通貨やクロス通貨と比較すると「トレンドの発生・終了のサイクル」は明らかに短いし、冒頭でも述べたように「数日かけて形成したトレンドを、1日の調整ですべてが帳消しになる」ことが多いという印象です。
　こうした形状パターンから必然的に「エントリーまたはエグジットをいかに早く行うか」が重要になってきます。
　では、具体的な例を交えながら解説していきましょう。
　図5.5は2010年2月1日～5日のランド円のマーケットプロファイルです。
　これは「悪いニュースが出たら売る」の典型といえます。コツコツとレンジを切り上げていたと思いきや、週末の4日と5日に、そ

れまでの積み上げを相殺するどころか、さらに下落となるDD型展開となりました。

この場合、2日と3日の連続したノーマルデーがモードを切り上げたものの、頭重い展開となっており、上昇トレンドが終わる可能性を示唆していました。

ここでのポイントは、上昇場面でノーマルデー展開が連続して発生していても、モードの上昇が終わりそうな場面では、上昇トレンドがいったん終了して反転する可能性を考慮しなければならないということです。

このケースは、南アフリカのファンダメンタルズが大局的に悪化している「リスク縮小期」と推定されるとき、顕著に見られます。この場合、上昇トレンドは緩やかで、下落するときは急激です。

逆に、南アフリカのファンダメンタルズが大局的に改善している「リスク拡張期」には長期的に上昇トレンドが出やすくなります。言い換えれば、リスク縮小期の相場上昇は、リスク拡張期と比べると、比較的短期間に終わるということです。

したがって、現在の南アフリカがリスク縮小期なのかリスク拡張期なのかをまず見極めなければなりません。言い換えれば、リスク拡張期と縮小期に大きな影響を受けるのが、ランドなどの新興国通貨なのです。

図5.6は2010年3月1日〜5日のランド円のマーケットプロファイルです。

このように「リスク縮小期」の上昇トレンドは、緩やかに展開するのが典型的です。そして、このようなときに「落としどころ」を

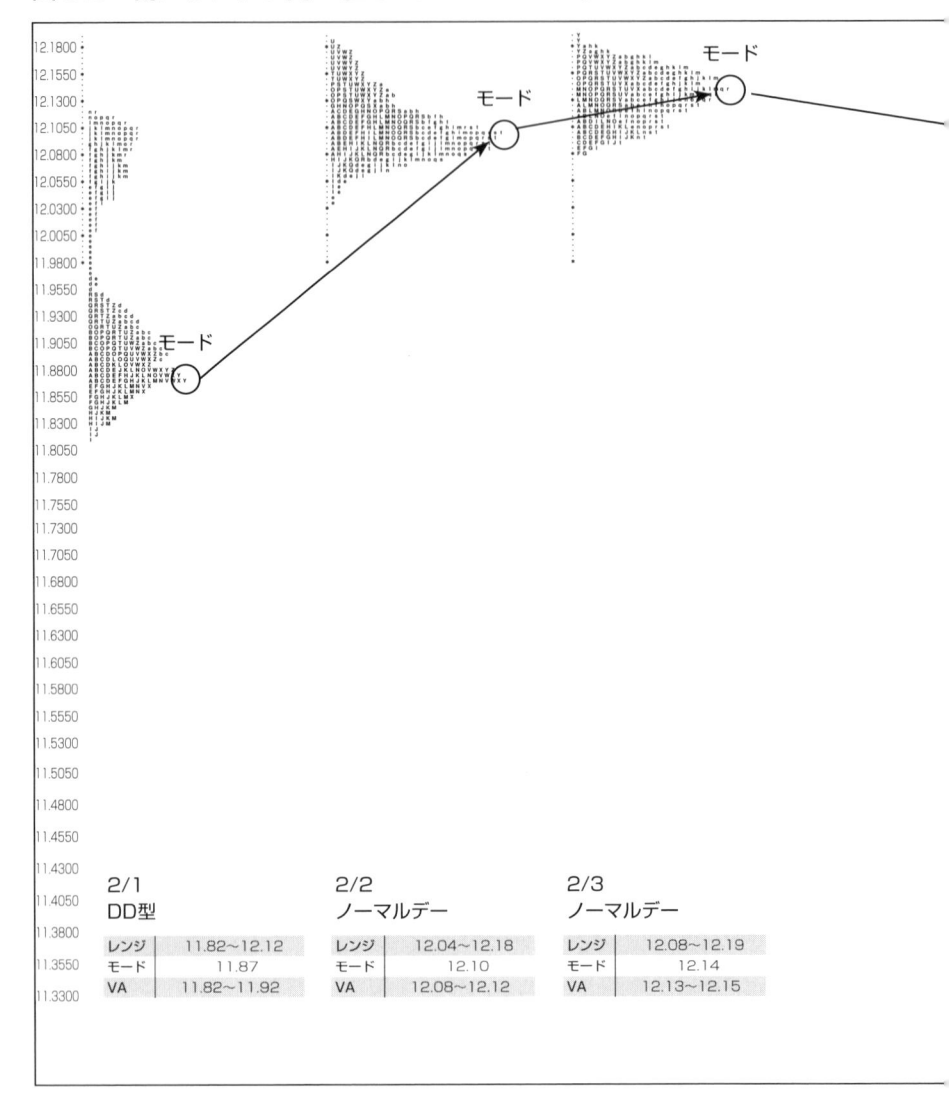

図 5.5　南アランド / 円　（2010/2/1 〜 2/5）

	2/1		2/2		2/3	
	DD型		ノーマルデー		ノーマルデー	
	レンジ	11.82〜12.12	レンジ	12.04〜12.18	レンジ	12.08〜12.19
	モード	11.87	モード	12.10	モード	12.14
	VA	11.82〜11.92	VA	12.08〜12.12	VA	12.13〜12.15

第5章 資源国通貨のマーケットプロファイル分析

2/4、前日バリューエリアから下方向にレンジエクステンション発生。売り判断。

モード

2/5
DD型（トレンドデー的）

レンジ	11.31〜11.73
モード	11.62
VA	11.57〜11.67

モード

2/4
トレンドデー

レンジ	11.52〜12.12
モード	12.07
VA	11.96〜12.17

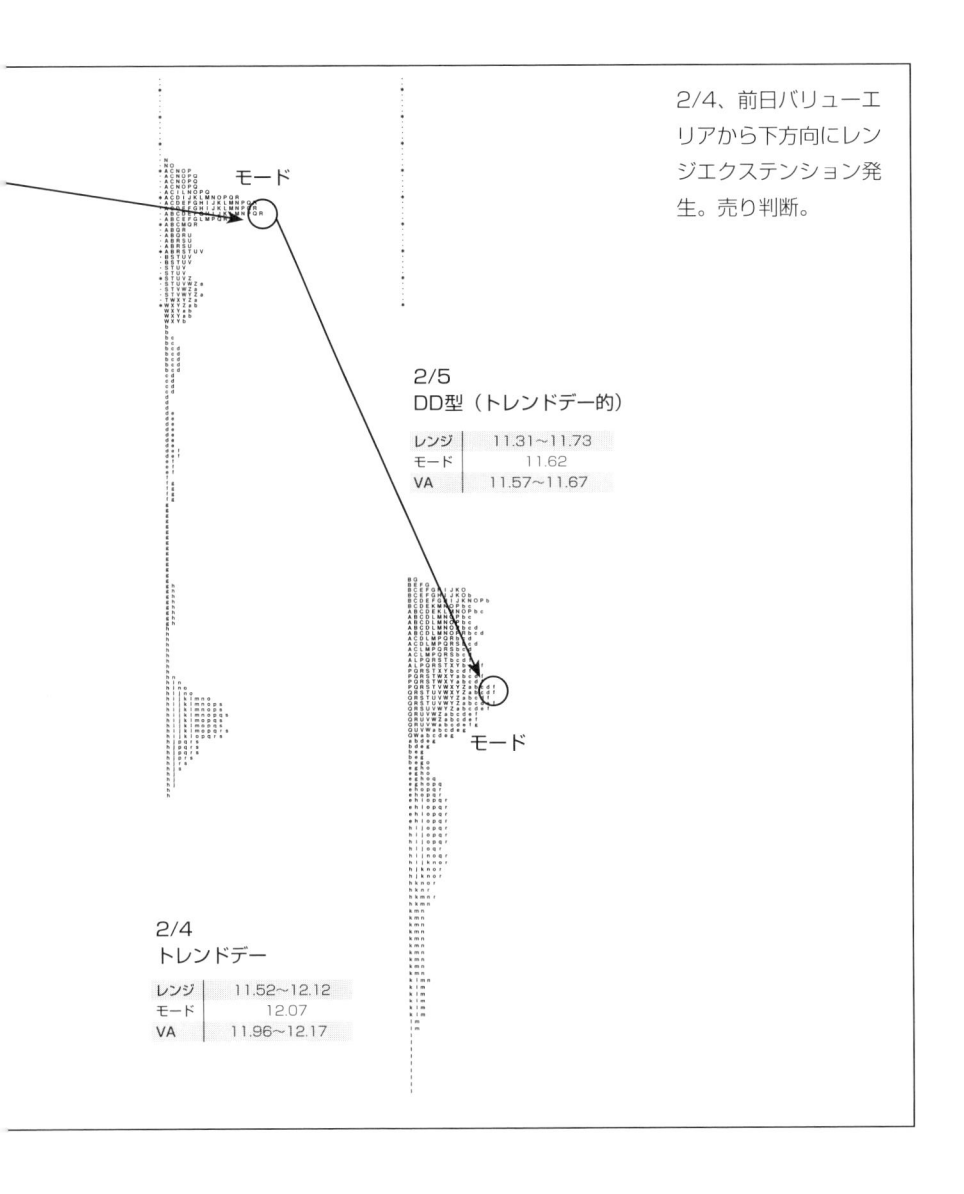

図 5.6 南アランド / 円 (2010/3/1 〜 3/5)

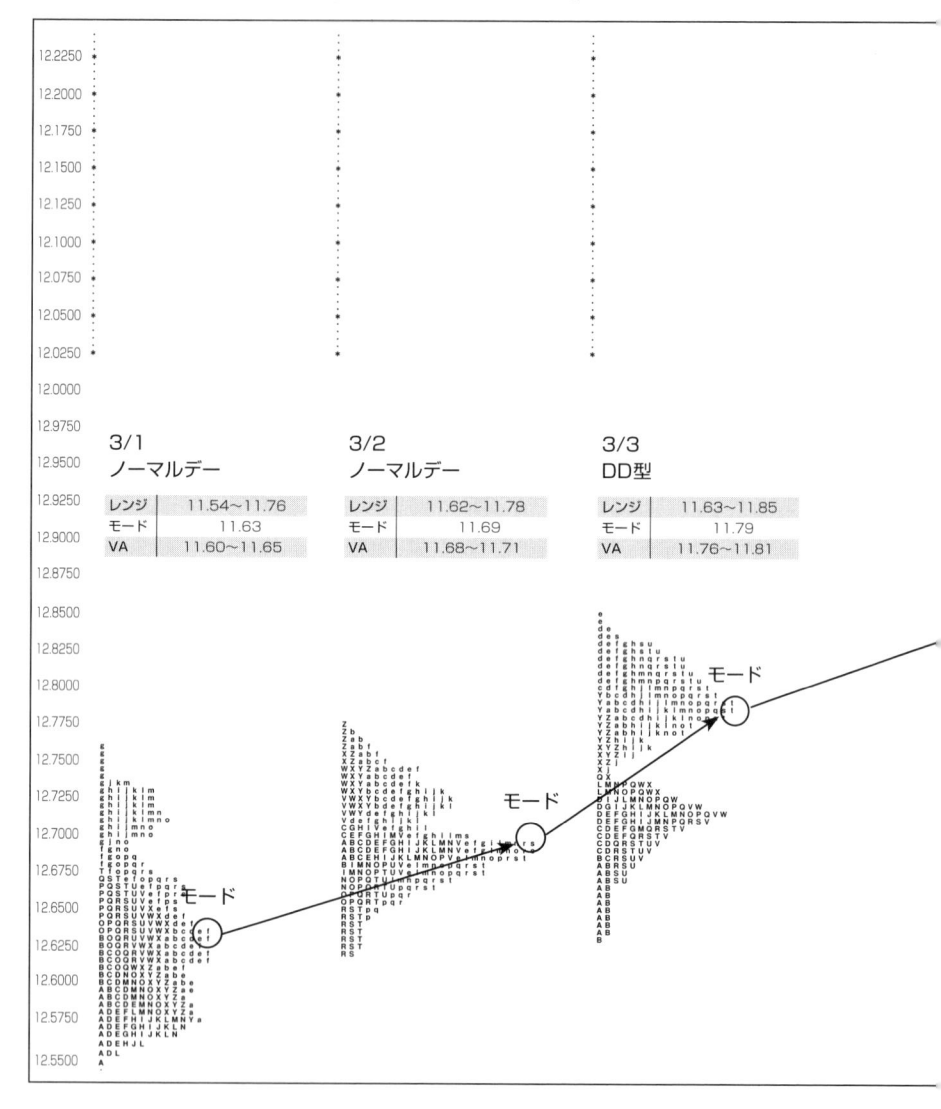

3/1 ノーマルデー

レンジ	11.54〜11.76
モード	11.63
VA	11.60〜11.65

3/2 ノーマルデー

レンジ	11.62〜11.78
モード	11.69
VA	11.68〜11.71

3/3 DD型

レンジ	11.63〜11.85
モード	11.79
VA	11.76〜11.81

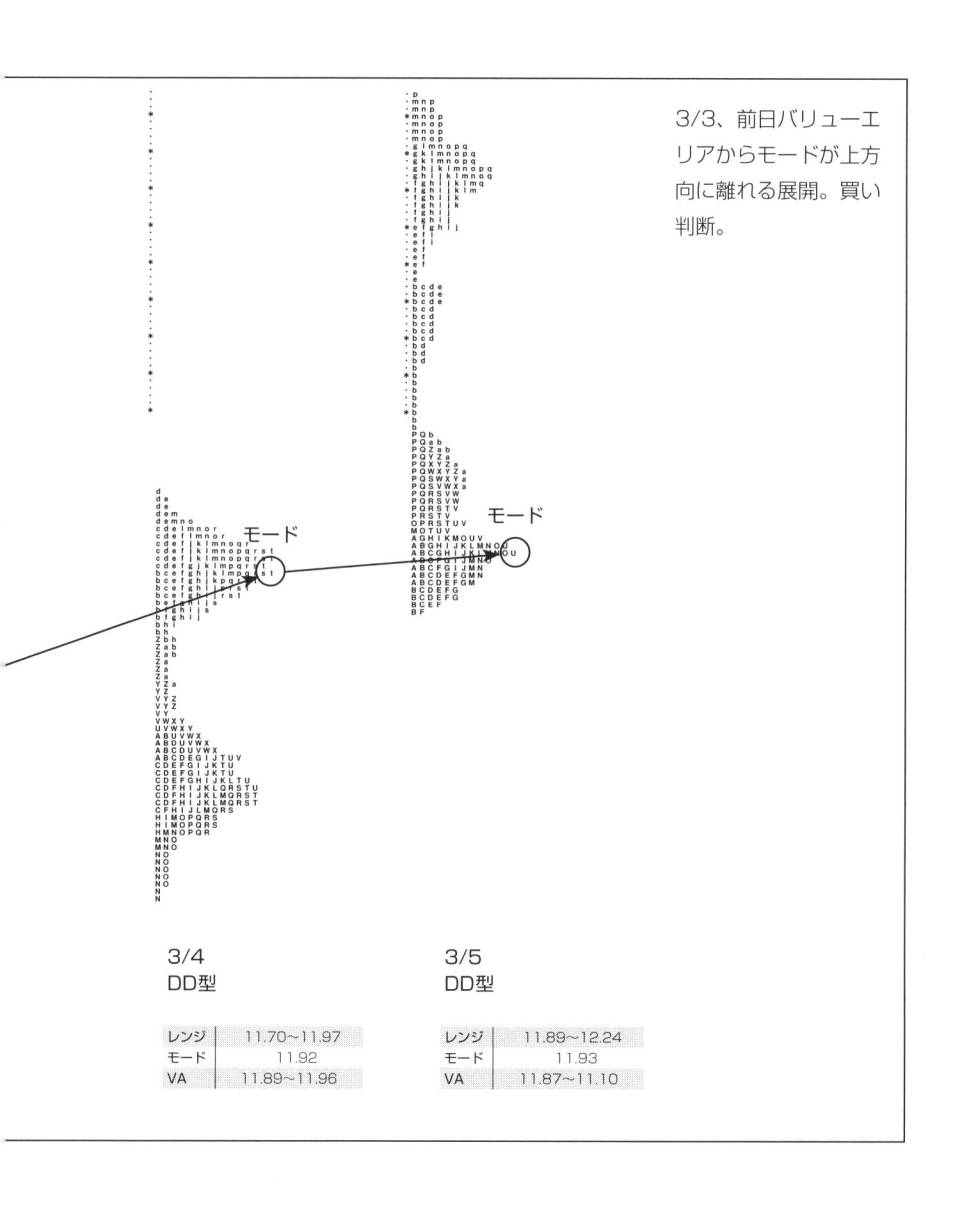

第5章 資源国通貨のマーケットプロファイル分析

3/3、前日バリューエリアからモードが上方向に離れる展開。買い判断。

3/4
DD型

レンジ	11.70～11.97
モード	11.92
VA	11.89～11.96

3/5
DD型

レンジ	11.89～12.24
モード	11.93
VA	11.87～11.10

251

探るわけです。

ランド円の特徴

図5.7は2010年3月29日～4月2日の週、**図5.8**は翌4月5日～9日の週、**図5.9**は翌4月12日～16日のランド円のマーケットプロファイルです

まず、3週にわたっての形状推移を確認してください。この3週間でランド円は「行って来い」相場になったことが分かりましたでしょうか。これがランド円の典型的な特徴といえます。

図5.7をご覧ください。

3月29日は典型的なノーマルデー展開となり、きれいなベルカーブを形成しました。

30日はトレンドデー的な展開となり（最終的にはDD型展開）、翌31日、4月1日、さらに2日はDD型展開となりました。

これだけDD型を連発するというのが、マイナー通貨である証左といえるかもしれません。

主要通貨同士の為替レートと主要通貨対新興国との為替レートを比較した場合、つまり、先進国同士の為替取引と先進国と新興国との為替レートでは、当然いろいろな面で違いがあります。

例えば、先進国同士ならば新興国と比較して経済規模が明らかに巨大です。ですから、先進国同士の通貨取引は、対新興国での通貨取引とは比較にならないほど膨大な量となります。これが先にもお話ししたような「流動性の問題」ということにつながってくるわけ

です。

　また、その「流動性の問題」は、市場参加者の大小にも絡むようになるのです。流動性が高いとは、つまり市場参加者が多いということであり、流動性が低いということは、市場参加者が少ないということです。

　例えば、日本の大手証券会社が南アランド投資の投信を設定しようものなら、それこそその集まった「円建て」の資金が、南アランドに流入することで、ひとつのトレンドともなってしまうことさえあります（これは極端な例ですが）。それだけ流動性が低く、市場参加者が少ない結果です。こうした"成熟していない通貨"を取引すると、極端な話、3日連続のトレンドデー展開もあり得ます。

　こうしたトレンドデー展開が連続するというのは、ドル円など主要通貨取引では起こり得ません。これが新興国通貨取引の怖いところです。

　このようにトレンドデー（トレンドデー的DD型）が連日出現した場合、そのトレンド終焉を示唆するのが「ノーマルデー出現の日」です。

　まず、FX市場におけるマーケットプロファイルの位置付けを思い起こしてください。いえ、それ以前のマーケットプロファイルそのものの、位置付けを思い出してください。

　マーケットプロファイルの存在意義の根幹部分は、1日の取引は「正規分布」するというものです。正規分布とは、マーケットプロファイルでいうところの「ノーマルデー」です。

　では、これを各通貨別に見てみましょう。おもしろいことが分か

図 5.7 南アランド / 円 (2010/3/29 〜 4/2)

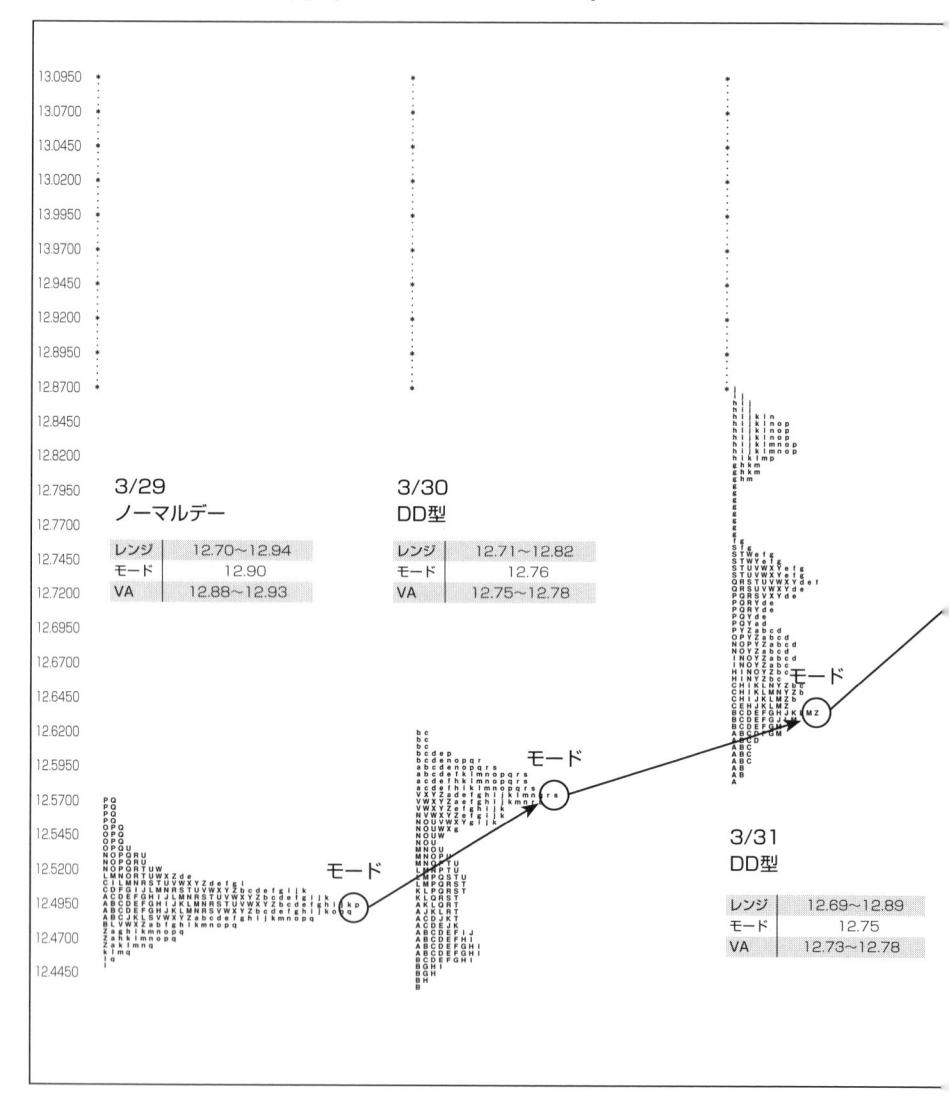

3/29
ノーマルデー

レンジ	12.70〜12.94
モード	12.90
VA	12.88〜12.93

3/30
DD型

レンジ	12.71〜12.82
モード	12.76
VA	12.75〜12.78

3/31
DD型

レンジ	12.69〜12.89
モード	12.75
VA	12.73〜12.78

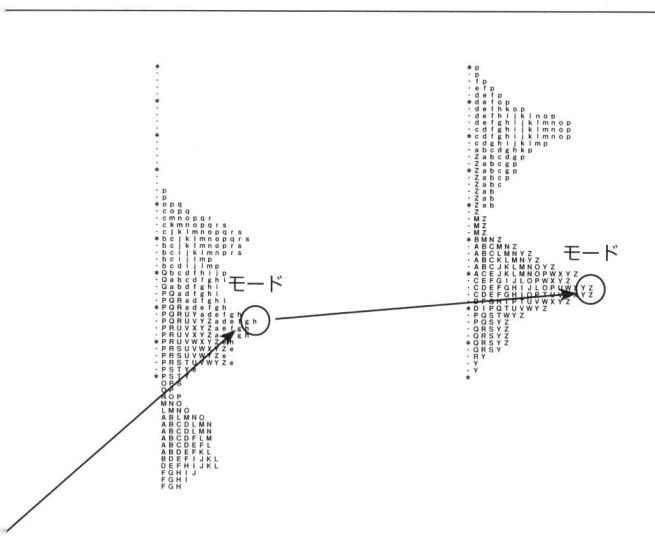

第5章　資源国通貨のマーケットプロファイル分析

3/31、前日バリューエリアから上方向に離れる展開。買い判断。

4/1
DD型

レンジ	12.58〜12.79
モード	12.73
VA	12.70〜12.75

4/2
DD型

レンジ	12.39〜12.74
モード	12.60
VA	12.56〜12.63

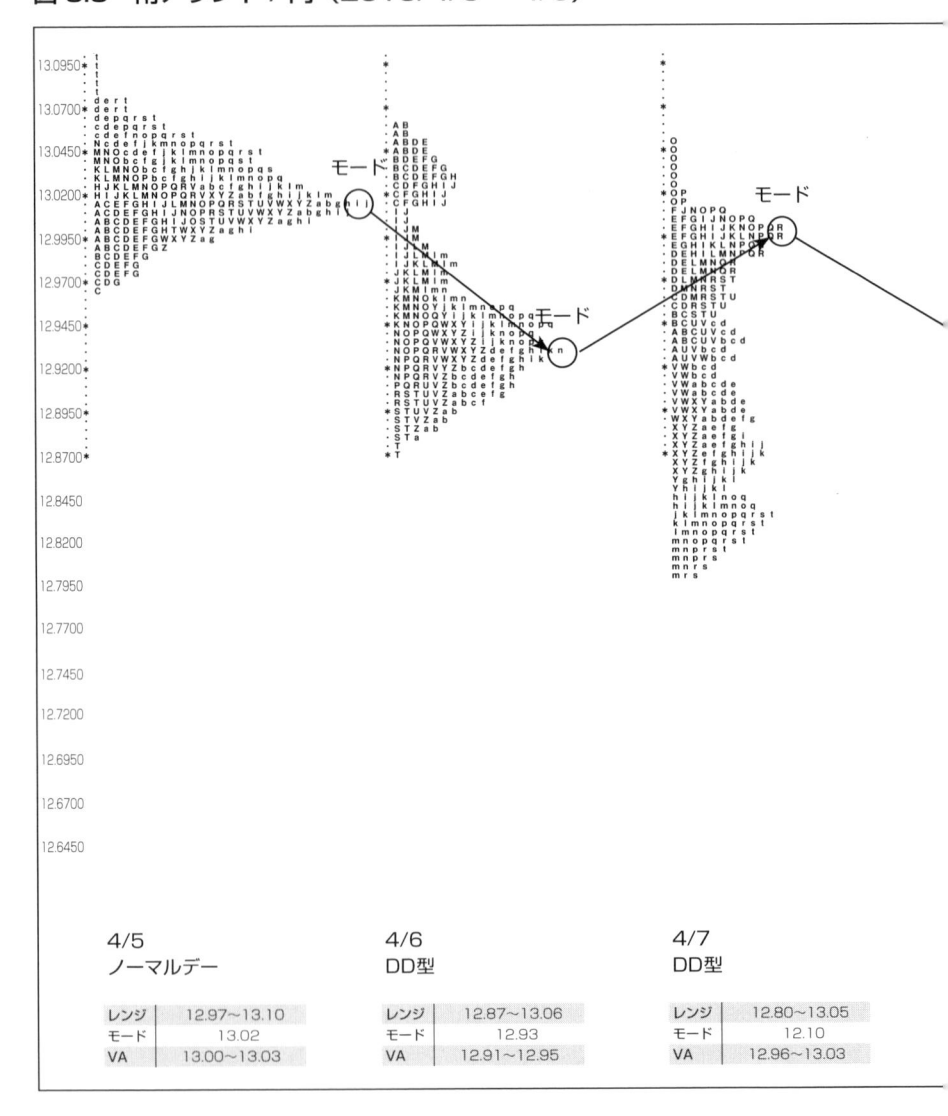

図 5.8　南アランド / 円（2010/4/5 〜 4/9）

	4/5 ノーマルデー	4/6 DD型	4/7 DD型
レンジ	12.97〜13.10	12.87〜13.06	12.80〜13.05
モード	13.02	12.93	12.10
VA	13.00〜13.03	12.91〜12.95	12.96〜13.03

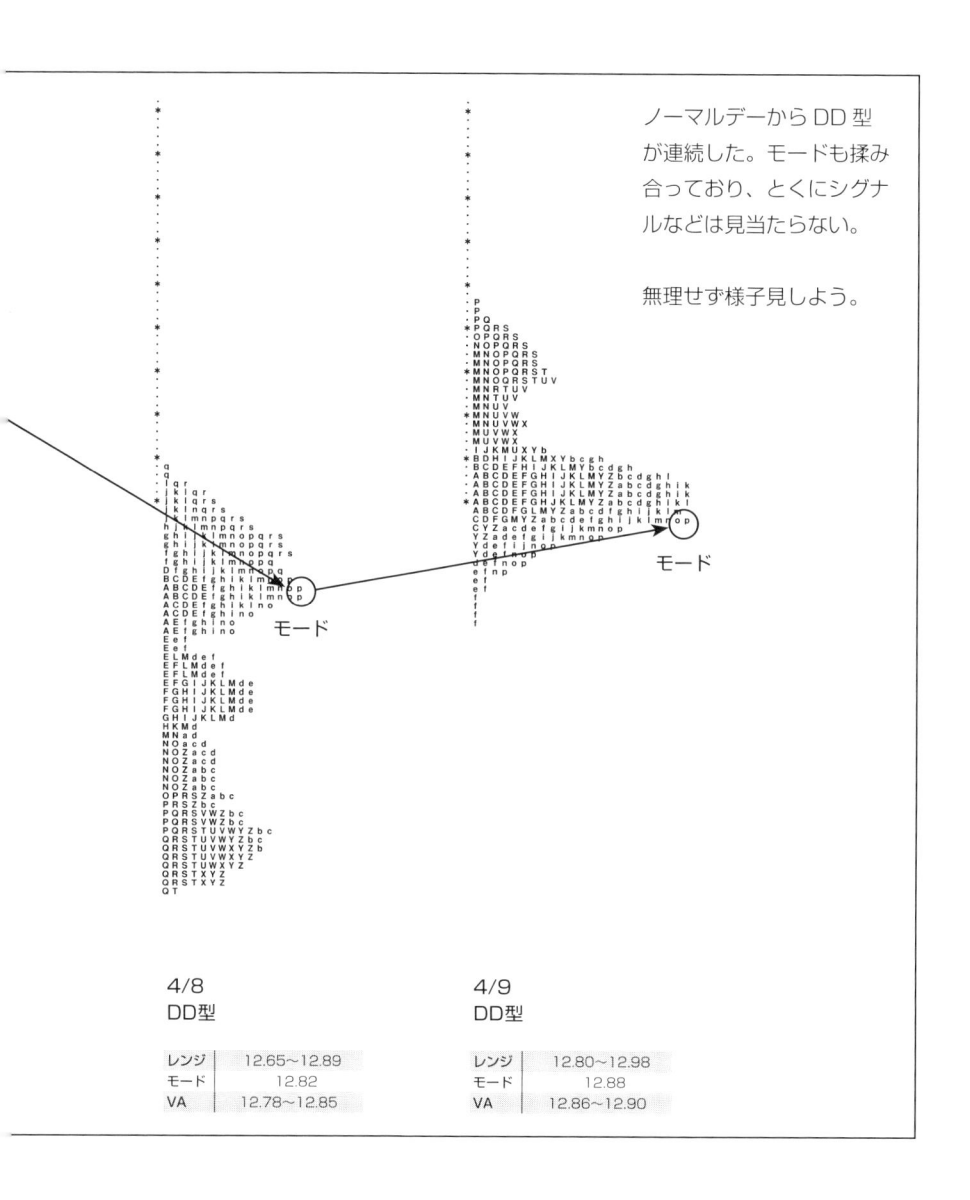

第5章　資源国通貨のマーケットプロファイル分析

ノーマルデーからDD型が連続した。モードも揉み合っており、とくにシグナルなどは見当たらない。

無理せず様子見しよう。

モード

モード

4/8
DD型

レンジ	12.65〜12.89
モード	12.82
VA	12.78〜12.85

4/9
DD型

レンジ	12.80〜12.98
モード	12.88
VA	12.86〜12.90

図5.9 南アランド/円（2010/4/12～4/16）

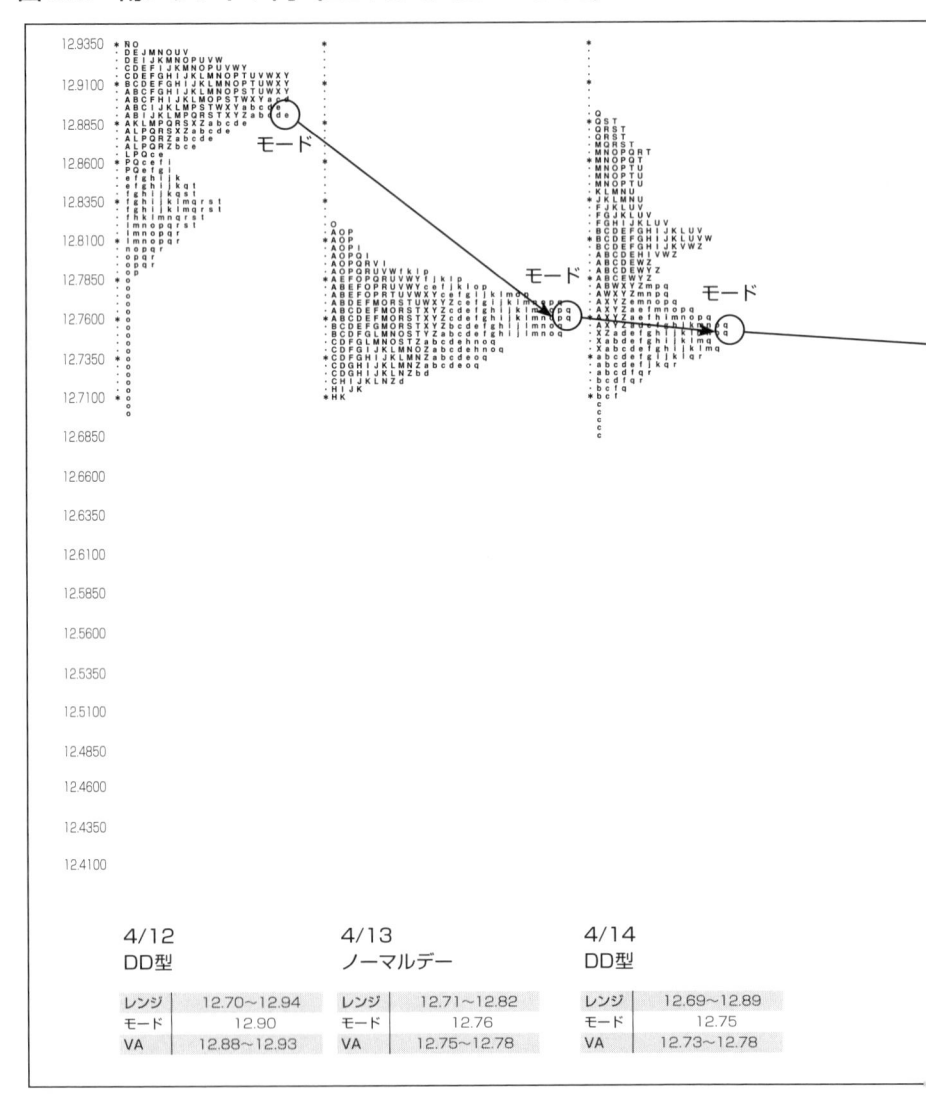

	4/12	4/13	4/14
	DD型	ノーマルデー	DD型
レンジ	12.70～12.94	12.71～12.82	12.69～12.89
モード	12.90	12.76	12.75
VA	12.88～12.93	12.75～12.78	12.73～12.78

第5章　資源国通貨のマーケットプロファイル分析

```
                                                               4/13、前日バリュー
                                                               への戻しの鈍さが見て
                                                               取れる。売りシグナル
                                                               と判断してもよいだろ
                                                               う。
```

(プロファイルチャート省略)

	4/15 DD型		4/16 DD型
レンジ	12.58〜12.79	レンジ	12.39〜12.74
モード	12.73	モード	12.59
VA	12.70〜12.75	VA	12.56〜12.64

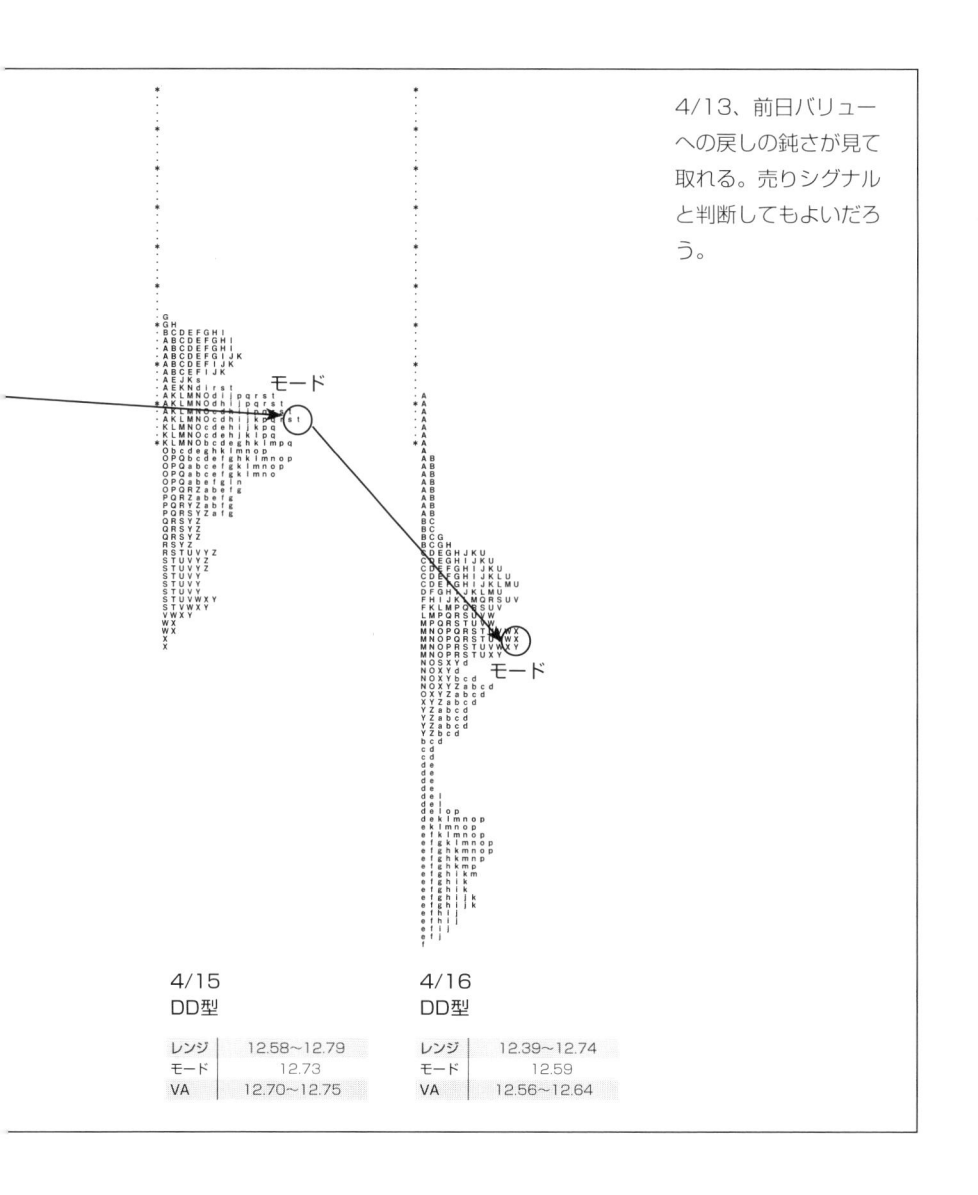

259

ります。

　主要通貨市場では、ノーマルデーは多発しますし、ノーマルデー形状ながらもトレンドが継続するということはあります。それはこれまで何度かドル円などの主要通貨で説明してきたとおりです。

　しかし、ランド円など新興国通貨の場合、それもトレンドデーが連発する展開となった後の「ノーマルデー」は、その出現自体に意味があるのです。

　先にも説明したように、新興国通貨の場合、流動性の問題で、ある特定の材料に敏感に反応し、それが数日にわたって続くケースがあります。

　しかし、そのテーマも永続的なものではありません。そして、そのテーマが廃れたときに出現するのが、ノーマルデーなのです。ですから、その「テーマの終焉」場面＝「トレンド終了の合図」ということにもなるのです。

　ただ、こうしたケースは、新興国通貨だから、南アランドだからと決めつけるものでもありません。新興国通貨も徐々に流動性が高まり、市場の信頼を得られるようになると、トレンドデーの連発はなくなるかもしれません。くれぐれも「決めつけ」はしないようにしましょう。

　さて、**図5.8**をご覧ください。4月5日にノーマルデーが出現した後は、相場の上昇トレンドがいったん収斂となりました。その後、トレンドレスな展開がしばらく続いていたことが、4月6日、7日で体現されています。

　とりわけ7日の形状については、DD型とも判断がつかない、ボ

ラティリティの高い相場展開となり、それは8日にも継承されることとなりました。

　これは、これまでの上昇相場の反動、つまり前週までの相場上昇場面で積みあがった買いポジションの投げを誘う形状様相です。その投げが一巡したことで、9日にやっと落ちついた形での「DD型」展開となったのでした。

　言い換えますと、7日と8日の両日のDD型ともつかないボラティリティの高い「形状」は、これまでの買いポジションの投げで体現された結果としての形状と言えます。

　これも流動性があまり高くない新興国通貨の特徴的な形状といえます。

■インフレについての考察

●インフレターゲット政策論議

　ここ数年来の傾向として「円高が進むと、政治家連中は日銀をいじめる」があります。日銀の対応が遅いとか、為替介入せよとか、しまいには、日銀法を改正して……などという声もあるほどです。

　政治家には、自身の無策を棚に上げ、誰かに押しつける傾向が強いと思えるのは筆者だけでしょうか。

　このように、日銀と政治家の間では、熱い戦いが続いています。とりわけ「インフレターゲット政策」導入にあたっては、長い間議論が交わされているところです。

　インフレターゲットとは「インフレ目標」と訳されます。中央銀行があらかじめ物価目標を定め、これを達成するような金融政策を行うことを言います。

　景気が良くなってくると物価は上昇します。このことを経済学では「インフレ」と言いますが、通常、こうしたインフレターゲット政策をとっている国は、過度のインフレを抑制するために使っています。イギリスしかり、カナダしかり、その目的の主は、あくまでも過度のインフレを抑制することです。

　この意味は、実は非常に大きいのです。

　繰り返しになりますが、インフレを抑制するための政策、それが「インフレターゲット政策」です。ところが、日本で議論されてい

るインフレターゲット政策はというと、「デフレからの脱却のために」に（緩やかな）インフレを誘発するために、導入しようというものです。

「デフレからの脱却」のための政策、これが大問題なのです。

●**金本位制度が生まれた背景、それはインフレを抑制するため**

1880年から第一次大戦までの30年あまりの間、貨幣価値は非常に安定したものとなりました。これは金という貴金属を本位としていたからです。

この金本位制度下にあって、ほとんどの国でマネーサプライ（通貨供給量）の調整が中央銀行の責任でした。各中央銀行はしばしば協調して行動しました（たとえば、緊急時の金の相互貸借など）。

つまり、当時は金というひとつの交換媒体を通じて、複数の通貨が複数の準備通貨として機能することとなったのです。

こうした「金」本位制は、1880年当時としては画期的でした。なぜなら、その前時代は、各国が君主制度の下、通貨を自由に操作することができ、それがインフレを誘発し、ひいてはそのインフレを通じて国民に対してひそかに税金をかけていたからです。

金本位制度は君主国家や封建的な国家からの決別でした。そのため、前時代と比較すると画期的であったわけです。

そうした背景もあって「貨幣と金」の関係が法律に書き込まれたり、国家の憲法に明記する国もありました。

つまり、封建制度下にあってインフレは、日常茶飯事だったともいえなくもなかったわけですが、それが連発すると、社会的混乱を招き、引いては、封建的な社会の崩壊を意味するものであったのです。そして、その時代からの決別というのが「金本位制度」だったわけです。

●**金本位制度の光と影**
　金本位制度とは、国際貿易や投資を調整する巨大なシステムだったといえます。
　その調整委員会はロンドンにありました。それはほとんどの中央銀行が自国の金準備の一部をロンドンに保管しており、しかも通貨のポンドは金と同じほど強力だったからです。
　ただ、この「巨大な金本位制度というシステム」も弊害がなかったわけではないのです。
　景気が回復し、上昇を始めると、海外からの輸入（ぜいたく品、機械類など）が増えます。しかし、国際的な支払いは金で決済されていました。必然的に輸入の支払いに金が流出することになります。したがって、金本位制下では、マネーサプライは金を裏づけとしていたため、金が流出すると、中央銀行はマネーサプライを減らさなければならなかったのです。
　中央銀行がマネーサプライの引き締めを行うと、いわゆる金融引き締め効果を演出することとなることから、その結果、市中金利の

上昇を招くこととなるわけで、そのため融資、返済、ともに難しい状況を演出することとなり、この結果、企業は資金調達が難しくなります。それゆえ、経済成長も鈍化することとなり、企業にとっては、労働者のレイオフを余儀なくされ、それと同時に企業倒産も増え、景気後退を招くこととなったのです。

逆に、こうした景気後退局面では、企業も従業員も生き残るために、採算割れを余儀なくされるぐらいの低価格製品を提供するようになります。それが必然的に商品の（価格競争という面で）魅力を高めることとなり、逆にこうした支払い手段として金を受け取ることで、国内への金の流入が鮮明になります。その結果、マネーサプライは増加し、市中金利は低下することとなり、それが企業の資金調達意欲を高め、人的、物的な設備投資を活発化させることとなり、それはやがて好景気を体現させることとなったのです。

そういった意味で、金本位制の根本的な問題は、こうした好況と不況が両極端に招かれることにあります。

●金本位制度の制度疲労

金本位制下では、この「自動調節機能」が当初こそ、十分に機能したものの、時代の変化とともに、その「自動調節機能」の劣化が見られるようになりました。すべてを最終商品価格に転嫁できないという状況が生まれることとなったのです。

金本位制初期、つまり19世紀は、商品価格の下方伸縮性は非常

に高いものでした、しかし、労働者の地位向上を求める気運が高まった結果、賃金の下方硬直性が高まることとなり、それ故、マネーサプライがいかに減少しようも、商品価格が思った以上に下がりにくい状況を演出することとなったのです。

　それが20世紀に入ると、生産の減少、経済全般の停滞を招くこととなりました。そして、その結果がいわずもがなの第一次大戦だったわけです。

●インフレの怖さ
　インフレの例を過去の歴史から挙げるとすれば、まっさきに例示されるのは、やはりドイツでしょう。
　1923年のドイツのインフレは有名です。まさにハイパーインフレでした。物価が1時間単位で上昇したのです。
　労働者と雇い主は前日のインフレを調整するため、毎朝賃金交渉を行い、労働者は1日2回、賃金の支払いを受けたそうです。子供の一人は昼に工場の門で父親を待ち、子供は親から賃金を受け取ると商店に走り、商店では母親がお金が物価上昇で価値が目減りする前に商品に代えようと必死になったといいます。
　なぜ、このような事が起きたのでしょうか。
　当時のドイツが、第一次大戦の敗戦国として、巨額の賠償金を戦勝国に支払わなければならなかったからです。その賠償額は当時のドイツの税収の十数年分というものでした。こうしたなかにあって

起きたのが1923年1月のフランスによるドイツ最大の工業地域であるルール地方の占領でした。

戦後賠償に遅延が生じたことを理由に、戦勝国フランスがドイツの領土を占領することで、賠償の一部としようとしたのです。この過程で、占領下となったルール地方のドイツ帝国銀行の支店に保管されていた60億マルクの未完成の紙幣がフランス軍によって略奪され、それが市中に出回ったことがきっかけとなって、その後の「ハイパーインフレ」を誘発したのです。

いわゆる典型的な「インフレ」です。過程はどうであれ、マネーを過剰な供給した結果です。これはつまり、通貨価値の崩壊といえます。

●インフレの意味

インフレとは、なんだかんだ言って、政府が国民に課す税金のようなものといえます。なぜなら、通貨価値の下落は、それは同時に自国債務の減価を意味するからです。ですから、政府は常に「インフレ誘導」という誘惑に惑わされるのです。

ただ、政府自身が自国の債務の減価を可能とするということは、自国財産を、大きく減価させるという意味であり、それは国民目線でみても不幸でしかありません。

その例もドイツで見ることができます。ハイパーインフレによってただのような価値となったマルク資産をドル、ポンドで外国人投

資家達が購入していたったのです。ゆえに、インフレを誘発するような「インフレターゲット政策」は、決して許されるものではありません。

●**筆者の見解**

結論からいうと「インフレターゲット政策は憲法違反」です。まず、この点を十分に理解しておく必要があります。

社会現象としてのデフレーション、インフレーションは、政府、日銀の財政・金融政策の結果であることは確かです。経済発展過程に起こり得るものとしては、いかんとも避け難い現象です。

そのなかで日銀にとって重要なことで、かつ積極的に行うべきことは、インフレを起こさせないことです。そもそも中央銀行である日銀は、貨幣を基軸とする秩序の番人であって、それ以上でも、以下のものではないです。

通貨価値それ自体失われていないのがデフレであることに対して、通貨価値自体を減価させるインフレは「貨幣を基軸とする秩序」を破壊することになってしまいます。言い換えると、強烈なインフレ現象というのは、通貨価値が担保されなくなる懸念があるのです。この通貨価値の担保を失えば、社会不安をも招きかねません。

このように考えると、日銀の金融政策の一環としてプラスのインフレ率を設定し、その実現のために日銀は積極的に資金を投入していき（つまり現物資産を購入していく）、目標となるプラスのイン

フレ率を目指すというのは、通貨価値の減価を日銀が積極的な金融政策として行うということにほかならないし、そこに憲法違反の疑いが生じるのです。

たしかに歴史的にみて通貨価値の減価政策は幾度となく行われてきたのは事実です。

1920年代の大恐慌は代表的な例でしょう。金本位制下の経済でルーズベルト大統領は金を買い、大量のドルを増刷させ、マネーサプライを増加させました。この結果、ドルの通貨価値はおよそ40％近く減価させたのです。

これによって、1932年にマイナス10％近くだった消費者物価指数は、34年にはプラスに転じました。

こうした事例をもとに、現代のインフレターゲッティング論者たちは、政策の有効性を声高に叫び、米大恐慌時にルーズベルト大統領が大量に金を買ったことを現代風にアレンジした形で、日銀に対して「ETFを買え」「REITを買え」と叫んでいるように見えます。

そこには現預金者の財産権という観点が欠落してしまっているのです。現預金の通貨価値の減価は、憲法29条1項の「財産権、これを侵してはならない」に明らかに抵触します。個人的には29条3項の規定によって、国家賠償請求も可能であるとすら考えています。

仮にインフレターゲッティング政策が導入となった場合は、1項規定にひっかかることになるものの、あえてその社会的政策という

観点に立った場合、その政策自体を違憲ながら容認するとしたスタンスに立つと、憲法29条3項の定めている「私有財産は、正当な補償の下に、これを公共のために用いることができる」で言うところの「公共のために用いる」に当てはまるのではないかと考えられるのです。

　この3項規定を使うと、過去の最高裁判例において「社会改革や社会的弱者保護のために財産権を侵害する場合には相当な補償でよい」と示されていたこともあり、この判例部分を根拠に、同政策実施に伴う現預金保有者の財産権侵害を（完全な補償ではないものの）相当な補償を国から請求することができるのではないでしょうか。

　このインフレターゲッティング政策が導入された暁には、私はただちに憲法29条違反で国に対して国民（現預金保有者）への相当な補償を要求する用意があります。

さいごに

「マーケットプロファイルに、こうも長く付き合うことになるとは……」

今の正直な気持ちです。

マーケットプロファイルに出合ったのは、1994年ごろだったと思います。当時、国内CTA（商品投資顧問）で売買システムを開発していた筆者にとって、その登場は新鮮な驚きでした。

なぜなら、発想が数学の正規分布から来ていたからです。理学部を出ている筆者にとって、それはすんなりと頭に入ってくるものでした。

また、チャートが1日で完結します。これは過去の日足を使ったデータと一線を画していると感じました。

例えば、30分足を使ってボリンジャーバンドを作成したとしても、1日では完結しません。継続的に作っていくものです。

早速、当時流行し始めたばかりの表計算ソフト「エクセル」を使って、マーケットプロファイルの自動生成プログラムを作ったのも、自然な流れだったといえます。まず、株式先物のプログラムを開発し、日中は自動生成されていく形状を分析することから始めました。

そして、その応用編としてFX（当時は為替という言い方のほう

が一般的でした）版のプログラムを作成したわけです。ただ、FXの場合はいろいろな面で難儀し、開発がほぼ終了するのに1996年ごろまでかかりました。

プログラムが自動生成する形状を分析することが、当時の筆者にとっては、日常業務のようになっていたものです。そして気がついたら、十数年の歳月がたっていました。

本書で提示しているFXのプロファイル形状は、96年当時開発したもの（その後、当然バージョンアップさせていますが）といっても過言ではありません。

筆者の元々の職業は、SE（システムエンジニア）です。しかし職歴を書こうとすると、ヘッドハンターから「君の場合、今の職歴（マーケットアナリスト）のほうが断然長いんだから、もうSEという職歴の記載は不要だよ」と言われるくらいになってしまいました。ただ「SE上がり」という気概は、今も持ち続けているつもりです。

昨今のトレード環境は、筆者が現役のSEだった1990年代からみると、劇的に変化しています。当時、筆者がもっとも感動したのは表計算ソフトとDOS－PC機の出現だったのです。隔世の感があります。この変化は「情報革命」と言っても過言ではないでしょう。

1990年代、主要な株価データや為替データは、ホストコンピュータで管理されていました。SEは、そのデータを手元で加工するため、ホスト直結のワークステーション端末で作業をしなければなりません。そのため、某シンクタンクでSEをしていた筆者は、業務

で使うためのデータを高額で購入しなければなりませんでした。

　しかも、購入データも、言葉は悪いかもしれませんが、いいかげんなデータだったのです。

　「株価」データといっても、株価以外の属性のデータも常に必要で、それらのデータを特性ごとに管理し、保存しなければなりません。それを怠ると、ある日突然「配当落ち」後のデータが送られてきて、しかも別項目の属性データとして送られてくるなどということが起きてしまうのです。

　それだけの手間がかかっている株価データ、為替データは当時、本当に「高価」なものでした。

　やがて、筆者はSEから貴金属ディーラーへと転身します。そして、そこでまた衝撃を受けたのです。

　当時のロイター端末は、DOS－PC機上でデータを配信する環境ができていました。つまり、当時流行り始めていた表計算ソフトにリンクできるようになっていたのです。

　SE上がりの自分から見ると「信じられない」の連発でした。

　「為替データが自分のPCにデータとして取り込めるの!?」

　「表計算機能を使って瞬時にデータ計算ができるの!?」

　「マクロを使って、データ加工ができるの!?」

　「為替データをティック単位で取得できるの!?」

　こうしたひとつ一つのことに、いちいち驚かされたのです。

　あんなに高額で管理も大変だったデータが、自分のPC端末で集積して加工できる……。まさに感動の連続の日々でした。

　それが今や、自分のPCにデータを取り込むのは当たり前となっ

ています。PCで売買システムを自作し、それに基づいたトレードを自動的に執行するような「自動売買」が、個人で構築できてしまうほどになっているのです。

　このトレード環境の進化には、感慨深いものがあります。

　今後も、トレード環境は驚くべきスピードで変化していくでしょう。"元SE"としては、取り残されず、しっかりついていきたいものです。

【著者紹介】
柏木淳二（かしわぎ・じゅんじ）

1965年生まれ。1989年甲南大学理学部経営理学科卒業後、野村総合研究所入社。金融関連システム開発に従事。1992年12月から1996年7月まで商社勤務。貴金属ディーリングを担当する。1996年8月に株式会社フィスコに入社。現在はフィクスト・インカム・アナリストとして、国内金利関係マーケットの市場分析を行っている。これまでの著書に『マーケットプロファイル分析』『デイトレーダーのためのマーケットプロファイル分析』（ともにシグマベイスキャピタル）がある。

2010年11月2日 初版第1刷発行

現代の錬金術師シリーズ ⑨⑦

FXマーケットプロファイル
──市場の心理と動きを読み取る

著　者　柏木淳二
発行者　後藤康徳
発行所　パンローリング株式会社
　　　　〒160-0023　東京都新宿区西新宿7-9-18-6F
　　　　TEL 03-5386-7391　FAX 03-5386-7393
　　　　http://www.panrolling.com/
　　　　E-mail　info@panrolling.com
装　丁　水田智子
印刷・製本　株式会社シナノ

ISBN978-4-7759-9104-6

落丁・乱丁本はお取り替えします。
また、本書の全部、または一部を複写・複製・転載、および磁気・光記録媒体に入力することなどは、著作権法上の例外を除き禁じられています。

©Junji Kashiwagi 2010 Printed in Japan

【免責事項】
本書で紹介している方法や技術、指標が利益を生む、あるいは損失につながることはないと仮定してはなりません。過去の結果は必ずしも将来の結果を示すものではなく、本書の実例は教育的な目的のみで用いられるものです。

FXトレーディング必読書

FXメタトレーダー入門
著者：豊嶋久道

定価 本体2,800円+税　ISBN:9784775990636

【為替証拠金取引の世界標準システム】
無料なのにリアルタイムのテクニカル分析からデモ売買、指標作成、売買検証、自動売買、口座管理までできる！ 高性能FXソフトを徹底紹介！

FXメタトレーダー実践プログラミング
著者：豊嶋久道

定価 本体2,800円+税　ISBN:9784775990902

【システムトレードの強力なパートナー】
メタトレーダーブームの火付け役となった『FXメタトレーダー入門』の続編として、メタトレーダーの強力なプログラミング機能をできるだけ多く紹介。

実践FXトレーディング
ウィザードブックシリーズ 123
著者：イゴール・トシュチャコフ

定価 本体3,800円+税　ISBN:9784775970898

ソロス以来の驚異的なFXサクセスストーリーを築き上げた手法と発想！ 予測を排除した高勝率戦略！ 勘に頼らず、メカニカルで簡単明瞭な「イグロックメソッド」を公開。

FXトレーディング
ウィザードブックシリーズ 118
著者：キャシー・リーエン

定価 本体3,800円+税　ISBN:9784775970843

外為市場特有の「おいしい」最強の戦略が満載！ テクニカルが一番よく効くFX市場！ 今、もっともホットなFX市場を征服には……実際の取引戦略の基礎として使える実践的な情報が含まれている。

FXで勝ち抜くための知識の宝庫

FXトレーダーの大冒険
ウィザードブックシリーズ 162
著者：ロブ・ブッカー

定価 本体 3,800円+税　ISBN:9784775971291

エンターテインメント性を備えたトレード文学の金字塔！ 自制心の鬼となれ！ 技術的な要素と啓発的な要素を合わせ持ち、ほかに類を見ないFXトレードの手引書。この分野で成功するための確かな足がかりを読者に提供。

FXの小鬼たち
ウィザードブックシリーズ 148
著者：キャシー・リーエン　ボリス・シュロスバーグ

定価 本体 2,800円+税　ISBN:9784775971154

本書を参考にすれば、成功したトレーダーたちの経験から、普通の人が現在の金融市場で成功し、初期資金を6桁や7桁のひと財産にするためのさまざまな戦略や心構えを学ぶことができるだろう。

高勝率トレード学のススメ
ウィザードブックシリーズ 108
著者：マーセル・リンク

定価 本体 5,800円+税　ISBN:9784775970744

トレーディングの現実を著者独自の観点からあぶり出し、短期トレーダーと長期トレーダーたちによる実際の成功例や失敗例をチャートとケーススタディを通じて検証する本書は、まさにトレーディングの生きたガイドブック。

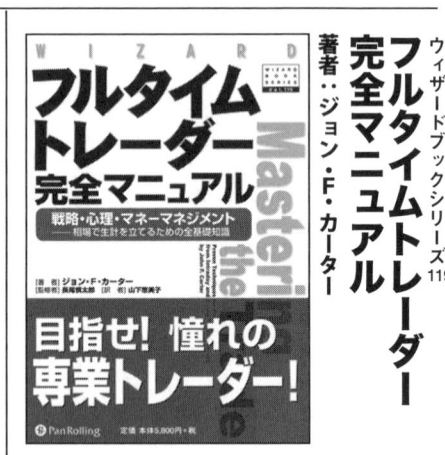

フルタイムトレーダー完全マニュアル
ウィザードブックシリーズ 119
著者：ジョン・F・カーター

定価 本体 5,800円+税　ISBN:9784775970850

知識、市場の仕組み、トレーディング戦略と概念、チャートの作成、トレーディング手法、マネーマネジメント、心理、ハードウエアとソフトウエアなど、確実に抑えておくべき項目すべてについて詳しく解説。

プロのシステマティックな売買手法

ウィザードブックシリーズ1
著者::リンダ・ブラッドフォード・ラシュキ
魔術師リンダ・ラリーの短期売買入門

定価 本体 28,000円+税　ISBN:9784939103032

【米国で短期売買のバイブルと絶賛】
日本発の短期売買書として大きな話題を呼んだプロ必携の書。仕掛け時の「ダマシ」を逆手に取った手法など具体的に解説。

ウィザードブックシリーズ2
著者::ラリー・ウィリアムズ
ラリー・ウィリアムズの短期売買法

定価 本体 9,800円+税　ISBN:9784939103063

【トレードのプロに学ぶ】
短期売買で安定的な収益を維持するために有効な普遍的な基礎が満載された画期的な書。トレードのヒントが散りばめられている。

ウィザードブックシリーズ137
著者::アート・コリンズ
株価指数先物必勝システム

定価 本体 5,800円+税　ISBN:9784775971048

本書で検証し尽くされたことと規律あるスタンスでメカニカルトレードを淡々と実行していけば、トレーディングでのいろいろな難しい問題は解消し、勝率が飛躍的に高まり、読者を勝ち組に導いてくれるであろう！

ウィザードブックシリーズ159
著者::マーク・B・フィッシャー
ロジカルトレーダー

定価 本体各 5,800円+税　ISBN:9784775971260

超短期のトレードからポジショントレードまで応用可能！王道のオープンレンジブレイクアウト戦略のすべてが詰まっている！オープンレンジブレイクアウトの基本書。ピットトレーダーのバイブル！

自然の法則で相場の未来がわかる！

ウィザードブックシリーズ 146
フィボナッチ逆張り売買法
著者：ラリー・ペサベント、レスリー・ジョウフラス

定価 本体5,800円+税　ISBN:9784775971130

従来のフィボナッチ法とは一味違う!!フィボナッチ比率で押しや戻りを予測して、トレードする！デイトレード（5分足チャート）からポジショントレード（週足チャート）まで売買手法が満載！

ウィザードブックシリーズ 163
フィボナッチトレーディング
著者：キャロリン・ボロディン

定価 本体各5,800円+税　ISBN:9784775971307

フィボナッチ級数の数値パターンに基づき、トレードで高値と安値を正確に見定めるための新たな洞察を提供。利益を最大化し、損失を限定する方法を学ぶことができる。

ウィザードブックシリーズ 80
ディナポリの秘数フィボナッチ売買法
著者：ジョー・ディナポリ

定価 本体各16,000円+税　ISBN:9784775970423

「押しや戻り」を正確に当てるフィボナッチを基本としたトレーディング手法を紹介。投資家、トレーダーとしてワンランク上を目指す者、沈滞ムードを打破できない者にとっては絶大な力と啓示を与えてくれるだろう！

ウィザードブックシリーズ 156
エリオット波動入門
著者：ロバート・R・プレクター・ジュニア、A・J・フロスト

定価 本体5,800円+税　ISBN:9784775971239

全米テクニカルアナリスト協会（MTA）のアワード・オブ・エクセレンス賞を受賞。待望のエリオット波動の改定新版！相場はフィボナッチを元に動く！波動理論の教科書！

読みやすいが内容の非常に濃い専門書

ウィザードブックシリーズ 90
マーケットの魔術師 システムトレーダー編
著者：アート・コリンズ

定価 本体2,800円＋税　ISBN:9784775970522

本書に登場した14人の傑出したトレーダーたちのインタビューによって、読者のトレードが正しい方向に進む手助けになるだろう！

ウィザードブックシリーズ 134
新版 魔術師たちの心理学
著者：バン・K・タープ

定価 本体2,800円＋税　ISBN:9784775971000

儲かる手法（聖杯）はあなたの中にあった!!あなただけの戦術・戦略の編み出し方がわかるプロの教科書！「勝つための考え方」「期待値でトレードする方法」「ポジションサイジング」の奥義が明らかになる！

ウィザードブックシリーズ 51・52
バーンスタインのデイトレード入門・実践
著者：ジェイク・バーンスタイン

入門 定価 本体7,800円＋税　ISBN:9784775970126
実践 定価 本体7,800円＋税　ISBN:9784775970133

ストキャスティックスの新たな売買法を提示。RSI、日中のモメンタム、ギャップなど重要なデイトレーディングのツールについて実用的な使用法を紹介。

ウィザードブックシリーズ 103
アペル流テクニカル売買のコツ
著者：ジェラルド・アペル

定価 本体5,800円＋税　ISBN:9784775970690

『マーケットのテクニカル秘録』169ページで紹介のMACDの本。トレンド、モメンタム、出来高シグナルなどを用いて相場の動向を予測する手法を明らかにした。

トレーダーのバイブル

ウィザードブックシリーズ 19
マーケットの魔術師
著者：ジャック・D・シュワッガー

定価 本体 2,800 円+税　ISBN:9784939103407

【いつ読んでも発見がある】
トレーダー・投資家は、そのとき、その成長過程で、さまざまな悩みや問題意識を抱えているもの。本書はその答えの糸口を「常に」提示してくれる「トレーダーのバイブル」だ。「本書を読まずして、投資をすることなかれ」とは世界的トレーダーたちが口をそろえて言う「投資業界の常識」だ。

ウィザードブックシリーズ 14
マーケットの魔術師 株式編《増補版》
著者：ジャック・D・シュワッガー
定価 本体 2,800 円+税　ISBN:9784775970232

◎アート・コリンズ著 マーケットの魔術師シリーズ

ウィザードブックシリーズ 90
マーケットの魔術師 システムトレーダー編
オーディオブックも絶賛発売中!!
著者：アート・コリンズ
定価 本体 2,800 円+税　ISBN:9784775970522

ウィザードブックシリーズ 111
マーケットの魔術師 大損失編
著者：アート・コリンズ
定価 本体 2,800 円+税　ISBN:9784775970775

オーディオブックも絶賛発売中!!

ウィザードブックシリーズ 13
新マーケットの魔術師
著者：ジャック・D・シュワッガー

定価 本体 2,800 円+税　ISBN:9784939103346

【世にこれほどすごいヤツらがいるのか!!】
株式、先物、為替、オプション、それぞれの市場で勝ち続けている魔術師たちが、成功の秘訣を語る。またトレード・投資の本質である「心理」をはじめ、勝者の条件について鋭い分析がなされている。関心のあるトレーダー・投資家から読み始めてかまわない。自分のスタイルづくりに役立ててほしい。

投資家待望のシリーズ第三弾、フォローアップインタビューを加えて新登場!! 90年代の米株の上げ相場でとてつもないリターンをたたき出した新世代の「魔術師＝ウィザード」たち。彼らは、その後の下落局面でも、その称号にふさわしい成果を残しているのだろうか？

システムトレードで市場に勝っている職人たちが明かす機械的売買のすべて。相場分析から発見した優位性を最大限に発揮するため、どのようなシステムを構築しているのだろうか？ 14人の傑出したトレーダーたちから、システムトレードに対する正しい姿勢を学ぼう！

スーパートレーダーたちはいかにして危機を脱したか？ 局地的な損失はトレーダーならだれでも経験する不可避なもの。また人間のすることである以上、ミスはつきものだ。35人のスーパートレーダーたちは、窮地に立ったときどのように取り組み、対処したのだろうか？

心の鍛錬はトレード成功への大きなカギ！

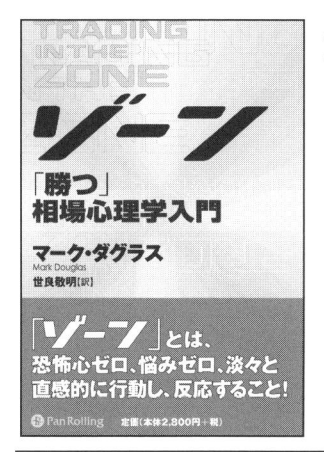

ウィザードブックシリーズ 32
ゾーン 相場心理学入門
著者：マーク・ダグラス
定価 本体2,800円＋税　ISBN:9784939103575

【己を知れば百戦危うからず】
恐怖心ゼロ、悩みゼロで、結果は気にせず、淡々と直感的に行動し、反応し、ただその瞬間に「するだけ」の境地、つまり「ゾーン」に達した者こそが勝つ投資家になる！　さて、その方法とは？　世界中のトレード業界で一大センセーションを巻き起こした相場心理の名作が究極の相場心理を伝授する！

ウィザードブックシリーズ 114
規律とトレーダー 相場心理分析入門
著者：マーク・ダグラス
定価 本体2,800円＋税　ISBN:9784775970805

【トレーダーとしての成功に不可欠】
「仏作って魂入れず」──どんなに努力して素晴らしい売買戦略をつくり上げても、心のあり方が「なっていなければ」成功は難しいだろう。つまり、心の世界をコントロールできるトレーダーこそ、相場の世界で勝者となれるのだ！　『ゾーン』愛読者の熱心なリクエストにお応えして急遽刊行！

ウィザードブックシリーズ 107
トレーダーの心理学
トレーディングコーチが伝授する達人への道
著者：アリ・キエフ
定価 本体2,800円＋税　ISBN:9784775970737

高名な心理学者でもあるアリ・キエフ博士がトップトレーダーの心理的な法則と戦略を検証。トレーダーが自らの潜在能力を引き出し、目標を達成させるアプローチを紹介する。

ウィザードブックシリーズ 124
NLPトレーディング
投資心理を鍛える究極トレーニング
著者：エイドリアン・ラリス・トグライ
定価 本体3,200円＋税　ISBN:9784775970904

NLPは「神経言語プログラミング」の略。この最先端の心理学を利用して勝者の思考術をモデル化し、トレーダーとして成功を極めるために必要な「自己管理能力」を高めようというのが本書の趣旨である。

ウィザードブックシリーズ 126
トレーダーの精神分析
自分を理解し、自分だけのエッジを見つけた者だけが成功できる
著者：ブレット・N・スティーンバーガー
定価 本体2,800円＋税　ISBN:9784775970911

トレードとはパフォーマンスを競うスポーツのようなものである。トレーダーは自分の強み（エッジ）を見つけ、生かさなければならない。そのために求められるのが「強靭な精神力」なのだ。

相場で負けたときに読む本　～真理編～
著者：山口祐介
定価 本体1,500円＋税　ISBN:9784775990469

なぜ勝者は「負けても」勝っているのか？　なぜ敗者は「勝っても」負けているのか？　10年以上勝ち続けてきた現役トレーダーが相場の"真理"を詩的に表現。

※投資心理といえば『投資苑』も必見!!

満員電車でも聞ける！オーディオブックシリーズ

本を読みたいけど時間がない。
効率的かつ気軽に勉強をしたい。
そんなあなたのための耳で聞く本。
それがオーディオブック!!

パソコンをお持ちの方はWindows Media Player、iTunes、Realplayerで簡単に聴取できます。また、iPodなどのMP3プレーヤーでも聴取可能です。
■CDでも販売しております。詳しくはHPで──

オーディオブックシリーズ
マーケットの魔術師
著者：J・D・シュワッガー

定価 各章 2,800円+税（全五章）
MP3 倍速版付き

iTunesミュージックストア、楽天ダウンロード、電子書店パピレスでダウンロード発売中。

オーディオブックシリーズ14
マーケットの魔術師 大損失編
著者：アート・コリンズ

定価 本体 4,800円+税（ダウンロード価格）
MP3 約610分 20ファイル 倍速版付き

窮地に陥ったトップトレーダーたちはどうやって危機を乗り切ったか？夜眠れぬ経験や神頼みをしたことのあるすべての人にとっての必読書！

オーディオブックシリーズ11 **バフェットからの手紙**	「経営者」「起業家」「就職希望者」のバイブル 究極・最強のバフェット本
オーディオブックシリーズ12 **規律とトレーダー**	能力を最大限に発揮するため重要なもの。それが「精神力」だ。相場心理学の名著を「瞑想」しながら熟読してほしい。
オーディオブックシリーズ13 **賢明なる投資家**	市場低迷の時期こそ、威力を発揮する「バリュー投資のバイブル」日本未訳で「幻」だった古典的名著がついに翻訳
オーディオブックシリーズ8 **相場で負けたときに読む本 ～真理編～**	敗者が「敗者」になり、勝者が「勝者」になるのは必然的な理由がある。相場の"真理"を詩的に紹介。

ダウンロードで手軽に購入できます!!

パンローリングHP　http://www.panrolling.com/
（「パン発行書籍・DVD」のページをご覧ください）

電子書籍サイト「でじじ」　http://www.digigi.jp/

Chart Gallery 4.0 for Windows

パンローリング相場アプリケーション
チャートギャラリー
Established Methods for Every Speculation

最強の投資環境

成績検証機能が加わって新発売!

検索条件の成績検証機能 [New] [Expert]

指定した検索条件で売買した場合にどれくらいの利益が上がるか、全銘柄に対して成績を検証します。検索条件をそのまま検証できるので、よい売買法を思い付いたらその場でテスト、機能するものはそのまま毎日検索、というように作業にむだがありません。

表計算ソフトや面倒なプログラミングは不要です。マウスと数字キーだけであなただけの売買システムを作れます。利益額や合計だけでなく、最大引かされ幅や損益曲線なども表示するので、アイデアが長い間安定して使えそうかを見積もれます。

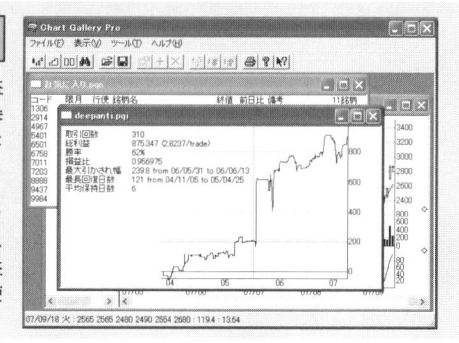

チャートギャラリープロに成績検証機能が加わって、無敵の投資環境がついに誕生!!
投資専門書の出版社として8年、数多くの売買法に触れてきた成果が凝縮されました。
いつ仕掛け、いつ手仕舞うべきかを客観的に評価し、きれいで速いチャート表示があなたのアイデアを形にします。

● 価格（税込）
チャートギャラリー 4.0
エキスパート **147,000 円** ／ プロ **84,000 円** ／ スタンダード **29,400 円**

● アップグレード価格（税込）
以前のチャートギャラリーをお持ちのお客様は、ご優待価格で最新版へ切り替えられます。
お持ちの製品がご不明なお客様はご遠慮なくお問い合わせください。

プロ2、プロ3、プロ4からエキスパート4へ	105,000 円
2、3からエキスパート4へ	126,000 円
プロ2、プロ3からプロ4へ	42,000 円
2、3からプロ4へ	63,000 円
2、3からスタンダード4へ	10,500 円

がんばる投資家の強い味方　Traders Shop

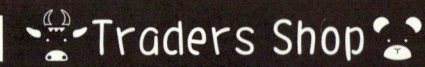

http://www.tradersshop.com/

24時間オープンの投資家専門店です。

パンローリングの通信販売サイト「トレーダーズショップ」は、個人投資家のためのお役立ちサイト。書籍やビデオ、道具、セミナーなど、投資に役立つものがなんでも揃うコンビニエンスストアです。

他店では、入手困難な商品が手に入ります!!

- ●投資セミナー
- ●一目均衡表 原書
- ●相場ソフトウェア
  チャートギャラリーなど多数
- ●相場予測レポート
  フォーキャストなど多数
- ●セミナーDVD
- ●オーディオブック

ここでしか入手できないモノがある

さあ、成功のためにがんばる投資家は
いますぐアクセスしよう!

トレーダーズショップ 無料 メールマガジン

●無料メールマガジン登録画面

トレーダーズショップをご利用いただいた皆様に、**お得なプレゼント**、今後の**新刊情報**、著者の方々が書かれた**コラム**、**人気ランキング**、ソフトウェアのバージョンアップ情報、そのほか投資に関するちょっとした情報などを定期的にお届けしています。

まずはこちらの
「**無料メールマガジン**」
からご登録ください!
または info@tradersshop.com まで。

パンローリング株式会社　〒160-0023　東京都新宿区西新宿 7-9-18-6F
Tel: 03-5386-7391　Fax: 03-5386-7393
http://www.panrolling.com/
E-Mail info@panrolling.com

お問い合わせは

携帯版